지금, 비스마르크

일러두기

1 독일제국 내각의 수반으로서 비스마르크의 직책명은 수상으로 통일하였으나, '철혈재
   상'처럼 그 표현이 굳어진 경우 '재상'으로 표기했다.
2 러시아의 군주와 오스트리아의 군주는 각각 '차르'와 '카이저', '황제'를 병용하였으며,
   독일제국 창설 뒤 북독일연방 황제의 명칭은 카이저로 표기했다. 카이저는 신성로마제
   국과 오스트리아제국, 독일제국 등에서 황제의 칭호로 사용된 말이다. 현대 독일어에서
   는 황제를 뜻하는 일반명사로도 쓰인다.
3 오토 폰 비스마르크의 어린 시절 명칭은 형 베른하르트 폰 비스마르크와 구별 짓기 위
   해 '오토'와 '비스마르크'를 함께 표기했다.

지금, 비스마르크

전환의 시대
리더의 발견

OTTO VON BISMARCK

에버하르트 콜브 지음
김희상 옮김

메디치

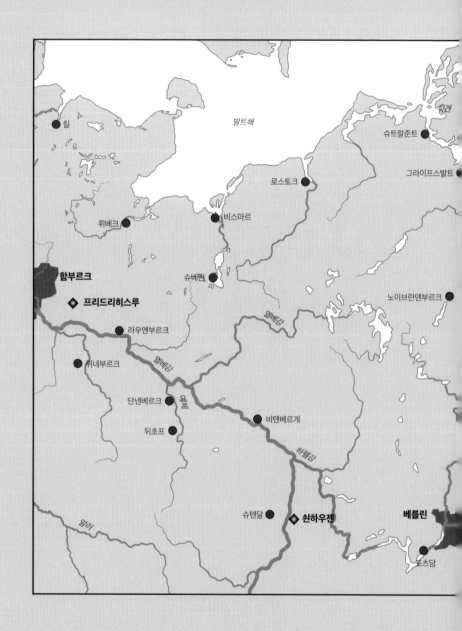

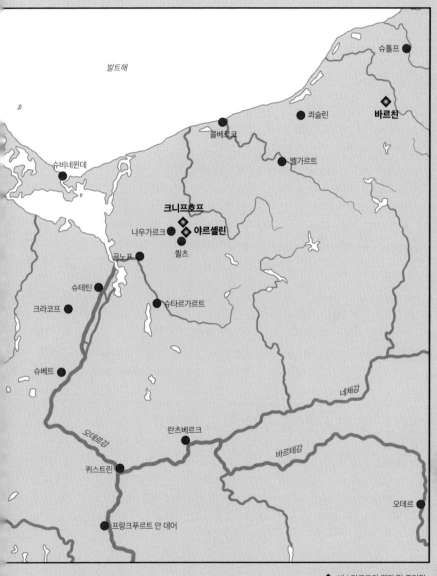

발트해

슈톨프

쾨슬린

바르친

골베르크

슈비네뮌데

벵가르트

크니프호프

나우가르크 ◇야르셸린

퀼츠

골노프

슈테틴

슈타르가르트

크라코프

슈베트

네체강

란츠베르크

오데르강

바르테강

퀴스트린

오데르

프랑크푸르트 안 데어

◆ 비스마르크의 영지 및 주거지
● 기타 북독일 지역의 주요 도시

런던

파리

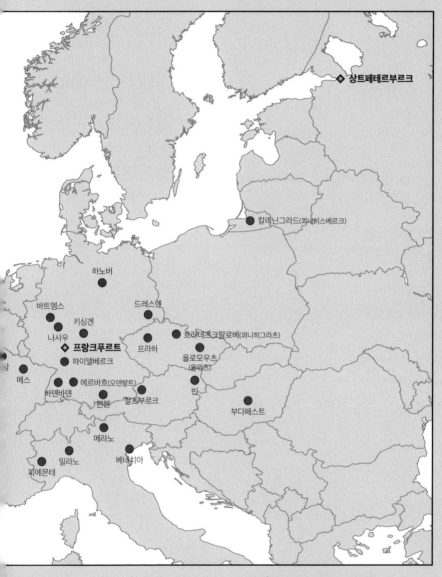

◇ 비스마르크가 외교관으로 활약한 도시
● 비스마르크가 활동한 시기 주요 사건이 발생한 도시

비스마르크 가문의 가계도

오토 폰 비스마르크와
그 형제자매의 자손들

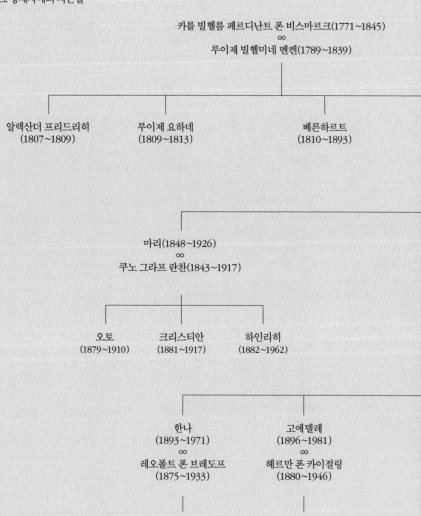

카를 빌헬름 페르디난트 폰 비스마르크(1771~1845)
∞
루이제 빌헬미네 멘켄(1789~1839)

알렉산더 프리드리히
(1807~1809)

루이제 요하네
(1809~1813)

베른하르트
(1810~1893)

마리(1848~1926)
∞
쿠노 그라프 란찬(1843~1917)

오토
(1879~1910)

크리스티안
(1881~1917)

하인리히
(1882~1962)

한나
(1893~1971)
∞
레오폴트 폰 브레도프
(1875~1933)

고에델레
(1896~1981)
∞
헤르만 폰 카이절링
(1880~1946)

3남 5녀

2남

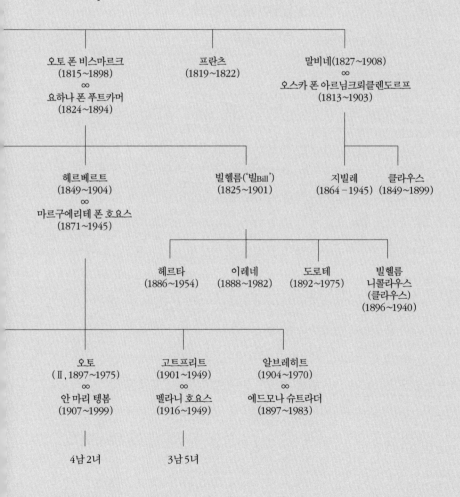

오토 폰 비스마르크
(1815~1898)
∞
요하나 폰 푸트카머
(1824~1894)

프란츠
(1819~1822)

말비네(1827~1908)
∞
오스카 폰 아르님크뢰클렌도르프
(1813~1903)

헤르베르트
(1849~1904)
∞
마르구에리테 폰 호요스
(1871~1945)

빌헬름('빌Bill')
(1825~1901)

지빌레
(1864‒1945)

클라우스
(1849~1899)

헤르타
(1886~1954)

이레네
(1888~1982)

도로테
(1892~1975)

빌헬름
니콜라우스
(클라우스)
(1896~1940)

오토
(Ⅱ, 1897~1975)
∞
안 마리 텡봄
(1907~1999)

고트프리트
(1901~1949)
∞
멜라니 호요스
(1916~1949)

알브레히트
(1904~1970)
∞
에드모나 슈트라더
(1897~1983)

4남 2녀

3남 5녀

왜 지금
비스마르크인가

프로이센은 게르만족이 살아남기 위한 이민을 통해서 만들어진 개
척국가다. 비스마르크가 활동한 19세기, 프로이센은 러시아, 영국,
프랑스, 오스트리아(합스부르크 왕조) 등 강력한 국가로 둘러싸여 있었
다. 그럼에도 비스마르크의 프로이센은 주변 강대국들의 견제를 이
겨내고 독일통일을 이루었다. 나아가 비스마르크가 수상으로 보낸
20년 동안 평화를 유지했다. 이로 인해 독일은 유럽의 새로운 강자로
떠올랐다.

  한국 사회의 정치 리더들이 비스마르크로부터 배워야 할 점은 독
일 부국강병의 밑바탕이 된 '외교정책'이다. 비스마르크는 '다극외교
多極外交'를 통해 주변국들을 설득하고, 연대하고, 배제하는 등 능수
능란한 외교정책을 펼쳤다. 또한 오스트리아까지 포함한 독일의 대
大통일보단 북부 독일을 중심으로 한 소小통일을 지향하는 등 현실
적인 정치 감각도 보여줬다. 이러한 '작은 독일통일론'을 내세워 주

변 국가의 견제를 최소화했다. 그 과정에서 불가피하게 벌어진 전쟁에서도 주변국들을 프로이센의 편으로 만드는 수고도 게을리하지 않았다. 오스트리아와 프랑스와의 전쟁 이후 독일은 하나의 통일국가이자 유럽의 중심국가로 우뚝 서게 되었다. 무엇보다 대단한 것은 그 이후이다. 비스마르크의 '독일제국'은 수십 년 동안 평화를 지켜냈다. 이 평화는 '전쟁을 준비할 때 비로소 평화가 온다'는 교훈에 기반해 언제나 국가의 강한 면모를 유지하면서 이뤄낸 성취다.

비스마르크라는 인물의 두 번째 교훈은 독일이 복지국가로 나아가는 데 밑바탕을 다져놓았다는 점이다. 비스마르크는 매우 보수적인 사람이었음에도 독일 복지의 기원을 만들었다. 19세기 당시는 자본주의가 급격히 팽창하면서 빈부격차가 극대화됐고, 이로 인해 주변 국가들에서는 사회주의 혁명의 씨앗이 탄생했다. 모든 불평등은 사회를 분열시키고 파괴한다. 비스마르크는 이 점을 간파했고, 복지를 통해 사회주의 혁명을 막고자 능동적인 정책을 추진했다.

사회민주주의 전통이 강한 독일 사회에서 비스마르크는 크게 빛을 보지 못했다. 그러나 근래 들어 '오토 폰 비스마르크'라는 인물이 재조명되고 있다. 21세기 한반도의 운명 앞에서 비스마르크에게 배워야 할 교훈은 여전하다. 오늘날 한국 사회가 이 책을 통해 그를 소환한 이유다.

이광재(제21대 국회의원)

프롤로그

빠르게 변화하는 시대를 주도하다

19세기 거의 모든
분야에 걸쳐 이뤄진
폭풍 같은 변화의 시기,
비스마르크가 영향을
끼친 사례는 끝이 없다.

오토 폰 비스마르크의 인생은 거의 19세기 전체를 아우른다. 19세기는 대단한 역동성으로 충만한 시절이었다. 정치는 뿌리 깊게 변화했으며, 경제와 기술 발달은 숨 가쁠 정도로 빨랐다. 인구가 폭발적으로 증가하면서 사회구조의 전면 개편이 이뤄졌고, 종교에서 벗어나는 세속화 과정이 강한 힘을 발휘해 전통 생활 방식이 힘을 잃어갔다.

훗날 제국 창설자라 불린 비스마르크의 탄생 시기는 극적인 국제 정치의 사건들로 점철된 시간이었다. 빈Wien에서 제후와 정치가들이 모여 회의를 하는 동안, 유배지 엘바섬에서 프랑스로 돌아온 나폴레옹은 권력을 탈환하려는 마지막 시도를 했다. 연합군의 추방 선언에 나폴레옹은 1815년 4월 2일 유럽 민족에 보내는 선언으로 대답했다. 바로 그날 베를린에서 발간되던 《슈페너쉐 차이퉁Spenersche Zeitung》

의 한 귀퉁이에 페르디난트 폰 비스마르크Ferdinand von Bismarck가
모든 지인과 친구에게 알리는 조그만 광고문이 게재됐다. "어제 아내
가 건강한 아들을 성공적으로 출산했음."[1] 그로부터 몇 주 뒤 워털루
전투가 끝나면서(1815년 6월 18일) 마침내 나폴레옹 시대는 종말을 고
했다. '빈회의'는 나폴레옹 이후 유럽과 독일의 여러 공국을 새롭게
재편하는 결정을 선포했다.

　　1815년 이후 35개의 제후국과 네 곳의 자유도시 중 단 몇 곳만 헌
법과 의회를 갖추었는데, '독일연방'은 이들의 느슨한 결합이었다.
독일연방은 19세기 말쯤 5천5백만 명의 인구와 계층을 아우르는 평
등한 선거권(남성의 선거권)을 통해 선출된 제국 의회로 국가와 사회
의 제도를 정비했으며, 완전한 정당 체제를 자랑하는 독일제국이 됐
다. 제국 수도 베를린은 1815년 20만 명의 인구를 가진 프로이센의
수도였으나, 비스마르크가 사망한 1898년에는 약 2백만 명의 인구
를 자랑하는, 유럽에서 가장 빠르게 성장하는 도시였다. 5천 명 이상
규모의 행정구역에 사는 인구가 1815년에는 불과 10퍼센트였으나,
19세기 말에는 50퍼센트를 웃도는 수준으로 늘어났다. 농업국가 독
일은 19세기를 거치며 강력한 산업국가로 발돋움했다. 1900년쯤에
이르자 독일은 철강과 제련 산업에서 대영제국의 규모를 능가했으
며 무엇보다도 '새로운 산업'인 화학과 전기공업에서 선두를 달렸다.
1800년을 전후해 세 명 가운데 두 명꼴로 농업에 종사했던 생업 활
동 인구는 백 년 뒤 산업과 수공업 종사자에 추월당했다.

비스마르크가 탄생한 해와 그 이후 수년 동안 사람들은 우편 마차를 타고 여행했다. 베를린에서 브레슬라우까지 가는 데 꼬박 나흘이 걸렸으며, 베를린에서 쾨니히스베르크까지는 일주일이라는 시간이 필요했다. 비스마르크가 사망했을 당시 독일제국은 총연장 5만 킬로미터의 철도망을 갖추었다. 독일의 대도시 간 여행은 몇 시간이면 충분했다.

19세기 초반에서 중반을 넘기기까지 사람들은 사적이든 공적이든 손으로 종이에 정성스레 글을 썼다. 19세기 말에는 타자기가 등장했고 1850년대부터 전보가 인기를 누렸다. 1880년대부터는 전화가 진군을 거듭했다. 이제 자동차가 첫선을 보였으며, 1890년 오토 릴리엔탈Otto Lilienthal(1848~1896)[2]은 하늘을 날려고 시도했다.

19세기의 흐름과 더불어 독일에서는 폭넓은 공공 문화가 형성됐다. 제국의 건설 이후 특히 신문과 잡지의 종수는 빠르게 늘어났다. 1850년경 독일어권에 약 1천5백여 종의 신문이 발간된 반면, 1898년에는 그 종수가 4천여 종으로 급증했다. 발행 부수의 증가와 더불어 신문은 갈수록 두툼해졌으며, 발행 호당 가격은 떨어졌다. 책의 발간도 폭발적으로 늘어나 19세기 동안 일곱 배로 증가했다. 1875년에 1만2천여 종이 출간됐던 것이 1910년에는 3만 종을 훌쩍 넘겼다. 식자기(1884)와 윤전기(1895)의 발명으로 발간 종수는 급증했으며, 많은 부수를 찍는 것이 가능해졌다.

19세기 독일은 보편적인 의무교육과 통일된 행정 체계를 갖춘 국가로 발돋움했다. 학급이 하나인 초등학교는 여러 학급을 갖춘 학교가 출현하면서 꾸준히 줄어들었다. 19세기 말쯤 문맹 비율은 이탈리아와 프랑스, 심지어 잉글랜드와 비교해 거의 제로에 가까웠다. 고등교육기관도 폭발적으로 늘어났다. 비스마르크가 태어난 해 프로이센에 91곳의 김나지움만 있었던 반면, 1900년에는 김나지움과 고등 실업학교가 모두 349개로 늘어났다. 약 6천 명(제국 후기 모든 지역)이던 대학생 수는 비스마르크가 사망하던 해 약 5만 명으로 증가했다. 19세기 독일 대학교들은 유럽과 다른 지역 국가들이 경탄해 마지않는 모범이었다. 독일의 전체 교육체계는 국제적인 모범으로 여겨졌다.

19세기 거의 모든 분야에 걸쳐 이뤄진 폭풍 같은 변화의 시기, 비스마르크가 영향을 끼친 사례는 끝이 없다. 이런 사례를 꼽은 이유는, 빠른 변화의 시기 정치 활동을 한 사람들이 어떤 조건에서 일했는지 한 세기에 걸친 변화의 경향을 분명히 드러내기 위해서다. 이 변화는 정치체제의 표면뿐만 아니라, 사회 전체의 깊숙한 뿌리까지 포괄했다.

차

례

알트마르크 융커의 젊은
시절

1815
—
1847

I

비스마르크는 외교관이
되겠다는 확고부동한
목표를 향해
교육과정을 밟아나갔다.

비스마르크 전기 대부분은 독일제국 창설자의 성격이 복잡한 이유를 차이가 심한 부모의 출신 성분에서 찾는다. 아버지 페르디난트 폰 비스마르크는 알트마르크Altmark[1] 지방의 유서 깊은 귀족 가문 출신이다. 기사 작위를 자랑하는 가문은 호엔촐레른 왕조(Haus Hohen-zollern)[2]보다 앞서 '마르크 브란덴부르크'에 자리 잡은 것에 상당한 자부심을 가졌으며, 수백 년에 걸쳐 장교들을 프로이센에 배출했다. 다만 이렇다 할 걸출한 인재는 길러내지 못했다. 페르디난트는 프로이센에 흉년이 들었던 1806년 35세의 나이로 17세가 채 안 된 루이제 빌헬미네 멘켄Louise Wilhelmine Mencken과 포츠담의 '가르니손키르헤Garnisonskirche'[3]에서 결혼식을 올렸다. 루이제의 아버지는 신망이 두터운 관리였으며, 세 명의 프로이센 왕을 위해 봉직했다. 처음에는 내각 차관으로, 그다음에는 추밀고문관으로 일했다. 페르디난트의 처가는 선조 가운데 유명한 학자도 많았다. 그러나 나이 차가 너무 크고 귀족과 관리라는 사회적 신분 격차도 컸다. 또한 교육 수준과 주변 환경의 영향 탓에 페르디난트와 루이제는 인간적으로 서로 조화를 이룰 수 없는 다른 성질의 부부였다. 이런 결혼생활을 두고 행복한 부부라 말할 수는 없다. 하지만 비스마르크의 모순된 성품을 부모의 서로 다른 유전적 기질 탓으로 돌리거나, 심지어 부모의 대립이 그를 '문제적 본성'[4]을 가진 사람으로 만들었다고 하는 것은 지나친 억측이다. 오히려 그런 해석은 신중할 필요가 있다. 비스마르크의 형 베른하르트Bernhard가 똑같은 유전적 기질을 가졌음에도 지주이자 관리(군수)로 일탈이 없는 인생을 살았다는 점에서 그런 해석은 설득력을 잃는다.

페르디난트와 루이제는 모두 여섯 명의 자녀를 두었다. 셋은 어린 나이에 일찌감치 세상을 떠났으나, 오토를 비롯해 베른하르트(1810년 출생)와 말비네Malwine(1827년 출생)는 모두 여든 살을 넘겼다. 페르디난트도 일흔을 넘겼다(루이제는 암으로 50세에 사망했다). 오토 폰 비스마르크는 1815년 4월 1일에 쇤하우젠Schönhausen, 곧 마그데부르크에서 북쪽으로 대략 50킬로미터 정도 떨어진 엘베강변 오른쪽에 위치한 종가에서 태어났다. 그러나 오토는 이곳 쇤하우젠이 아니라, 힌터포메른Hinterpommern[5]에서 어린 시절을 보내야만 했다. 사촌이 죽은 후 부모가 그의 기사 영지를 물려받았기 때문이다. 나우가르트Naugard 지역(슈테틴의 북동쪽)의 크니프호프Kniephof, 야르셸린Jarchelin, 퀼 츠Külz의 영지들을 얻은 페르디난트는 1816년 초에 쇤하우젠에서 영 지 크니프호프로 본거지를 옮겼다.[6] 이곳에서 그는 세 곳의 영지를 관리하는 한편, 쇤하우젠은 세를 주었다.

학창 시절

비스마르크는 나중에 크니프호프를 어린 시절의 낙원으로 칭송하느 라 입에 침이 마를 날이 없었다. 영지 저택의 장엄한 정원에서 어린 소년 비스마르크는 나무와 숲에 푹 빠졌다. 그에게 이 사랑은 평생 지 속됐다. 하지만 크니프호프의 낙원 같던 시절은 오래가지 못했다. 그 는 여섯 살 때 눈앞에 펼쳐진 농촌의 목가적 정경을 먼 대도시 환경 으로 바꾸어야만 했다. 부모는 소년 비스마르크를 베를린의 기숙학 교로 보냈다. 이 기숙학교에는 이미 형 베른하르트가 생활하고 있었 다. 주로 엘베강 동쪽 지역 향토 귀족 아들들을 교육한 이 '플라만 사 립학교(Plamannsche Erziehungsanstalt)'[7]는 애국심과 프랑스를 향한 증 오, 체육을 엄격한 규율로 강조하는 분위기였다. 나중에 이 학교를 두 고 비스마르크는 '인위적인 스파르타식 교육'[8]이라는 표현을 쓰곤 했 다. 이 학교에서 보낸 6년을 그는 평생 분노와 혐오가 뒤섞인 감정으 로 기억했다. 이런 감정은 그의 자서전《회상록Erinnerungen》에 잘 드러나 있다.[9] 1864년 비스마르크는 자신의 측근에게 이런 말을 했다고 한다. "내 어린 시절은 '플라만 학교'가 다 망쳐버렸어, 그 학교는 무슨 교도소 같았으니까."[10] 오토는 어머니가 7, 8월에 해수욕을 즐겨 방학 때 두 아들이 좋아하는 크니프호프에서 시간을 보내지 못하게 의도적으로 방해했다고 의심하곤 했다. 1827년 플라만 학교가 운영난으로 문을 닫은 뒤 두 소년 비스마르크는 처음에 프리드리히슈트라세의 '프리드리히 빌헬름 김나지움Friedrich-Wilhelm-Gymnasium (1827~1830)'을, 그다음에는 오토만 클로스터슈트라세의 '김나지움 춤 그라우엔 클로스터Gymnasium zum Grauen Kloster(1830~1832)'를 다녔다.[11] 학교를 다니는 동안 형제는 부모가 베를린에 임차한 집에서 생활했다. 부모는 이 집에서 겨울을 보내곤 했다. 부모가 베를린에 없는 동안 형제는 가정부의 보살핌을 받았다. 가정부는 쉰하우젠에서 선발해 고용한 여인이었다. 또 집에서는 부지런한 가정교사들이 형제를 감독하면서 외국어를 중점적으로 가르쳤다. 이 시기 동안 오토 폰 비스마르크는 완벽한 프랑스어와 유창한 영어를 구사할 능력을 갖추었다. 나중에 사람들은 그의 어학 능력에 경탄했다.

비스마르크는 견진성사를 받기 위한 성서 강독을 유명 신학자 슐라이어마허Friedrich Schleiermacher(1768~1834)[12]에게 배웠다. 비스마르크가 슐라이어마허에게 대단한 영향을 받지는 않았던 것으로 보인다. 세간에서 슐라이어마허를 비스마르크의 스승이라고 말할 뿐, 비스마르크가 그의 제자라고 언급하는 경우는 드물기 때문이다. 견진

성사(1830년 부활절)를 받은 후 신학과 신앙을 미심쩍은 눈초리로 의심하는 비스마르크의 경향은 갈수록 커졌다. 열일곱 번째 생일을 맞기도 전인 1832년 부활절에 비스마르크는 아비투어에 합격해 대학교를 다닐 수 있게 됐다.

비스마르크가 가장 가고 싶어 한 곳은 하이델베르크 대학교였다. 그러나 어머니의 반대가 심했다. 아들이 그곳에서 맥주에 푹 빠지지 않을까 걱정했기 때문이다. 어머니는 맥주를 그만큼 싫어했다. 그래서 선택한 곳은 괴팅겐 대학교이다. 이 대학교는 공직에 오를 준비를 하는 젊은 귀족들이 많이 다녔다. 1832년 5월 초 비스마르크는 법학과 국가학(Staatswissenschaften)[13]으로 등록했으며, 몇 주 후 주로 시민계급 출신들이 회원으로 있는 '하노베라Landsmannschaft Hannovera'[14]에 입회했다. 비스마르크가 괴팅겐에서 보낸 세 학기 동안 그를 둘러싼 전설은 많기만 하다. 하지만 그 내용이 진짜임을 입증할 자료는 거의 없다. 이 시기 비스마르크는 의심할 바 없이 그때까지 감내해온 감독과 통제의 생활에서 벗어났다는 해방감을 만끽했다. 껑충한 키에 깡마른 체구, 머리숱 많은 밝은 금발에 얼굴에는 주근깨가 가득했던 17세 소년은 대학생 생활을 마음껏 즐겼다. 그는 술판을 벌이고 빚도 내면서 도발적인 행동을 서슴지 않다가 대학의 훈육 유치장 형벌을 받기도 했다. 향우회 활동에 적극적이었던 비스마르크는 펜싱에 뛰어난 재능을 보였다. 1833년 1월 그는 형에게 보낸 편지에서 미카엘Michaeli 축일[15] 이후 14회 펜싱 시합을 벌였으며, "거의 언제나 적수를 눈부시게 제압했으며, 내가 피를 본 건 단 한 번뿐이야" 하고 자랑했다.[16] 젊은 비스마르크는 검술이 뛰어났을 뿐만 아니라, 지구력이 좋은 승마 선수였고, 수영을 잘했으며 춤꾼으로 선망의 대상이었다. 다만 체조에 깊은 혐오를 숨기지 않았는데, 이는 분명 플라만 학교에서의 씁쓸한 경험 때문이었으리라.

비스마르크가 어떤 강의를 들었는지 알려주는 자료는 거의 없다. 그는 전공에는 별반 관심이 없었던 모양이다. 그가 빠짐없이 들은 유일한 강의는 유럽 국가 체계를 다룬 역사학자 아르놀트 헤렌Arnold Heeren(1760~1842)[17]의 강좌였다. 무슨 공부를 하느냐는 물음에 비스마르크는 이렇게 답했다. "외교."[18]

괴팅겐에서 세 학기를 보낸 뒤 비스마르크는 1832~1833학년도 겨울 학기에 베를린 대학교로 학적을 옮겨 다시 3학기를 다녔다. 이 시기를 알려주는 기록으로 흔히 인용되는 것은 비스마르크가 괴팅겐 향우회 형제 구스타프 샤를라흐Gustav Scharlach(1811~1881)[19]에게 보낸 편지이다. 신랄한 자조와 톡톡 튀는 조롱으로 가득한 편지의 문체, 젊음의 건방지고 자유분방한 말투는 당시 대학생 동호회의 분위기를 고스란히 반영한다. 이 편지들은 청년 비스마르크의 성격과 심리를 추론할 수 있는 중요한 자료이다. 편지에 자주 등장하는 힘자랑은 비스마르크 자화상의 일면일 뿐이다. 편지는 다른 측면도 담았다. 비스마르크는 오페라를 좋아했으며, 프랑스어와 영어를 즐겨 썼다. 특히 친척이나 친한 친구의 가문들로 이뤄진 베를린의 귀족 사교계를 능숙하게 휘어잡을 줄 아는 활달하고 박식한 청년이었다. 무엇보다도 그는 진정한 우정을 맺고 가꿀 줄 알았다. 베를린 시절의 가장 가까운 친구들, 이를테면 발트해 연안 지역 출신의 귀족인 백작 알렉산더 카이절링Alexander Keyserling(1815~1891)과 미국인 존 L. 모틀리John Lothrop Motley(1814~1877)는 평생지기가 됐다.[20] 나중에 빈과 런던에서 미국 대사를 지낸 모틀리는 젊은 시절 쓴 소설《모튼의 희망》(Morton's Hope, 1839)에서 비스마르크를 오토 폰 라벤마르크Otto von Rabenmark 라는 인물로 등장시킨다. "술집과 거리에서 그는 그야말로 고삐 풀린 말처럼 자유분방했다. 그러나 파이프의 자욱한 담배 연기가 실루엣을 만드는 방에서 그는 객기의 마스크를 벗어던지고 모튼과 '이성적'으로 이야기를 나누었다."[21]

그럼에도 놀라운 사실은 당시 비스마르크가 어떤 정치적 성향을 보였는지 알려줄 기록을 전혀 찾아볼 수 없다는 점이다. 나중에 온전히 정치의 한복판에 섰던 인물이 자신의 정치 성향을 드러내는 글을 남기지 않았다니 참으로 묘한 노릇이다. 1830년 프랑스의 7월혁명 이후 독일의 많은 공국에서도 국내 정치의 갈등이 빚어졌으며, 이 갈등은 '함바흐 축제(Hambacher Fest, 1832년 5월)'와 '프랑크푸르트 경비대 습격(Frankfurter Wachensturm, 1833년 4월)'으로 정점을 찍었다.[22] 이 갈등과 더불어 자유주의 진영과 보수 진영은 갈수록 더 심하게 대립하면서 각기 그 윤곽을 분명하게 드러냈다. 젊은 비스마르크는 이런 대결 양상에 별반 관심을 가지지 않았던 것으로 보인다.

공무원 지망과 방황

비스마르크는 전공인 법학 공부를 가볍게 했지만, 1835년 5월 당시 제1차 법학 국가고시였던 '판사시보시험'에 합격했다. 이는 최단기간에 이뤄낸 성과로 법전을 설명하는 과목에서는 '우수함', 법 이론에서는 '충분함'이라는 평가를 받았다. 시험 보기 몇 주 전 그는 스무 번째 생일을 즐겼다.

비스마르크는 외교관이 되겠다는 확고부동한 목표를 향해 교육과정을 밟아나갔다. 하지만 일은 생각과 다르게 풀려나갔다. 일단 비스마르크는 '판사시보'로 베를린 고등법원에서 통상적인 연수를 받고, 베를린시 법원에서는 서기로 일했다. 그는 괴팅겐 시절 친구 샤를라흐에게 보낸 편지에서 아침 8시부터 저녁 8시까지 부지런히 일한 뒤, 옷을 갈아입고 사교 모임에 나가는 그럭저럭 만족스러운 생활을 한다고 썼다. "나는 계속해서 지나칠 정도로 사랑에 빠지기는 해. 끌리는 대상이 자주 바뀌어서 그렇지."[23] 동시에 그는 금전적 문제로 불편함을 호소하곤 했다. 그의 '노친네들'은 돈 문제만큼은 너그럽지 않았다. 비스마르크는 괴팅겐 시절의 빚을 여전히 갚지 못해 두 곳으로부터 독촉에 시달렸다.

시보로 보낸 첫해가 지나기 무섭게 비스마르크는 사법에서 행정으로 옮기기로 결심했다. 알아본 바에 따르면 프로이센의 외무 장관은 엘베강 동쪽 지역의 융커Junker[24] 출신에게 외교 업무를 맡기는 것을 탐탁지 않게 여긴다고 했기 때문이다. 외교관에 지원하는 데 행정직이 법관보다 더 유리했다. 그래서 비스마르크는 1836년 1월에 아헨 시장에게 아헨에서 요구하는 시험을 치를 수 있게 해달라고 청원했다. 라인Rhein의 관료선발위원회를 고른 까닭은 그곳의 과정이 다른 옛 지역보다 짧았기 때문이다. 청원은 받아들여졌다. 비스마르크는 1836년 초 쇤하우젠에서 두 번의 필기시험을 치렀다. 그곳에서 그는 친구 샤를라흐에게 이런 내용의 편지를 보냈다. "지금 네가 내 옆에 있으면 웃음을 참지 못할걸. 끝이 뾰족한 아치형 지붕과 어른 발네 개 정도 두께를 자랑하는 벽, 서른 개가 넘는 방 중에 두 곳만 가구를 갖추었고, 화려한 무늬의 벽지 색깔은 몇몇 끄트머리에서만 알아볼 수 있으며, 쥐가 들끓고, 바람이 마치 통곡 소리 같은, 굴뚝 있는 매혹적인 성에서 나는 넉 주째 지내고 있어…. 이곳처럼 내가 만족을 느꼈던 때는 없는 거 같아. 오로지 여섯 시간만 잠을 자면서 공부하는 것이 무척 즐겁네. 여섯 시간 수면과 즐거운 공부는 내가 오랫동안 불가능하다고 여겼던 거야."[25] 두 번의 시험은 각각 '매우 훌륭함'과 '성공적'이라는 평가를 받았으며, 구두시험 성적은 '대단히 뛰어난 능력을 갖추었음'으로 통과했다. 1836년 7월 초에 정부 관리의 연수생으로 선발되어 비스마르크는 선서를 했다. 이로써 비스마르크는 아헨 시 정부의 공무원 생활을 시작했다.

하지만 아헨은 세계 각지에서 찾아오는 손님들로 시끌벅적한 휴양도시였다. 아헨에서 속세의 사교계는 한창 혈기가 끓어오르는 젊은 남자에게 산만해질 수밖에 없는 숱한 기회를 제공했으며, 강한 유혹의 손길을 뻗기도 했다. 엘베강 동쪽 지역 출신 융커는 아헨을 찾은 잉글랜드 귀족 출신 방문객들과 어울리는 게 좋았다. 그 가운데 비스마르크의 마음을 특히 사로잡은 쪽은 젊은 숙녀들이다. 첫 연애는 상대방이 자신의 출신 가문을 지나치게 부풀린 것이 밝혀지면서 곧바로 끝났다. 하지만 다음 연애는 진지했다. 22세의 청년은 "금발에 보기 드문 미모"[26]를 자랑하는 17세의 영국 처녀, 잉글랜드 향토 귀족 출신의 이사벨라 로레인 스미스Isabella Loraine Smith와 격정적인 사랑을 불태웠다. 비스마르크는 폭풍 같은 열정에 사로잡힌 나머지 자신의 직업적 미래까지 포함해 많은 것을 위태롭게 만들 정도였다. 애인이 가족과 함께 독일을 돌아보는 여행 계획을 세우자 안내역을 자처하기 위해 비스마르크는 장기 휴가를 신청했다. 1837년 7월에서 9월까지 그는 여행을 다니다가 허가받은 휴가 기간을 넘기고 말았다. 연장 신청은 하지도 않았다. 이 석 달 동안 그가 얼마나 강렬한 열병을 앓았는지 거의 알 길이 없다. 친구 카를 프리드리히 폰 사비니Karl Friedrich von Savigny(1814~1875)[27]는 8월 말 프랑크푸르트에서 온 편지를 한 통 받았다. 비스마르크는 "나의 가족(이 표현은 그녀를 위해 당분간 비밀로 해주기 바라네)"[28]이라는 표현을 쓸 정도였다. 그리고 영국 레스터셔의 스카스데일Scarsdale에서 3월에 결혼식을 올리기로 확정했다고 썼다. 봄에 결혼식을 올리기로 했다는 소식은 샤를라흐도 9월 중순에 비스마르크가 슈트라스부르크에서 보낸 편지로 알았다. 어떻게 해서

이 결혼이 깨지게 됐는지 이유는 알려지지 않았다. 에른스트 엥겔베르크Ernst Engelberg(1909~2010)[29]는 "양측, 젊은 비스마르크와 여자의 늙은 아버지 간에 금전적인 문제를 놓고 갈등이 빚어져 결국 파혼에 이르렀다"[30]고 추정하는 방증이 많다는 의견을 제시했다.

비스마르크는 꿈같지만 엄청난 비용을 치른 이 모험에 대해 7년 뒤 친구 샤를라흐에게 의심할 바 없이 애써 아무것도 아니라는 듯 익살을 부렸다. 그는 그 영국 여자의 그림처럼 아름다운 미모에 반해 몇 달 동안 그녀를 따라다녔다고 묘사했다. "나는 그녀에게 이제는 정박할 때라고 타일렀고, 그녀는 돛을 접으려 했지. 그러나 두 달 동안 그녀를 소유한 탓에 50세 외팔 육군 대령의 먹잇감이 된 나는 말 네 필과 1만5천 리알Rial을 고스란히 바쳐야 했네. 호주머니가 텅텅 빈 채 쓰라린 심정으로 나는 포메른Pommern으로 돌아왔지."[31] 이렇게 해서 비스마르크는 9월 말 귀향길에 올랐다. 혼자서, 그것도 엄청난 빚을 걸머진 채. 비스바덴의 카지노에서 그가 무시무시한 액수의 돈을 잃었기 때문이다("다른 목적으로 쓰려던 1천7백 탈러Taler가 넘는 돈을 잃었다"[32]).[33]

빚 독촉에 시달리느라 아헨에서 생활이 곤란할 지경에 이르자 비스마르크는 포츠담시 정부로 전출을 신청했으며, 이 신청은 받아들여졌다. 아헨 시장이 섬세한 반어적 표현에 담은 의중을 비스마르크는 아프게 곱씹어야만 했다. "당신이 아헨에서 사회생활을 하며 헛되이 보낸 것만큼, 이후 관직에 돌아갔을 때 더욱 힘든 업무에 충실하기 바란다."[34]

　포츠담 생활은 오래가지 않았다. 비스마르크는 오랫동안 미뤄둔 입대(근위대 보병)를 해야 했으며, 1838년 여름 공직에서 물러나 영주로서 자유로운 삶을 살고자 결심했기 때문이다. 공직에 머물러달라고 간청하는 사촌 여동생에게 비스마르크는 왜 자신이 이런 결심을 하게 됐는지 장황하게 설명했다. 여러 장에 걸친 긴 편지에서 그는 "공직으로 국가에 봉사해야 하는 지위"[35]가 자신에게 맞지 않다고 강조했다. 복종하기보다 명령해야 야심을 채울 수 있을 것 같다며, 잘 아는 음악을 연주하거나, 아니면 아예 안 하는 쪽이 낫다고 썼다. 더욱이 그는 "순전히 물질적 관점에서 보면 공직보다는 농업에 종사하는 쪽이 훨씬 더 유리하다"고 강조했다. 그러나 그는 자신이 이런 결정을 한 가장 중요한 근거, 원래 품은 동기가 무엇인지 전혀 말하지 않았다. 아버지에게도 마찬가지였다(아버지는 사촌누이와 주고받은 편지의 사본을 받았다). 비스마르크는 공직자로 받는 봉급으로는 빚의 압박에서 벗어날 수 없었다. 빚을 갚는 것은 관리가 열악했던 아버지의 영지를 재개발해서 농업이 충분한 수익을 올려야만 가능했다.

　이렇게 해서 비스마르크는 1838년 늦여름에 휴직을 청원했다. 공식적으로 공직에서 물러나겠다는 신청은 1839년 10월에야 했지만, 결심은 이미 1838년 여름과 가을 사이에 했다. 페르디난트 폰 비스마르크는 두 아들에게 포메른의 영지를 나누어주고, 그 자신은 열두 살 딸 말비네Malwine와 함께 쉔하우젠의 본거지로 돌아갔다(중환에 걸린 어머니는 의사의 치료를 받아야 해 베를린에 남았으며, 1839년 1월에 암으로 사망했다).

대략 2년 동안 두 형제는 크니프호프에서 영지를 함께 관리했다. 농지 약 550헥타르, 목초지와 목장, 숲과 늪지로 이뤄진 영지는 포메른의 다른 귀족 영지에 비해 규모가 크다고 볼 수는 없었다. 베른하르트는 1841년 나우가르트Naugard군[36]의 지방의회 의원으로 선출되어 군청 소재 도시로 이주했으며 그곳에서 결혼했다. 이때 영지 분할이 이루어졌다. 베른하르트는 퀼츠를, 오토는 크니프호프와 야르셸린을 각각 얻었다. 오토 역시 군 선거관리위원으로 선출되어 지방의회에서 지역을 대표하는 역할을 했다. 이후 포메른 지방의회에서 기사 작위를 가진 의원으로 선출되기도 했다.

포메른 시절을 두고 '자유분방한 비스마르크'라며 그를 향락적으로 묘사하는 세간의 평에도 간과하지 말아야 할 점이 있다. 그가 이제 농업에 집중하면서 토양의 질과 곡물 가치를 열심히 전문서적을 읽어가며 빠르게 터득했다는 점이다. 비스마르크는 최신 경영 기법을 도입하려 노력하면서 지출과 개인 소비를 최대한 줄이려 했다. 이런 식으로 그는 그동안 감퇴했던 소출을 빠르게 끌어올려 다시 수익을 보는 쪽으로 영지를 경영하는 데 성공했다. 빚은 아직 다 갚지 못했다. 그 밖에도 비스마르크는 이 시기 동안 괴테, 실러, 장 파울, 울란트, 하이네에 이르기까지 당대의 서정시와 철학책(특히 스피노자와 청년 헤겔주의자 다비트 프리드리히 슈트라우스[37])을 열심히 읽었다. 무엇보다도 그는 소지한 수많은 세계 전도와 특수지도를 살피며 지리 지식을 심화시켰다. 프로이센 지방 귀족 가문의 특수한 전통에 뿌리를 두었음에도 비스마르크의 정신적 관심사가 그린 반경은 그와 같은 신분의 사람들 수준을 훌쩍 뛰어넘었다.

비스마르크는 1841년에서 1842년 사이에 판신Pansin의 영주 딸 오틸리에 폰 푸트카머에게 구애했으나 허사였다.[38] 여자의 어머니가 모욕적일 정도로 매몰차게 퇴짜를 놓았기 때문이다. 딸은 어머니의 명령에 너무도 고분고분 따랐다. 비스마르크의 자존심은 심각한 타격을 받았다. 그는 상처받은 자존심을 회복하고자 몇 달에 걸쳐 스코틀랜드와 잉글랜드, 프랑스와 스위스를 여행했다. "반쯤 나아졌고 반은 여전히 괴로운 심정"으로 그는 여행에서 돌아왔다. 이때의 심경을 그는 어떤 친구에게 이렇게 털어놓았다. "창피해서 두 발이 얼어버린 것처럼 꼼짝할 수가 없네. 도대체 무엇이 나로 하여금 그녀에게 구혼하도록 유혹했는지 도무지 알 수가 없네…."[39]

비스마르크는 포메른의 영지를 개간하는 농업 경영을 통해 경제적 성공을 이루며 영주로서의 활동에 즐거움을 느꼈다. 포메른의 향토 귀족들과 함께 무도회, 연극, 차 모임 같은 사회적 교류도 활발하게 가졌다. 하지만 경제적 안정이라는 목표를 이루고 나자, 그는 영주로서의 활동 무대가 너무 좁다고 느끼면서, 향토 융커 생활에 깊은 불만을 품었다. 그는 샤를라흐에게 "나를 둘러싼 모든 것에 권태에 가까울 정도의 지루함"[40]을 느낀다고 토로했다. "아무 의지도 없이 순간적 관심 외에는 방향성이 없는 삶의 흐름에 끌려다니는 느낌이 괴롭다. 이 흐름이 나를 어디에 데려다 놓든 될 대로 되라는 자포자기의 심정이다."[41] 이런 암울한 기분은 어디로 나아가면 좋을지 모르겠다는 방향감각 상실의 표현이다. 비스마르크는 돌파구를 찾고자 포츠담 시장에게 다시 공직 예비 과정을 밟을 수 있게 해달라고 신청했다(1844년 4월). 신청은 받아들여졌다. 물론 예전의 공직 생활에서 부족하기만 했던 열의를 꼬집는 냉엄한 경고도 빠지지 않았다. 5월 3일 비스마르크는 각오를 새롭게 다지며 출근했으나, 두 주가 채 지나지 않아 형수가 중병을 앓는다는 구실로 짧은 휴가를 신청했다. 그리고 과거 아헨에서처럼 그는 복귀하지 않았다. "사람과 일이 너무나 김빠지고, 예전처럼 아무 쓸모가 없어 보인다"고 비스마르크는 샤를라흐에게 썼다. 비스마르크는 인생의 깊은 위기에 빠지고 말았다.

운명적 만남

이 실존적 위기로부터 빠져나갈 잠정적 탈출구는 비스마르크가 포메른의 경건주의(Pietismus)[42] 그룹과 가까워지면서 열렸다. 아돌프 폰 타덴Adolf von Thadden (1796~1882)을 중심으로 트리글라프에서 형성된 그룹에는 비스마르크의 초등학교 동창생 모리츠 폰 블랑켄부르크 Moritz von Blanckenburg (1815~1888)도 회원으로 활동했다. 모리츠는 타덴의 딸 마리와 약혼했다.[43] 경건주의 그룹은 성경을 비판 없이 믿는 자세와 감정을 중심으로 일상생활에 신의 손길이 구원을 베풀어주기만 간절히 바라는 기도를 강조했다. 비스마르크는 이런 분위기가 낯설었지만, 이 사람들이 주님의 말씀을 성찰과 실천의 길라잡이로 삼는 것에 감명을 받았다. 거의 폭격이라도 하듯 편지를 보내며 어떻게든 전도하고야 말겠다는 친구 모리츠가 비스마르크는 짜증스러웠다. 하지만 신과 기독교를 주제로 그의 약혼녀 마리와 많은 이야기를 나누었다. 이 과정에서 두 사람은 밀도 높은 우정을, 아니 사랑이라고 불러야 좋을 감정을 키웠다. 물론 이 사랑은 충족될 수 없었으며, 심지어 말도 꺼내지 못한 것으로 남아야만 했다. 마리에게서 비스마르크는 "안정적인 내면과 함께 삶을 긍정하는 성격의 인물, 이 시점에서 자신이 무엇보다 갈망해온 성격의 인물"을 발견했다고 로타르 갈 Lothar Gall[44]은 썼다.[45] 비스마르크는 경건주의 생활방식을 받아들이지 않았으며, 교리적으로 경직된 기독교로 개종하지 않았다. "인격적인 신을 향한 믿음, 피안의 세계와 기독교 구원론의 믿음은 회복했다. 이런 태도 변화는 돌발적인 게 아니라…, 점차적으로 무르익어온 것, 그를 오랫동안 사로잡았던 내면의 거리낌과 의심을 무릅쓰고 쟁취해낸 것이다."[46]

1844년 모리츠 폰 블랑켄부르크와 마리 폰 타덴의 결혼식에서 비스마르크는 나중에 자신의 아내가 될 여인을 처음으로 만났다. 마리는 들러리로 친구인 스무 살의 요하나 폰 푸트카머Johanna von Puttkamer(1824~1894)[47]를 선택하고, 피로연 식탁에서 그녀의 옆자리에 앉을 신사로 비스마르크를 정했다. 두 남녀는 이후 블랑켄부르크 가문의 영지 카르데민Kardemin에서 이따금 마주쳤지만, 서로 가까워지지는 않았다.

1845년은 비스마르크 인생에 전환점을 가져다주었다. 74세를 일기로 아버지가 운명했고, 두 아들은 유산을 나누었다. 베른하르트는 퀼츠와 더불어 야르셸린을, 오토는 크니프호프와 쇤하우젠을 각각 얻었다. 이듬해 오토는 쇤하우젠으로 이사했다(크니프호프는 세를 주었다). 그는 다시 가족의 본거지인 알트마르크로 돌아온 것에 벅찬 감회를 새기며, 새 환경에서는 처음부터 적극적으로 자신의 역할을 개척해나가기로 마음을 굳혔다. 비교적 빠른 시간에 비스마르크는 지역의 수리조합장을 자리에서 몰아내고 자신이 그 관직을 맡는 데 성공했다. 엘베강의 제방을 관리하는 역할인 수리조합장이 그해 장마로 강이 범람하는 것을 막지 못했기 때문이다. 이 조합장 자리는 비스마르크가 처음으로 맡은 독립적인 공직으로 정부 조직과는 별개의 자치단체를 대표하는 직함이다. 나아가 비스마르크는 삭센 지방의회의 보궐선거에서 기사 작위 의원으로 선출됐다. 또 예리초프Jerichow군의 군수직도 노려볼 만한 영향력을 쌓았다. 이에 그치지 않고 비스마르크는 지역 차원을 넘어서는 활동 범위, 곧 영주재판권(Patrimonial-gerichtsbarkeit)[48]을 새롭게 꾸미느라 벌어진 정치 대결에 적극 가담했다. 그는 관료주의에 반대하는 입장을 분명히 하면서 영주의 독립성을 보장해주어야 한다고 강변하고, 정부가 권한을 넓혀 간섭하는 것에 단호히 반대했다. 이 협상에서 비스마르크는 강력한 영향력을 자랑하는 보수적인 영주들, 특히 마그데부르크의 고등법원 원장 에른스트 루트비히 폰 게를라흐Ernst Ludwig von Gerlach (1795~1877)[49]와 밀접하게 협력했다. 게를라흐는 아돌프 폰 타덴과 사돈 간이었으며, 프로이센 보수파의 선봉으로 활약하던 인물이다. 이런 활동으로 비스마르크는 정치가로서 자신의 미래 전망을 높게 평가했던 게 분명하다. 1846년 정부로부터 다시 공직을 맡아달라는 제안(동프로이센의 농지 개간을 책임지는 위원이라는 꽤 그럴싸한 관직)을 형의 설득에도 거절했기 때문이다.

1846년 10월 마리가 생명이 위독할 정도의 중병에 걸렸다는 소식은 번개처럼 비스마르크를 강타했다. 11월 초 그녀의 죽음은 그를 깊은 충격에 빠뜨렸다. 그는 누이동생 말비네에게 속내를 털어놓았다. "내가 정말 가깝다고 여긴 사람을 죽음으로 잃는 것은 이번이 처음이야. 이 사람과의 작별은 내 인생에 예상하지 못한 커다란 상실을 빚어놓았어. 부모님과의 사별과는 다르지. 그거야 자연의 이치로 얼마든지 예상할 수 있었던 거니까."[50]

갑작스러운 죽음을 맞기 전 여름에 마리는 친구들과 함께 하르츠Harz[51]로 여행을 갔다. 젊은이들의 활달한 그룹은 달빛이 아름다운 밤에 멘델스존의 음악을 들으며 낭만적인 풍경을 즐기면서 종교적 담소를 나누었다. 여행에 동참한 비스마르크와 요하나 폰 푸트카머는 이런 낭만적 분위기 속에서 서로 호감을 느꼈다. 22세의 요하나는 마리처럼 경건한 성격이었지만, 훨씬 더 밝고 쾌활했다. 나중에 비스마르크와 같이 일한 동료이자, 당시 음악 재능이 있는 요하나와 함께 이따금 연주한 일이 있는 로베르트 폰 코이델Robert von Keudell (1824~1903)은 그녀를 이렇게 묘사했다.[52] "그녀의 얼굴 윤곽은 균형이 잘 맞는 대단한 미모는 아니지만, 짙은 검은색 머릿결이 만든 그늘에 파랗게 빛나는 눈동자는 말을 거는 것처럼 생기가 넘쳐난다."[53]

마리가 세상을 뜬 지 한 달이 됐을 때 비스마르크와 요하나는 다시 블랑켄부르크 집에서 만나 고인의 넋을 기렸다. 이 만남에서 두 사람은 인생을 함께하기로 다짐했다. 물론 두 사람이 결혼을 위해 넘어서야 할 장애물은 만만치 않았다. 경건주의에 충실한 요하나의 부모는 비스마르크를 사위로 맞는 걸 전혀 반기지 않았다. 부모는 비스마르크를 둘러싼 "많은 추문과 몇 안 되는 좋은 평판"[54]만 들었기 때문이다. 1846년 성탄절을 며칠 앞둔 시점에서 비스마르크는 자신의 첫 외교 솜씨를 발휘한 편지를 썼다. 요하나의 아버지 하인리히 폰 푸트카머Heinrich von Puttkamer에게 결혼 허락을 구하고자 쓴 이 편지는 비스마르크라는 인물의 성품을 확인해주는 중요한 문서로 평가받으며 자주 인용된다. 수신인의 정신세계에 영리하게 맞춘 편지에서 비스마르크는 '숨길 것 없다는 열린 자세'와 정곡을 찌르는 언어를 구사해가며 자신이 그때까지 살아온 인생을 설명했다. 말미에 자신의 구혼에 감히 유리한 결정을 기대할 처지가 아니라는 점을 잘 알고 있지만,

부디 기회를 주십사 간청한다고 썼다. "어르신께서 확정적으로 거부 의사를 밝히시기 전에 거부를 결심할 근거들을 제 입장에서 설명할 기회를 주시기만 바랍니다."[55] 요하나의 아버지가 구혼 편지에 가타 부타 반응을 보이지 않자, 비스마르크는 자신이 가진 모든 것을 쏟아 붓는 자세로 설득에 나섰다.

1847년 1월 초 그는 과감하게 포메른의 외진 구석인 라인펠트 Reinfeld의 요하나 집으로 찾아갔다. 불과 몇 시간 만에 약혼은 완벽히 성사됐다. 비스마르크는 1월 12일에 여동생 말비네에게 전보를 쳤다. "다 잘 됐어."[56] 곧이어 형에게 쓴 편지 내용은 이랬다. "나에게 불리한 분위기는 없었어요. 다만 혼담이 너무 장황하게 이어질 거 같아 보이기는 했죠. 신부의 단호한 포상(포옹을 말함)이 아니었다면, 상황이 어찌 됐을지 누가 알겠어요. 놀란 부모는 아무 말도 하지 못하고 지켜보기만 하더군요. 아무튼 덕분에 5분 만에 모든 것이 올바른 방향을 잡았습니다."[57] 그리고 다음과 같이 덧붙였다. "저는 그동안 희망을 접었던 행운, 아주 대단한 행복을 잡았다고 여깁니다. 냉철하게 말해서, 보기 드문 기품과 귀족 혈통으로서 자부심이 넘치는 성품을 가진 여인과 결혼할 수 있으리라는 희망을 거의 포기했었습니다. 사랑스러우면서도 붙임성이 좋은 성품은 제가 그 어떤 귀부인에게서도 보지 못하던 것입니다."

실제로 비스마르크는 요하나에게서 자신이 필요로 한 여인을 발견했다. 그녀는 남편에게 평생 충실했으며 솜씨 좋게 집안을 꾸리면서 자녀를 사려 깊게 돌보았고, 무엇보다도 남편의 세계관에 자신을 무조건 맞추었으며, 어떤 결정을 하든 충직하게 따랐다. 남편의 친구는 그녀의 친구였으며, 남편의 적은 자신의 적이었다.

오랜 세월 동안 비스마르크는 자신에게 맞는 삶을 탐색하느라 매우 불안하고 불확실한 상황을 겪어야만 했다. 하지만 약혼을 비롯해 1847년에 일어난 일련의 사건들로 그는 안정된 토대 위에서 자신의 뜻을 안팎으로 활발히 펼치며 그동안 굶주린 야망을 달랠 기회를 잡았다.

영주에서
정치가로

1847
—
1851

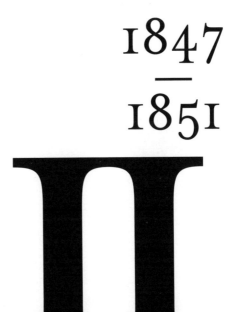

비스마르크는 1847년
소집된 통합신분제의회에
진출하면서 정치 무대에
본격적으로 등장했다.

1847년은 비스마르크 인생의 결정적인 해라 불러도 손색이 없다. 우선 요하나 폰 푸트카머와 맺은 약혼은 7월 결혼식으로 이어져 두 사람이 부부가 됨으로써 인생의 안정적인 기반이 확보됐다. 다른 한편으로 비스마르크는 1847년 소집된 '통합신분제의회(Vereinigter Land-tag)'[1]에 진출하면서 정치 무대에 본격적으로 등장했다. 비스마르크가 자신에게 걸맞은 행동반경을 확보함으로써 불투명한 전망에 시달리며 짝을 찾아 헤매던 불안정한 시기는 끝을 맺었다.

약혼 관련 이야기는 이미 충분히 다루었다. 1847년 1월 말 비스마르크는 엘베강이 얼어붙을 것이라 예상하고 수리조합장으로서 자신의 책무를 다하고자 라인펠트를 출발해 쉰하우젠으로 돌아왔다. 이때 여론의 가장 뜨거운 관심을 모은 사건은 국왕 프리드리히 빌헬름

4세가 소집하겠다고 선포한 '통합신분제의회'였다. 모든 지방 토호들을 대상으로 소집된 이 회의에는 대략 6백여 명의 남자들이 참가할 예정이었다(아버지의 친구인 아돌프 폰 타덴과 장인 하인리히 폰 푸트카머도 포함되었다).

비스마르크는 이 회의에 무조건 참석하고 싶었다. 하지만 참석의 전망은 그가 작센 지방의회 공석 대행으로 활동하는 탓에 그리 밝지 않았다. 그는 다른 의원이 참가하지 않도록 유도해 자신에게 차례가 오게끔 만들려고 안간힘을 썼다. 그러나 이런 노력은 성과를 거두지 못했다. 4월 11일 왕이 '통합의회'를 개회했다. 폰 브라우히티슈Von Brauchitsch 가문의 대표가 갑작스러운 병으로 참가 자격을 포기하고 나서야 비로소 비스마르크는 5월 초 의회에 참가할 기회를 잡았다. 이로써 그는 최연소 의원으로 정치 무대에 등장했다. 그가 참가 자격을 얻게 된 것은 순전히 우연이다. 그래서 한동안 사람들은 '통합의회를 통해 비스마르크가 정치가로서 비약적인 출세의 발판을 마련하지 못했다면 그의 인생행로가 어찌 됐을까' 하고 입방아를 찧어대곤 했다. 의회에 참가하지 못했다면 그는 야심과 투철한 의지에도 그저 향토 귀족으로만 남게 됐을까? 우연이든 아니든 비스마르크는 이 기회를 놓치지 않고 자신이 원하는 바를 이루어냈다. 6월에 의회가 폐회했을 때 지역 차원을 넘어서는 인지도를 쌓을 일이 없던 알트마르크의 융커는 프로이센 전체에서 유명세를 떨치는 남자, 왕권 수호를 위해 무조건적인 전의를 불태우는 투사, 정통 보수파의 열혈 선봉장이라는 선명한 성향의 정치가로 발돋움했다.

　의회에 입성한 지 며칠 지나지 않은 5월 17일, 32세의 최연소 의원은 첫 데뷔무대에서 일대 소동을 일으켰다. 자유주의 정당 소속 의원 한 명이 프로이센을 위한 성문헌법의 필요성을 역설하며, 1831년 나폴레옹의 강제 점령에 저항해 일어난 민중봉기의 동기가 무엇보다 헌법을 갖고자 하는 열망이었다고 강조했다. 1815년생 신참 의원 비스마르크는 나폴레옹에 저항해 일어난 이 투쟁의 동기, 앞서 언급한 연설이 주장한 동기를 '바로잡아야만' 한다고 여겼다. 몇 번이고 반복해 '혀를 찬 뒤'에 비스마르크는 포문을 열었다. "프로이센이 외국의 권력자에게 당한 박해와 굴욕만으로 피가 들끓지 않는다면, 침입자를 겨눈 증오가 다른 모든 감정을 압도하지 못한다면", 민족의 명예에 스스로 먹칠하는 어리석음이라고 비스마르크는 일갈했다(의회는 벌집을 쑤신 듯 소란스러워졌다[2]). 해방전쟁의 의미를 그처럼 편파적으로 해석해서는 안 된다고 몇몇 의원들이 항변했다. 그러자 비스마르크는 강한 반어법으로, 당시 저항운동을 두고 헌법을 가지고 싶은 열망의 반영이라는 선배 의원들의 가르침 덕에 봉기를 직접 경험하지 못한 유감이 씻은 듯 사라졌다고 쏘아붙였다. "저는 항상 당시 노예 상태에서 벗어나려 뜨거운 투쟁을 벌이게 만든 원인을 외세가 제공한 줄 알았는데, 지금 가르침대로라면 오히려 국내 세력이 이런 노예 상태를 자원한 셈이로군요. 이런 가르침에 제가 매우 감사하다는 말을 할 수는 없습니다." 이것이 초선 의원의 발언, 아니 우리가 아는 비스마르크의 참모습을 고스란히 드러낸 연설이다! 대담한 배짱으로 정적에게 돌진해 칼로 베는 것만 같은 날카로운 연설로 상대를 도발하는 솜씨는 물론, 냉철한 반어법과 물어뜯는 것과 다름없는 조롱은 상대의 말문을 막히게 만들었다. 이 연설 이후 자유주의 성향 언론은 이런 뻔뻔한 융커를 봤나 하는 격분한 논조로 비스마르크를 공격했다. 그를 웃기는 꼭두각시라고 조롱하면서도, 이 공포의 논객에게 경계심을 곤두세웠다.[3]

비스마르크는 드높은 목청과 적확한 단어를 고르느라 약간 머뭇거리는 약점이 있기는 했다. 하지만 마치 두 눈으로 보는 것처럼 선명한 그림을 그려내는 표현력에 재치와 신랄한 촌철살인을 담아내는 연설로 청중을 휘어잡을 줄 알았다. 심지어 그의 견해에 동조하지 않는 사람도 연설만큼은 귀담아들었다. 많은 시간이 흐른 뒤인 1868년 프리드리히 니체는 비스마르크의 연설문을 읽고 자신의 친구 게르스도르프Carl von Gersdorff(1844~1904)[4]에게 이런 편지를 보냈다. "비스마르크의 연설문을 읽으며 강한 향기를 자랑하는 와인을 마신 것처럼 상당한 즐거움을 느꼈네. 너무 빨리 삼키지 않고 그 그윽한 향기를 오래 즐기려 입안에서 혀를 굴렸다네."[5] 그리고 1891년 테오도어 폰타네는 이런 촌평을 했다. "그는 더없이 빛나는, 언어로 그림을 그릴 줄 아는 연설가이다. 심지어 간단명료함과 지극히 완벽한 구체성은 셰익스피어보다도 앞선다(폰타네는 몇십 년을 두고 때로는 경탄하고, 때로는 격렬하게 비판하며 비스마르크와 씨름했다[6])."

보수 진영에 재능 있는 연설가의 씨가 적었던 덕에 젊은 의원은 계속 연설을 쏟아내고 인맥을 확장하며 빠른 속도로 '정파'의 지도급 인사로 발돋움했다. 비스마르크는 자부심을 숨기지 않은 투로 5월 말 자신의 신부에게 활동이 성공적이라고 편지를 썼다. 이른바 '궁정당(Hofpartei)'[7]과 그 밖에 보수파의 의원들에게 나름대로 영향력을 행사할 수 있게 됐다. 이런 영향력을 이용해 비스마르크는 "되도록 의원들의 단합을 꾀하고 대오에서 이탈하는 것을 막으려 한다"[8]고도 덧붙였다. 그리고 며칠 동안 비스마르크가 협상에 참여할 수 없었던 6월 중순에 그는 고소하다는 투로 이렇게도 썼다. "야당의 거짓말, 그럴싸한 미사여구로 악의적 의도를 가리는 거짓말을 신랄하게 꼬집는 내가 꽤 인상적이었던 모양이오. 내가 협상 자리에 참석하지 않은 걸 알더라니까. 6백 명 가운데 나를 그만큼 의식할 정도면 괜찮은 거 아닐까."[9]

비스마르크가 한 의회 연설 중 가장 중요한 것은 6월 말 유대인에게 공직을 개방하자는 '유대인해방법안' 제정을 둘러싼 토론에서 한 연설이다. 자유주의 그룹은 이 법안을 환영했으나, 비스마르크는 보수파의 대변인으로 거부 입장을 밝혔다. 그는 반어법을 구사해가며 자신이 어머니 젖을 빨며 체득한 '암울한 중세적' 선입견 탓에 전율하는 집단의 일원일 수는 있다고 포문을 열었다. 그는 '그리스도의 가르침을 실현하는 것'이 과제인 기독교 국가를 위한 불꽃 튀는 변론을 펼쳤다. 자신은 유대인을 적으로 여기지 않으며, 유대인이 모든 권리를 누릴 수 있게 해주고 싶다는 말도 했다. "다만 정부의 공직에 임명할 수는 없다." 공직만 제외하고 유대인은 이미 시민으로서의 모든 권리를 누리고 있으므로 현 상태를 유지하는 것만으로도 충분하다. 법안은 실제로 통과되지 못했다.

통합의회가 열리는 몇 주 동안 비스마르크는 새삼 자신이 가진 정치 재능을 발견했다. 그는 향토 귀족이자 전통적인 왕조와 신분제 질서의 수호자로서, 필요하다면 적진 한복판에라도 뛰어들겠다고 투쟁의 결의를 다졌다. 언어라는 무기를 마음껏 휘두르며 기꺼이 전통 질서를 변호하리라! 통합의회가 1847년 6월 말에 폐회하고 해산했을 때, 서른두 살의 남자는 자신의 확고한 평판을 굳혔다. 로타르 갈은 이 평판을 다음과 같이 정리했다. "골수 반동적인 융커, 달변에 섬세한 정치 감각을 자랑하면서도 완전히 퇴행적인, '중세 남자'의 캐리커처와도 같은 인물."[10]

비스마르크는 통합의회에서 벌인 자신의 정치 활동이 단 한 번에 그치는 게 아닌, 계속해서 펼쳐갈 활동으로 본 것이 분명하다. 의회 해산 이후 그가 보수를 대변하는 신문을 창간하려 백방으로 뛰어다녔다는 사실이 이런 의도를 증명한다. 그는 신문 창간의 핵심 동기를 이렇게 정리했다. "기존 법질서를 수호하고 유지하면서 이 법질서를 향한 일간지나 관료, 야당이 감행하는 공격을 방어하는 것."[11] 신문 창간 자금을 대줄 투자자를 물색하며 협상하는 일이 1848년 1월까지 이어졌지만, 긍정적인 성과를 끌어내지는 못했다.

1847년 봄과 여름에 비스마르크는 매우 긴장된 나날을 보냈다. 그는 여전히 통합의회의 북새통 한복판에 있는 전투적 분위기에 젖어 있었고, 결혼을 앞둔 젊은 약혼자였다. 멀리 떨어진 신부는 신랑의 얼굴을 볼 수 없는 탓에 상심한 나머지 우울한 기분에 사로잡히기 일쑤였다. 비스마르크는 그런 그녀를 늘 걱정하며 사랑하는 신부 곁을 지켜주지 못하는 자신을 질책하곤 했다. 하지만 당시의 교통편으로는 베를린에서 힌터포메른의 아주 외진 라인펠트까지 쉽게 오갈 수 없었다. 의회의 활동을 포기한다면야 가능하겠지만, 비스마르크는 의회만큼은 포기할 수 없었다. 2월과 7월 초 사이에 두 사람은 오로지 4월에만 라인펠트에서 며칠 같이 지냈을 뿐, 나머지 시간은 내내 떨어져 지내야만 했다. 이런 생이별 덕에, 내용이 공개된 뒤 독일 산문 문학에서 확고한 위상을 차지한 편지를 읽어볼 수 있게 됐다. 비스마르크가 '격의 없는 편지'라고 표현한 서른 통이 넘는 자신의 편지에서, 그는 진지함과 유쾌함이 절묘한 균형을 이루는 언어의 폭죽놀이를 마음껏 구사한다. 비스마르크는 자신이 처한 상황과 주변 인물의 구체적인 묘사, 자연과 풍경에 감정이입을 한 표현들, 정치투쟁의 보고는 물론 종교적 주제까지 포괄하는 편지글에서 무엇보다도 요하나를 향한 자신의 사랑을 거듭 다짐하며 그리움을 절절히 토로한다. 이 편지들은 "그녀의 아버지를 찾아가 결혼 허락을 간청했던 사건 이후 그녀를 향한 끊임없는 구애"[12]를 담은 연서이다. 그리고 생애 말년에 이르기까지 비스마르크는 요하나와의 결혼생활이 자신에게 얼마나 소중한지 표현하는 데 조금도 지치지 않았다. 그 분위기를 엿보기 위해 한 대목 정도 인용해보자. "내가 당신을 가지지 못했다면 신의 마음에 드는 그 어떤 것도 못하지 않았을까 하는 두려움을 지울 수가 없소. 당신은 행복의 항구에 나를 정박시켜주는 닻이오. 신이 내 영혼에 은혜를 베푸사 우리가 인생이라는 거친 바다를 안전하게 누비게 하시리라 믿소."[13] 1870년대 말부터 비스마르크와 결정적 사안마다 대립각을 세웠던 정적 루트비히 밤베르거Ludwig Bamberger(1823~1899)[14]는 이런 말을 했다. "비스마르크의 편지를 읽으면, 내가 그를 정치적으로 비난한 모든 것을 용서해주고 싶게 만든다."[15]

1847년 7월에 비스마르크는 라인펠트로 출발했다. 그는 되도록 빨리 결혼식을 올리고 싶었다. 의회에 참여했던 장인의 승낙은 이미 받아두었다. 이렇게 해서 7월 28일 카슈벤란트Kaschubenland의 알트콜치글로브Altkolziglow에 위치한 마을 교회에서 결혼식을 올린 신혼부부는 크니프호프를 거쳐 쇤하우젠으로 갔다.[16] 쇤하우젠에서 며칠을 머물며 요하나가 새 환경과 친숙해질 시간을 가진 뒤 젊은 부부는 신혼여행을 떠났다. 요하나에게 이 여행은 생애 처음 하는 장거리 여행이었다. 드레스덴, 프라하, 빈, 잘츠부르크, 메라노를 차례로 거쳐 베네치아까지 내려갔다. 그곳에서 비스마르크는 우연하게도 프로이센 왕과 조우했다. 왕은 이 젊은 정치가가 의회에서 보여준 활약에 만족감을 표시했다. 귀향길에 스위스와 라인 지방을 거쳤다. 부부가 다시 쇤하우젠에 도착한 것은 10월 초였다. 젊은 부부의 앞날은 어떻게 될까? 조금도 예상하지 못했던 3월혁명이 발발했다. 혁명은 비스마르크의 앞날에 완전히 새로운 전망을 열어주었다.

혁명의 와중에서

일단 비스마르크는 그 시작만큼은 전도유망했던 정치가로서의 장래가 1848년 3월 17일과 18일에 벌어진 베를린의 사건으로 돌연 끝장을 맞은 것처럼 보였다. 골수 보수에 대단히 강한 왕정 지지 성향이라는 낙인이 찍힌 융커가 새로운 정치 질서에서 비중 있는 역할을 하기는 어렵기 때문이다. 하지만 오래지 않아 3월혁명은 오히려 비스마르크에게 행운으로 작용했다. 혁명의 진행 추이에 따르는 한편, 적극적으로 행동반경을 넓히면서 비스마르크는 1년 만에 정치 무대로 복귀했으며, 혁명에 반대하는 보수 진영의 지도적 인물로 자리매김했다.

비스마르크는 베를린에서 벌어진 바리케이드전에서 혁명 투사들의 승리를 인정하지 않았다. 3월 17일과 18일의 사건 소식을 들은 비스마르크는 처음부터 자발적으로 쇤하우젠의 농부들과 함께 베를린으로 달려가려 했으나, 곧 마음을 고쳐먹고 홀로 포츠담으로 향했다. 그는 포츠담에서 군 장성들을 설득해 군대가 독자적인 책임으로 군사행동에 나서야 한다고 부추겼다. 당시 왕은 베를린 궁에 갇힌 채 꼼짝도 못 했기 때문이다. 그는 왕을 직접 만나러 궁으로 찾아갔지만, 허사였다. 혁명을 제압하는 군사행동의 가부를 놓고 며칠째 이어진 대책 회의는 3월 25일 놀랍게도 왕이 몸소 포츠담에 나타남으로써 끝났다. 왕은 근위대 장교들을 한자리에 모아 혁명의 군사적 제압을 경고하며 반대 의견을 분명히 밝혔다. 아울러 자신은 베를린 시민들의 보호 덕에 그 어느 때보다 자유롭고 안전하다고 강조했다. 왕은 이미 오래전부터 혁명 세력에게 양보할 준비를 하고 있었다. 그는 "완전한 확신으로 내린 자유로운 결정"[17]이라고도 했다. 이틀 뒤 왕은 캄프하우젠Ludolf Camphausen(1803~1890)을 수상으로, 한제만David Hansemann(1790~1864)을 재무 장관으로 세우는 이른바 '3월 내각'을 소집했다.[18]

왕의 입장 표명은 혁명의 군사적 제압이라는 계획에 종지부를 찍었다. 하지만 며칠 동안 왕실과 고위급 정부 인사들의 정보를 수집하고 다닌 비스마르크에게 이 사건은 쉽사리 씻기 힘든 후유증을 남겼다. 왕세자 빌헬름의 아내이자 나중에 독일제국 초대 황후인 아우구스타 왕세자비와 앙숙이 되고 말았기 때문이다.[19] 두 사람이 3월 23일에 만나 실제로 무슨 이야기를 나누었는지 확실하게 알 수는 없다. 이후 양측이 당시를 회상하며 남긴 기록들은 서로 모순된다. 비스마르크는 예정된 권좌를 물려받고 싶어 한 왕세자를 행동에 나서게끔 부추기고자 그가 있는 위치를 아우구스타에게 알아내려 했다. 하지만 돌아온 답은 비스마르크가 전혀 예상치 못한 것이었다. 아우구스타는 왕세자인 남편이 권좌를 내놓게 해 미성년자인 아들 프리드리히 빌헬름이 왕위를 물려받도록 한 뒤, 자신이 섭정을 맡을 수 있게 도와달라고 했다. 많은 세월이 흐른 뒤 아우구스타가 쓴 기록에는 이런 언급은 없고, 오히려 알트마르크 출신의 불손한 융커, 역모도 서슴지 않을 건방진 신하라는 비난만 가득하다. 어느 쪽이 맞든 간에 분명한 사실은 이날의 만남 이후 아우구스타는 비스마르크를 대단히 증오했다는 점이다. 이런 불편한 관계는 나중에 비스마르크가 정부의 수장 자리에 오를 때 엄청난 부담으로 작용했다.

녹록하지 않은 정치 현실에 체념한 비스마르크는 3월 말 쇤하우젠으로 돌아왔다. 혁명을 반대하는 세력을 규합해 공격에 나서야 한다는 루트비히 폰 게를라흐의 불꽃 튀는 촉구를 담은 사발통문에 비스마르크는 "반응할 필요도 희생할 각오도 없음"[20]이라는 첨언만 달았다(사발통문의 공개는 이뤄지지 않았다). 보수파의 선봉장 게를라흐는 4월 초에 소집된 제2차 통합의회에서 비스마르크가 보인 태도에 매우 불만스러웠다. 비스마르크가 왕에게 청원을 올리자는 제안에 반대표를 던진 몇 안 되는 소수파에 속했기 때문이다(최근 며칠 동안 벌어진 사건을 두고 기쁨과 감사라는 표현이 들어갔다는 점이 반대의 근거였다). 그보다 더욱 게를라흐를 노엽게 만든 것은 비스마르크가 자신의 연설을 짤막하게 마무리하며 게를라흐가 언급해달라고 했던 내용을 빠뜨렸기 때문이다. 비스마르크는 깨인 현실감각으로 나이 차가 20년이나 나는 정치 선배의 철벽같은 교조주의에 분명한 선을 그었다. 그는 '시대의 흐름에 따른 변화', 자신이 더는 바꿀 수 없는 상황을 있는 그대로 받아들이면서 간명한 말로 옛 프로이센 왕국의 종식에 애도를 표했다. "과거는 무덤에 묻혔으며, 저는 여기 계신 여러분보다 훨씬 더 아픈 가슴으로 인간의 어떤 힘도 과거를 되살려낼 수 없다는 것, 왕관이 스스로 자신의 관에 흙을 뿌렸다는 점을 감내합니다."[21] 며칠 뒤 의회가 해산되면서 비스마르크의 의원 활동도 끝났다. 어찌 됐든 비스마르크는 '프랑크푸르트 국민의회(Frankfurter Nationalversammlung)'[22] 대표를 뽑는 선거에 단 한순간도 출마할 생각을 하지 않았다. 국민의회에 프로이센 대표가 당선될 가능성이 너무나 희박했으므로 적절한 노력을 아예 하지 않았다.

사안의 추이에 실질적인 영향을 미칠 가능성이 전혀 없는 상태에서 비스마르크는 여름과 가을을 라인펠트에서 관망하는 자세로 지냈다. 하지만 완전히 수동적이기만 했던 것은 아니다. 무엇보다도 그는 이 시기에 두 영역, 언론을 상대로 하는 홍보 작업과 대지주들의 이해관계를 대변할 단체를 조직하는 데 집중했다.

정부가 언론 검열을 폐지한 3월 말 이후 각종 신문과 잡지 및 팸플릿이 봇물 터지듯 쏟아져 나왔지만, 보수 진영은 독자적인 언론기관 하나 없는 열악한 상황을 벗어나지 못했다. 전년도에 신문사를 세우려 동분서주한 비스마르크의 노력은 이렇다 할 성과를 거두지 못했다. 주식회사 형태로 보수 일간지를 창간하려는 노력은 4월부터 루트비히 폰 게를라흐와 편집장으로 지목된 헤르만 바게너Hermann Wagener(1815~1889)[23]를 핵심으로 한 그룹을 중심으로 이루어졌다. 신문의 창간인 명단에 비스마르크는 속하지 않았다(게를라흐는 비스마르크가 의회에서 뜨뜻미지근한 태도로 일관해 '의회의 사망'에 일조했다고 유감을 품었기 때문이다). 그러나 《노이에 프로이센 차이퉁》, 일반적으로 '크로이츠 차이퉁'으로 알려진 신문이 7월 4일부터 정기 출간되면서 비스마르크는 열성적으로 신문 제작에 참여했다. 신문은 정치 적수를 공격하는 수단의 선택에 거리낌이 없었다. 비스마르크는 신랄한 논조에 공격적이고 거침없이 상처를 가하는 문체로 기고문을 올리면서 자신의 이름을 밝히지는 않았다(당시에는 기사를 쓴 사람의 이름을 밝히지 않는 것이 상례였다). 그런 이유로 그가 썼다고 증명된 기사는 그저 몇 편뿐이다. 비스마르크가 아내에게 보낸 편지에 썼듯, 그는 자신의 기고문에 어떤 특별한 표시도 해두지 않았다(표시를 해두는 것은 당시 상례였다). "어차피 사흘 뒤에는 세상이 다 아니까."[24] 비스마르크는 기사만 쓰는 데 그치지 않고 신문의 발전에도 활발히 기여했다. 편집장 바게너에게 칭찬과 비판, 좋은 충고도 아끼지 않았다.

7월에 비스마르크는 라인펠트에서 몇몇 지주들과 머리를 맞대고 숙의한 끝에 프로이센의 모든 지역에서 보수파를 규합하는 대회를 열고, 대지주의 물질적 이해관계를 지키는 단체를 설립하기로 결정했다. 이 단체의 발기인 그룹이 이른바 '융커의회(Junkerparlament)'[25] 발족의 시발점이다. 베를린에서 8월 18일과 19일 열린 대회는 약 4백여 명의 향토 귀족과 열두어 명 남짓의 농부가 참가했으며, 보수적인 지주들의 이해관계와 정치 신념을 여론에 효과적으로 알렸다. 비스마르크는 지도부의 일원으로 각종 위원회를 이끌며 활발히 활동했다. 그는 특히 토지세 문제를 다룬 연설로 대중에게 깊은 인상을 남겼다. 비스마르크는 대회의 진행 과정에 더없이 만족했다. 무엇보다도 그는 동료 지주들 가운데 자신의 지명도를 높인 것이 흡족하기만 했다. '융커의회'가 끝나고 이틀 뒤 쇤하우젠에서는 비스마르크의 첫아이가 태어났다. 바로 딸 마리Marie다.

여름 내내 대회를 조직하고 주관했던 비스마르크는 9월부터 궁정 세력과 접촉하며 행동반경을 넓혔다. 오스트리아 빈에서 일어난 10월 시위를 군대가 제압하고 나자 곳곳에서 반혁명 세력이 기지개를 켰다. 이런 사정은 프로이센에서도 마찬가지였다. 푸엘 내각을 퇴진시키는 데 성공한 보수파는 목표를 이루었다.[26] 수상 푸엘의 실각 이후 프리드리히 빌헬름 4세는 장군이자 백작 브란덴부르크Friedrich Wilhelm Graf von Brandenburg(1792~1850)를 수상으로, 역동적인 오토 폰 만토이펠Otto von Manteuffel(1805~1882)을 내무 장관으로 하는 이른바 '구원내각'을 세웠다.[27] 그리고 반혁명을 기치로 내건 이 내각은 곧장 행동에 나섰다. 11월 9일 프로이센 국민의회는 본거지인 베를린에서 브란덴부르크로 쫓겨났다. 11월 27일까지 의회는 소집조차 되지 못했다. 11월 10일에는 폰 브랑겔Friedrich von Wrangel(1784~1877) 장군[28]이 군대를 이끌고 베를린으로 진군해 시위를 진압했고, 14일에는 수도 베를린에 비상사태를 선포하고 군법을 적용했다. 12월 5일에 왕은 국민의회의 해산을 지시했다. 동시에 '프로이센 국가 헌법' 발효를 승인하고, 헌법에 규정된 상원과 하원의 선거를 지시했다. 이렇게 선출된 의회는 1849년 2월 26일에 개회해 헌법을 조인해야 했다. 이로써 혁명 세력이 세웠던 헌법을 무력화하고 왕정을 공고히 하려는 비상 위헌 행위는 돌이킬 수 없는 사실이 되었다.

비스마르크는 비상 위헌 행위 전후로 중요했던 며칠 동안 쉬지도 않고 사람들을 만나러 다녔다. 12월 초 형에게 쓴 편지에 그는 이렇게 털어놓았다. "나는 마치 이곳(쇤하우젠)과 베를린과 포츠담과 브란덴부르크를 끊임없이 왕복하는 시계추 같아요."[29] 그는 이 몇 주 동안 '궁정당'의 "매우 활동적이며 똑똑한 부관"[30] 노릇을 했다. 게를라흐 형제의 측근들 역시 이런 역할을 자임했다. 이들은 막후에서 권력 실세로 힘을 과시하며, 갈피를 잡지 못하고 흔들리는 왕에게 압력을 행사해 혁명 세력을 제압하도록 강제했다. 결국 이들의 의도는 성공했다.

비스마르크는 궁정당의 실세는 아니었으며, 실제로 바삐 움직이는 부관에 지나지 않았다. 하지만 실세가 아닌 중재자 역할에만 충실했을지라도, 그의 이름은 장관 후보 명단에 빠지지 않고 등장했다. 그러나 반동적인 선동가라는 세간의 평판이 너무 강했던 탓에 왕은 그의 이름 옆에 이런 촌평을 달아두었다. "총검이 난무할 때에만 쓸모 있는 인물."[31]

비스마르크는 새롭게 정비된 의회에 처음부터 출마할 생각을 굳혔다. 그는 쇤하우젠이 위치한 예리초프군에서 선출될 전망이 그다지 밝지 않아, 도시 브란덴부르크가 있는 베스트하벨란트Westhavel-land군의 후보로 등록했다. 적수는 대중적 인기가 높은 브란덴부르크 시장이었다. 그는 불같은 열정으로 선거전에 뛰어들었다. 형에게 쓴 편지에서 비스마르크는 "헌법의 인정, 무정부 상태를 막으려는 투쟁, 법 앞의 평등(그러나 귀족 제도의 폐지는 반대함), 재산에 따른 세금 부과…"를 강조했다.[32] 비스마르크는 조금 더 많은 표로 상대 후보를 물리치고 하원에 입성했다. 의회는 1849년 2월 26일 베를린 성의 백색 홀에서 왕의 개회 선언과 더불어 열렸다. 이로써 비스마르크는 의회 무대로 복귀했다. 그리고 2년이 넘게 그는 의회 활동의 의무를 다해야 했다. 의원으로 활동한 시기는 그의 인생에서 단순한 일화 하나가 아니다. 비스마르크가 1849년 쉰하우젠의 영지를 임대했다는 사실만으로 그가 정치에 얼마나 열의를 쏟았는지 잘 드러난다(하지만 성채를 방불케 하는 영지 저택은 가족의 본거지로 계속 남겨뒀다).

1849년 1월과 2월 사이에 선출된 의회는 수명이 짧기만 했다. 베를린의 군 점거 상태를 해제해달라는 좌파의 안건이 관철되어 정부가 심각한 타격을 받자, 왕은 4월 27일 의회를 해산시켰다. 해산하기 며칠 전 비스마르크는 세간의 이목을 집중시킨 연설을 했다. 그는 무엇보다도 프랑크푸르트 국민의회가 제정한 이른바 '파울스키르헤 헌법'을 가차 없이 공격했다. 비스마르크가 대변한 보수파는 이 헌법의 승인뿐만 아니라, 프리드리히 빌헬름 4세를 황제로 추대하는 것도 거부했다. 비스마르크는 험악한 투로 선포했다. "독일통일은 독일어를 할 줄 아는 사람이라면 누구나 원한다. 다만 나는 이 헌법으로 이뤄지는 통일을 원하지 않는다…. 프랑크푸르트의 왕관이 대단한 광채를 자랑할 수는 있지만, 이 광채에 진실의 힘을 실어줄 황금은 먼저 프로이센 왕관을 녹여서 만들어야만 한다. 그런데 나는 '이 헌법'의 형태로 왕관의 재주조가 성공할 수 있다고 믿을 수 없다."[33] 이 연설로 독일의 통일 문제에서 비스마르크는 자신의 입장을 명확하게 정리했다. 독일 민족국가가 오로지 프로이센의 폭넓은 양보로만 사들일 수 있는 것이라면, 프로이센은 차라리 프로이센으로 남겠다.

7월에 새 의회가 선출됐다. 이미 5월 말에 왕이 비상 명령으로 강제한 이른바 '3등급 선거권(Dreiklassenwahlrecht)'[34]에 따라 선거가 치러졌다. 민주주의자들이 선거 불참을 선언한 탓에 보수당은 기대 이상의 좋은 성과를 올렸다. 비스마르크는 물론 힘겹지만 재선될 수 있었다. 재선에 어려움을 겪을 수밖에 없었던 결정적 이유는 보수주의자들까지도 그가 너무 비타협적으로 행동한다고 보았기 때문이다. 비스마르크는 아내 요하나에게 브란덴부르크에서 떠도는 유행어라며 편지에 이렇게 썼다. "그래, 우리는 보수야, 그것도 매우. 하지만 비스마르크 정도는 아니지."[35] 새롭게 선출된 하원은 왕이 강제로 승인하게 한 헌법의 개정 문제를 다루어야 했다. 12월에 상정된 개정 헌법은 "보수와 자유주의가 타협한 내용을 토대로 하되, 일정 부분 예전으로 후퇴하는 개정안"을 의미했다고 에른스트 루돌프 후버Ernst Rudolf Huber(1903~1990)[36]는 주장한다. 그렇지만 일반적 여론이 계속해서 관심을 가진 핵심 안건은 독일통일 문제이다. '파울스키르헤'의 실패 이후 프로이센 권력층이 독일 정치의 목표로 삼았던 것은 합스부르크 왕조가 없는 독일연방 국가의 창설이었기 때문이다.

왕이 신뢰한 참모인 요제프 마리아 폰 라도비츠Joseph Maria von Radowitz(1797~1853)[37]가 주도한 '통합 정책'에 보수파, 특히 비스마르크는 프로이센 왕국을 '만물의 척도'로 여기며 처음부터 강한 반감을 보였다. 그는 라도비츠를 더없이 날카롭게 공격했다. "르 모베 제니 드 라 프뤼세(Le mauvais génie de la Prusse, 프로이센의 사악한 천재)…그는 손대는 것마다 불행을 자초한다."[38] 보수파의 핵심 이론가인 프리드리히 율리우스 슈탈Friedrich Julius Stahl(1802~1861)[39]의 앨범 한쪽에 비스마르크는 당시 이런 구절을 적어놓았다. "어떤 대가를 치르더라도 연방 국가를 이룩하겠다는 것이 우리의 구호는 아니다. 어디까지나 우리의 목표는 무슨 대가를 치러서라도 프로이센의 왕관을 조금도 훼손하지 않고 지켜내는 일이다."[40]

임시 헌법은 프로이센 정부와 다른 연합 국가들의 정부가 벌인 협상으로 통과됐다. 이제 연합제국 의회가 이 헌법을 개정해야만 했다.[41] 의회의 '폴크스하우스Volkshaus'[42]는 1850년 1월에 '3등급 선거권'을 기초로 선출됐다. 비스마르크는 이 의회에서 '총서기(Schriftführer)'[43]라는 직함을 맡았다. 이 연합 의회는 1850년 3월 20일에서 4월 25일까지 에르푸르트의 '아우구스티너키르헤Augustinerkirche', 예전에 루터가 설교했던 교회에서 회의를 열었다. 민주주의자들이 선거를 거부했기 때문에 다수를 차지한 쪽은 이른바 '파울스키르헤의 황제대표단(고타Gothaer 파)'이었다.[44] 보수는 소수파를 형성할 뿐이었으며, 그런 만큼 상황은 녹록하지 않았다. 비스마르크를 필두로 한 보수파는 연합제국의 정책을 "프로이센의 봉건영주지배"[45]를 강화하려는 시도로 보고 이를 거부했다. 그러나 이 정책은 왕과 정부가 추진하는 것이었으며, 보수가 이를 뒷받침해야만 했다. 그래서 남는 길은 오로지 입장을 유보하면서(비스마르크가 4월 15일 연설에서 강조했듯), 이 정책이 다른 쪽의 방해를 받아 좌절되기를 희망하는 것이었다. 그리고 이 희망은 그대로 이루어졌다. 아무런 긍정적 성과를 내지 못하고 에르푸르트 의회는 와해되고 말았다. 이미 1849년 8월에 비스마르크는 아내에게 혜안을 담아 이런 편지를 쓴 바 있다. "(독일통일)문제는 의회가 아니라, 외교와 현장에서 결정될 거요. 우리가 이 문제를 두고 무어라 떠들고 결정하든 감상적인 청년이 달빛을 우러르며 사상누각을 짓고, 뭔가 예기치 못한 사건이 자신을 위대한 남자로 만들어줄 거라 기대하는 것 이상의 가치를 가지지 못할 거요."[46]

비스마르크는 1849년에서 1850년으로 이어지는 겨울을 가족과 함께 베를린에서 보냈다(12월 28일에 아들 헤르베르트Herbert가 태어났다). 이제 에르푸르트 의회가 와해되고 난 뒤 그는 가족과 함께 쉰하우젠과 포메른에서 오랜 여름휴가를 즐겼다. 이 여름은 그가 성인으로 살아가며 마지막으로 누린 자유로운 시간이다. 1850년 가을, 정치 상황의 긴장이 일촉즉발에 이르렀을 때 그는 이런 말을 했다. "에르푸르트 이후 정치에는 진지하게 신경 쓰지 않았는데…"[47]

라도비츠가 프로이센의 정치를 막다른 골목으로 몰아넣었다는 점
은 10월 이후 분명해졌다. 1850년 5월 오스트리아는 제후 펠릭스 슈
바르첸베르크Felix Schwarzenberg(1800~1852)[48]의 지휘 아래 혁명 시위
를 진압하고 유럽 내 정치적 입지를 다시 강화했다. 오스트리아는 프
랑크푸르트의 독일연방을 다시 일으켜 세우려 시도했는데, 합스부르
크 왕조를 배제하고 독일연방을 이룩하고자 하는 프로이센의 시도와
정면으로 충돌했다. 이런 일촉즉발 상황에서 슈바르첸베르크는 러시
아의 지원을 확신했다. 러시아 차르에게 프로이센 중심의 연합 정책
은 일정 부분 '혁명'과 다르지 않았기 때문이다. '헤센 선제후국' 문제
로 군사적 충돌까지 우려되는 상황이었다. 그러나 마지막 순간 프로
이센 정부가 충돌을 피하는 쪽으로 방향을 틀었다. 11월 초 라도비츠
는 외무 장관 자리에서 내려와야만 했다. 라인펠트에서 이 소식을 들
은 비스마르크는 환호했다. 기쁨으로 자리에서 벌떡 일어난 그는 "책
상을 돌며 껑충껑충 뛰었다"고 바게너에게 편지를 썼다.[49] 곧장 베를
린으로 출발한 그는 평화를 지키기 위해 각료와 정당 사이를 오가며
쉼 없이 중재자 역할을 했다.

11월 29일 슈바르첸베르크는 오스트리아를, 오토 폰 만토이펠은
프로이센을 각각 대표해 올뮈츠에서 협약을 체결했다. 협약의 내용
은 프로이센이 연합을 포기하고, 프랑크푸르트 의회로 복귀한다는
것이었다. 프로이센은 그동안 줄기차게 독일연방을 이끄는 데 오스

트리아와 동등한 자격을 갖게 해달라고 요구해온 것을 오스트리아가 명시적으로 인정하지 않았음에도 협약에 서명했다. 더욱이 비밀에 부쳐진 이면 조약은 프로이센이 국경 지대에 배치한 군대를 철수한 다는 의무 조항을 달았다.[50]

정상급 외교관이 된 비스마르크

프로이센 여론은 '올뮈츠 협약'을 굴욕에 가까운 정치적 패배, 일종의 '수치'로 받아들였다. 정부는 의회에서 협약 체결을 합리화해야만 하는 곤혹스러운 지경에 처했다. 1850년 12월 3일에 열린 하원 회의는 말 그대로 비스마르크의 독무대가 됐다. 이 무대가 그의 출세를 결정지었다고 하는 말은 결코 과장이 아니다.

그의 연설은 수사학의 최고 경지를 과시할 정도로 대가의 솜씨였으며, 동시에 외교 전술의 백미였다. 비스마르크는 정부를 변호하면서 "외교관이자 정치가라는 이중의 방식으로 자신이 출세할 기초를 다지는" 영민함을 보여주었다고 로타르 갈은 평가한다. "구체적으로 비스마르크는 이 연설로 '올뮈츠 협약' 탓에 곤경에 처한 왕과 그 대표 세력의 체면을 살려주었다. 이는 곧 비스마르크가 연설로 자신이 목표로 하는 정치관의 근본 틀을 다졌음을 뜻한다."[51] '왜 오늘날 대국들은 전쟁을 할까?' 비스마르크는 이런 물음을 던지고 스스로 핵심을 잘 간추려 답한다. "대국을 떠받들면서 소국과 본질적인 차이를 빚어내는 유일한 기초는 국가 이기주의이지 낭만주의가 아니다. 대국이 이해관계와 상관없는 문제를 두고 다투는 일은 대국의 품위와 맞지 않는다. 그러므로 여러분, 전쟁의 합당한 목표가 무엇인지 내게 보여주기 바란다…."[52] 의회에서 전쟁의 나팔을 불며 천둥 같은 허세로 가득한 연설을 하는 것은 쉬운 일이라며, "눈밭에서 피를 흘리는 보병에게 국가라는 체계의 성공과 명예를 떠맡기는 것이 온당한가. 이 시기 왜 전쟁을 해야 하는지 근거를 살피지 않고, 전쟁의 '이후'를 변명할 근거만 찾는 정치 지도자의 행동처럼 쉬운 일이 또 있을까. 참으로 가슴 아픈 일이다." 비스마르크의 연설을 정확히 귀담아들은 사람이라면, 정통 보수가 연합이 관철하려는 전쟁을 냉철히 거부하고자 마음을 다해 웅변하고 있다는 사실뿐 아니라, 또 다른 비스마르크의 모습이 드러나고 있다는 것을 알 수 있다. 그는 더 이상 융커의 순전한 이해관계만을 대변하지 않으며, 국가이성에 방향을 맞춰 진정한 국인國人이 무엇인지 헤아릴 줄 아는 언어를 구사한다. 그의 이런 태도는 이미 저 교조적인 보수, 게를라흐를 중심으로 한 극단적인 보수의 원칙 위주 정치로부터 확연히 거리를 둔 자세이다. 그럼에도 극단적 보수는 이런 섬세한 변화를 전혀 읽어내지 못하고 오로지 비스마르크의 성공적인 연설만을 자축했다. 보수는 연설문을 2만여 부 정도 인쇄해 전국에 배포했다.

비스마르크의 올뮈츠 연설은 그의 인생에 가장 중요한 이정표를 찍은 사건으로 평가될 수 있다. 왕과 각료들이 처한 난감한 상황에서 그는 열과 성을 다해 조력을 베풀어 더 높은 정치 과제를 맡아도 손색이 없음을 증명했기 때문이다. 물론 실제 중책을 맡기까지는 몇 달이 더 걸렸다. 1851년 초의 첫 몇 주 동안 그는 눈코 뜰 새 없이 바쁘게 지냈다. 세간의 이목을 사로잡은 의회 연설을 하고, 숱한 회의를 치러내며, 궁정 무도회에 참석할 때마다 비스마르크는 왕과 이야기를 나누며 주요 관직의 인선 문제에 자신의 의견을 개진하곤 했다.

1851년 봄에 프랑크푸르트로 프로이센의 의회 대표를 다시 파견하는 일이 시급해지자, "대결 속에서도 중심을 잡고 오스트리아와 폭넓은 협력을 추구할 능력"[53]을 갖춘 후보를 찾으면서 비스마르크의 이름이 명단에 올랐다. 4월 말 왕은 이 제안을 받아들였다. 숙의 끝에 외교 업무의 초심자인 비스마르크를 일단 '제1차관'으로 프랑크푸르트로 보내 두 달 동안 업무를 익히게 한 다음, 본격적인 대표로 임명하자는 결정이 내려졌다. 5월 초 이 인사 문제가 발표됐을 때, 정계의 놀라움은 컸다. 프로이센 외교의 "가장 중요한 자리(비스마르크가 요하나에게 한 표현[54])"에 경력이 풍부한 외교관도, 정상급 정치가도 아니며, 오로지 의회에서 왕과 정부의 환심만 샀던 남자가 임명된 것에 사람들은 놀란 입을 다물 줄 몰랐다. 이를 두고 새로운 시대의 서막이라는 평가도 나왔다. 익살스런 정치 논평을 주로 게재해온 주간지《클라더다치Kladderadatsch》는 이 인선을 두고 다음과 같이 논평했다. "비스마르크 쇤하우젠 씨가 연방의회로 파견되다. 그가 정말 솜씨를 보인다면, 그곳에서 폰 비스마르크 씨는 '쉰'하게 '하우젠'하리라."[55] 아무튼 무수한 에움길을 거쳐 그동안 36세가 된 남자는 자신이 대학생 시절 꿈꿔온 목표를 이루었다. 그는 외교관이, 그것도 정상급 외교관이 됐다.

프랑크푸르트, 상트페테르부르크, 파리의 외교관

1851
—
1862

III

비스마르크가
1862년 9월 프로이센
정부의 수반으로 부름을
받았을 때, 그는 독일과
유럽을 가장 잘 아는
정치가였다.

프랑크푸르트와 상트페테르부르크, 파리에서 프로이센의 사절로 보낸 11년은 비스마르크가 외교관으로서 인맥을 넓히고 정치 분야 전반에 걸쳐 많은 경험을 쌓은 수련 시절이다. 이때 그는 무엇보다 강대국과 중소 국가의 이해관계를 정확히 읽어내는 안목을 키웠고, 독일과 국제정치 무대에서 중요한 정치가들을 만나며 그들의 성품과 정치적 목표, 야망을 두루 꿰뚫었다. 그래서 비스마르크가 1862년 9월 프로이센 정부의 수반으로 부름을 받았을 때, 그는 독일과 유럽을 가장 잘 아는 정치가였다.

연방의회에서 프로이센을 대변하며 정치가로서 비스마르크의 경력은 결정적인 추동력을 얻었다.[1] 일단 "젖먹이 외교관"[2]으로 시작했지만, 비스마르크는 이런 시작이 자신을 든든한 초석 위에 세워줄 것으로 굳게 확신했다. "이 바탕의 이름은 프로이센의 국익이다. 이 국익은 안팎으로 전통 질서와 결합한 왕조의 정당성을 대변함으로써 지켜진다."[3]

1851년 5월 초 비스마르크는 프랑크푸르트에 도착하자마자 열정적으로 업무에 뛰어들었다. 그는 수상과 외무 장관을 겸직한 오토 폰 만토이펠에게 정치 의제와 관련한 상세한 정보를 올렸다. 아울러 프랑크푸르트 의회 동료들의 성격을 날카롭게 분석하고 의회의 분위기를 묘사한 보고서를 올렸다. 하지만 일에만 파묻힌 것은 아니다. 그는 그때까지 미지의 세계였던 외교 무대를 배우기 바빴으며, 국제도시 프랑크푸르트의 사교계를 즐겼다. 동시에 마인강과 라인강 주변의 아름다운 풍광을 승마와 나들이로 기회가 있을 때마다 감상했다. 1851년 7월 그는 요하나에게 뤼데스하임Rüdesheim으로 나들이 다녀온 경험을 신나서 묘사했다. "작은 배를 타고 라인강을 따라 내려갔소. 달빛이 비치는 가운데 미지근한 강물에 코와 눈만 내놓고 천천히 '빙겐의 모이제투름Mäuseturm bei Bingen'[4]까지 헤엄쳤다오.···달과 별이 빛나는 밤하늘을 보며 옆으로는 나무가 울창한 산꼭대기와 달빛을 받아 반짝이는 성탑이 차례로 지나갔고, 나의 몸동작이 일으키는 찰랑이는 물소리만 들었다오. 매일 저녁 이렇게 수영하고 싶소."[5]

10월에는 요하나가 아이들과 함께 프랑크푸르트로 이주했다. 1852년 여름 가족은 계속 늘어났다. 1852년 8월 1일에 태어난 둘째 아들 빌헬름(애칭 빌Bill)의 세례를 위해 프로이센의 왕세자 빌헬름과 수상 폰 만토이펠이 대부 노릇을 했다. 8년을 조금 못 채운 프랑크푸르트 시절은 비스마르크 가문에게 근심이 없는 세월이었다. 그의 가문은 단출함과 자유분방함과 적절한 처세술이 유례를 찾아볼 수 없게 어우러진 분위기를 자랑했다. 비스마르크의 대학생 시절 친구이자 미국의 외교관인 모틀리는 프랑크푸르트를 방문한 소감을 이렇게 묘사했다. "그 집 식구들은 누구나 자신이 원하는 걸 했다. 젊음과 노년, 조부모와 아이들과 개들, 모든 것이 한자리에 모여 어울렸다. 먹고 마시고 담배를 피우며 피아노 연주를 하는가 하면 (정원에서는) 피스톨로 사격을 했다. 이 모든 것이 동시에 이루어졌다. 지상에서 먹고 마실 수 있는 것은 모두 나왔다. 흑맥주, 소다수, 알코올 도수가 낮은 맥주, 샴페인, 부르고뉴 와인, 적포도주 등 원하는 것을 동시에 고를 수 있었으며, 최고 품질의 아바나 시가를 피웠다."[6] 비스마르크는 1853년 12월 형 베른하르트에게 시간 없는 바쁜 생활이 익숙해지리라고는 전혀 생각지 못했다고 썼다. "하지만 정말 마음에 들어요. 한가한 순간이 찾아오는 게 싫더라고요. 예전처럼 툭하면 여행을 떠나던 습관은 버렸습니다."[7] 그리고 얼마 뒤 다시 형에게 보낸 편지에서 그는 휴가철이면 거의 하루도 빠지지 않고 만찬을 즐긴다고 썼다. "오늘은 프로이센 왕세자 프리드리히 빌헬름, 나사우의 공작, 수행원을 24명 거느린 바덴의 섭정 왕자가 제집에서 만찬을 즐겼습니다."[8] 요하나는 당시 남편이 "사자의 건강"[9]을 가졌다고 자랑했다. 비스마르크는 연방의회의 첫해에만 프랑크푸르트와 베를린을 철도로 열여

섯 번 왕복했다(편도로 한 번 가는 것만 25시간 기차를 타야 했다). 프로이센 하
원 회의에 참석해야만 했기 때문이다. 프랑크푸르트로 파견되어 있
음에도 왕은 비스마르크가 의원직을 유지하길 바랐다. 1852년 가을,
하원 의원직을 사퇴할 때에도 왕은 못마땅하게만 여겼다. 그렇지만
비스마르크는 프로이센의 정치 상황을 손바닥 들여다보듯 훤히 알았
다. 1854년부터 그는 상원 의원으로, 곧 '공국 슈테틴의 유서 깊은 영
지 소유 귀족을 대변하는 위치'에서 활동했기 때문이다.

　나중에 비스마르크는 이 시절을 이렇게 회상했다. "프랑크푸르
트 암 마인의 시절은 쾌적했다. 젊은 남편, 건강한 아이들, 한 해에
석 달의 휴가. 연방의회는 프랑크푸르트에서 모든 것이었다. 그리
고 라인강, 오덴발트Odenwald[10], 하이델베르크."[11] 그렇다면 이 시
절은 비스마르크에게 행복하기만 한 시간이었을까? 그렇기도 하
고 아니기도 하다. 행복한 결혼과 가정생활, 화려한 사회적 지위, 유
럽 모든 국가의 권력자, 장관, 외교관과의 숱한 만남은 분명 좋은 측
면이다. 하지만 비스마르크의 정치적 입지는 오스트리아라는 당대
의 강국과 벌이는 끊임없는 갈등으로 어렵기만 한 가시밭길이었다.
1859년과 1860년에 걸쳐 생명이 위험할 정도로 중병을 앓았을 때,
비스마르크는 외무 장관에게 이런 말을 했다. "이 병은 내가 8년 동
안 프랑크푸르트에서 쌓아온 모든 울화가 폭발해 일어난 겁니다.
내가 바꿀 수 없는 문제들로 무척 속을 끓였거든요."[12]

　아르놀트 오스카 마이어Arnold Oskar Meyer(1877~1944)가 쓴 연구

서 《연방의회에서 오스트리아와 벌인 비스마르크의 투쟁》은 이 시기 동안 비스마르크를 긴장시킨 핵심 문제가 무엇인지 정확히 포착해놓았다.[13] 마이어가 기회 있을 때마다 거듭 강조하듯, 비스마르크는 프랑크푸르트로 파견됐을 당시 오스트리아에 반대하는 태도를 보이지 않았다. 비스마르크가 프랑크푸르트로 보내진 까닭은 그가 '혁명'의 확실한 적대자라는 면모를 보였고, 올뮈츠 협약이 맺어질 때 프로이센과 오스트리아의 협력을 이끌 대변자로 인정받았기 때문이다. 왕과 궁정당은 정확히 이런 이유로 비스마르크를 선택했다. 프리드리히 빌헬름 4세는 독일에서 중요한 것은 프로이센과 오스트리아의 동맹뿐이며, 이 동맹만이 "야생의 거친 동물을 우리 안에 잡아두며 미소를 지을 수 있게 한다"고 강조했다('야생의 거친 동물'이라는 표현은 '혁명'과 자유주의 세력을 지칭한다). 보수파 수장 루트비히 폰 게를라흐의 선거 구호는 "오스트리아와 손에 손을 맞잡고!"[14]였다.

비스마르크는 프랑크푸르트에서 업무에 착수할 때 오스트리아와 프로이센 사이에 호의적인 합의가 얼마든지 이뤄지리라고 보았으나, 그의 이런 기대는 연방의회의 현장 경험으로 여지없이 무너졌다. 올뮈츠 협약 체결 당시와 그 전후로 프로이센의 외교 실무진은, 재구성된 독일연방을 이끄는 주도적 역할에서 합스부르크 왕조에 일정 부분 양보를 얻어내고자 줄기차게 시도했지만 성과는 없었다. 주도적 역할에서 양보를 얻어낸다는 것은 오스트리아와 프로이센이 서로 번갈아 가며 의장 자리를 맡는 것을 뜻했다. 이런 노력이 무위로 돌아간 상황은 프랑크푸르트 연방의회로 파견된 비스마르크가 감당해야만 하는 부담이었다.

오스트리아가 보수라는 공동의 이해관계에 연대감을 보이며, 1848년 이전처럼 프로이센을 동등하게 대우하면서 의회를 이끌어 가리라는 비스마르크의 예상은 빠르게 실망으로 바뀌었다. 오스트리아의 정치적 속내는 전혀 다른 목표를 추구했기 때문이다. "새로운 유형의 오스트리아 패권 정치"[15]의 대표자인 제후 슈바르첸베르크의 주도 아래 합스부르크 왕조는 1848~1849년 혁명으로 겪은 위기를 보란 듯 이겨내고 유럽 중부를 장악하려는 의도를 노골적으로 드러냈다. 오스트리아의 이런 헤게모니 정책의 관점에서 독일연방은 그저 도구에 지나지 않았다. 구체적으로 오스트리아는 의장단의 권한을 대폭 넓히고, 연방이 회원국을 압도하는 지위를 가지며, 만장일치로 의결해야만 하는 의제를 축소하려 들었다. 오스트리아는 독일의 대부분 중소 공국이 고분고분 따를 것으로 확신하고, 프로이센을 투표로 눌러 종속된 파트너 역할을 강제할 생각이었다. 연방 내에서 두 번째로 큰 권력을 가진 공국에 부여하던, 1848년 이전에는 실제로 행사할 수 있었던 거부권은 전혀 언급되지 않았다.

비스마르크는 프랑크푸르트에서 어떤 멜로디가 주조를 이루는지 재빠르게 파악했다. 그는 이미 동지들에게 1851년 여름 오스트리아의 태도에 불만을 터뜨렸다. "저들은 자유분방한 순박함이라는 가면을 쓰고 음험하기 짝이 없다. 거짓말을 일삼고, 법을 도둑질하듯 주무르며(심지어 그들 가운데 가장 보수적인 이들조차 그렇다), 놀기 좋아하고, 간음이나 일삼는다. 사소한 형식적 절차를 가지고도 기만을 해대는 작자들 같으니라고."[16] 오스트리아 사람들은 "예나 지금이나 신뢰하기 힘든 작자들이며, 그 터무니없는 야심에 정의라고는 모르는 국내외 정치 탓에 올바른 동맹을 절대 맺을 수 없는 상대이다.…적어도 슈바르첸베르크가 각료로 남는 한, 나는 그들이 더 나아지리라고 기대하지 않는다."[17] 그리고 몇 달 뒤 만토이펠에게 슈바르첸베르크는 1848년까지의 연방헌법이 인정했던 제국의 지위를 다시 받아들이는 것만으로는 만족하지 않는다고 썼다. 그가 원하는 것은 근본적인 변혁으로, "오스트리아가 거의 무너질 정도의 상황을 연출해 보다 더 폭넓은 계획을 실현할 바탕"[18]이 마련될 수 있도록 현재의 권력 구도를 이용하는 것이다. "이런 정황은 30년 전쟁의 초기 현상과 유사하다. 카이저Kaiser가 자신의 황궁에서조차 안전하지 않다는 것을 경험한 직후, 목표는 독일 전체의 주군이 되는 것이다." 1852년 4월 슈바르첸베르크의 갑작스러운 사망(그는 51세라는 젊은 나이로 죽었다) 이후에도 그의 후계자 부올 백작[19]은 연방의회에서 목적과 유형이 변하지 않은 정책을 밀어붙였다. 프로이센을 합스부르크 왕조의 파트너로 삼되 동등한 관계가 아닌 이인자 자리만 허용하려는 오스트리아의 의도를 베를린이 받아들일 리 만무했다. 더욱이 비스마르크처럼 자신감과 자부심이 넘치는 프로이센 정치가는 오스트리아의 이런 의도에 격분했다. 비스마르크는 4년 전 연방의회로 왔을 때만 해도 자신은 원칙적으로 오스트리아에 하등의 반감을 품지 않았었다고 만토이펠에게 썼다. "그러나 현재 오스트리아 권력자가 뜨뜻미지근하다고 나무라는 오스트리아에 대한 나의 호감이라도 유지하려면, 나는 프로이센의 피를 남김없이 부정해야만 할 겁니다."[20] 연방에서 프로이센을 표 대결로 누르고, 연방을 합스부르크 왕조의 수족처럼 삼으려는 오스트리아에 맞서 비스마르크는 단호히 싸우면서 "베를린의 지시에 따라 행동해야만 했다."[21] 그러나 대결이 이뤄지는 형식만큼은 스스로 정했다.

비스마르크는 오스트리아가 연방의회에 파견한 사절들의 신경을 건드리는 전술을 구사하기로 마음먹었다. 8년에 걸쳐 오스트리아를 대표한 사절은 백작 툰Thun(1850~1853), 남작 프로케슈 폰 오스텐 Prokesch von Osten(1853~1855), 백작 레히베르크Rechberg(1855~1859)까지 모두 세 명이다. 의장단의 동등한 동료임을 짐짓 과시하면서 비스마르크는 기회가 있을 때마다 주도권을 놓고 다투었으며, 연방의회의 권한이 어디까지인지 경계를 분명히 했다. 의장단의 사절을 어떻게 다루었는지, 프로이센 사절의 동등한 자격을 과시하기 위해 무슨 일을 꾸몄는지 세간에 회자된 일화는 많다. 가장 유명한 것은 흡연 관련 일화다. 비스마르크는 오스트리아 대표 백작 툰이 시가를 피울 동안 기다려달라는 부탁을 받았다. "나는 한동안 기다리다가 너무 오래 걸린다 싶어 직접 시가 한 대를 물고 그에게 불을 달라고 했다. 그는 놀란 얼굴로 나를 보다가 불을 주었다."[22]

연방의회의 다수가 의장단 편에 선 탓에, 비스마르크는 연방의회의 일정을 방해할 방법을 찾는 데 주력했다. 그의 정치는 드물지 않게 봉쇄의 기조를 띨 수밖에 없었다. 중요한 의제든 사소한 회의록 문구 다툼이든, 비스마르크는 조금이라도 더 운신 폭을 확보하려 끊임없이 자잘한 신경전을 벌여야만 했다. 이런 활동은 엄청난 에너지를 요구했으며, 지칠 줄 모르는 집요함으로만 감당할 수 있었다. 그럼에도 비스마르크는 "헌법과 연방의회의 법령이 허용하는 모든 수단을 능숙하게 다루는 대가의 경지를 보여주었다."[23] 루트비히 폰 게를라흐가 지친 모습을 보고 한때 놀리듯 불렀던 "망가진 정부 시보"[24]는 법의 해석과 추론에서 사람들이 혀를 내두를 정도로 발군의 실력을 자랑하는 노련한 법률가임을 입증했다.

프로이센이 오스트리아와 어깨를 나란히 견줄 수 있도록 싸운 비스마르크의 치열함이 베를린에서 항상 공감을 끌어낸 것은 아니다. 비스마르크는 1852년에 베를린을 방문했다가 "우리가 프랑크푸르트에서 벌이는 싸움을 상당히 하찮은 것"[25]으로 여긴다는 인상을 받았다. 한때 "베를린에서는 연방의회 파견 사절이 무례한 언행을 일삼는다는 불평이 쌓였다."[26] 심지어 몇 년 뒤 비스마르크는 프로이센의 거물급 정치가들에서조차 자신의 별이 지고 있다는 인상을 받았다. 하지만 긍정적 기록도 있다. 그 가운데 하나는 비스마르크가 수상 만토이펠의 후임이 될 거라는 풍문이다. 심지어 이를 언급한 기록이 여러 차례 나온다. 확실한 근거는 없었지만, 정계에서 비스마르크에게 거는 전망이 상당함을 보여준다.

비스마르크는 심혈을 기울이는 노력을 아끼지 않았다. 하지만 연방의회에서 오스트리아의 우위를 확실하게 흔들며, 독일연방 내에서 프로이센의 동등한 위치를 인정받는 데는 성공하지 못했다. 주어진 상황에서는 성공하기 힘든 과제였다. 하지만 그는 오스트리아의 권위에 몇 차례 흠집을 낼 수는 있었다. 거론할 만한 가치가 있는 사건은 세 가지다. 오스트리아 쪽이 희망한 연방의 통일된 언론 관련 법안, 빈이 베를린에 목줄을 걸려 했던 이 법안은 끝없는 논쟁 끝에 결국 오스트리아에게 아무 실익이 없는 형식적인 수준으로 의회를 통과했다. 1848년에 창설된 독일 함대의 해체를 둘러싼 갈등이 오랜 줄다리기 끝에 프로이센의 승리로 끝났다. 가장 중요하고 그 후폭풍도 심대했던 사건은 독일의 교역 정책에서 누가 선도적 위치를 점하는가 하는 문제를 둘러싼 갈등이다. 슈바르첸베르크는 프로이센이 주도하는 관세동맹에 합스부르크 왕조가 다스리는 국가 전체가 가입함으로써, 유럽 중부를 장악할 관세 연합을 만든다는 계획을 밀어붙였다. 이 관세 연합을 감독할 권한은 오스트리아가 주도하는 독일연방이 행사한다. 이로써 오스트리아 제국은 경제 분야에서 독일을 지배하는 위치에 올라서고자 했다. 비스마르크가 오스트리아의 이런 계획을 방어하는 데 성공한 것은 홀로 이룩한 공헌은 아니다. 하지만 그의 공로는 실로 막중하다. 오스트리아의 관세동맹 가입은 수포로 돌아갔으며, 1853년에 고작 12년의 기한을 가지는 교역 계약만 체결됐다. 1854년 관세동맹이 소독일 중심으로 하노버까지 확장된 것은 경제와 교역, 정치 분야에서 프로이센이 합스부르크 왕조를 누른 매우 중요한 승리이다.

크림전쟁

1854년 크림전쟁이 본격적인 포문을 열었을 때 독일연방은 그 결속을 입증해야만 하는 특별한 시련을 맞았다. 크림전쟁은 '빈회의' 이후 유럽에서 발발한 첫 전쟁이며, "50만 명 이상의 사상자가 발생해 1815년과 1914년 사이에 유럽에서 일어난 가장 손실이 큰 전쟁"[27]이다. 다만 이런 사실은 대중에게 잘 알려지지 않았다. 전쟁은 러시아와 오스만제국(튀르크)의 충돌로 발발했다. 러시아의 차르 니콜라이는 오스만의 관할구역에 사는 그리스정교 신도들을 보호할 권리를 인정해줄 것을 튀르크에 요구했다. 술탄이 이 요구를 '부당한 것'이라며 거부하자 러시아 군대는 1853년 7월에 전쟁 선포도 없이 도나우 공국(오늘날 루마니아인 몰다비아와 왈라키아)을 점령했다. 튀르크의 저항이 깨끗이 무시되자 술탄은 10월에 러시아를 상대로 전쟁을 선포했다.

잉글랜드와 프랑스는 곧장 튀르크 편을 들었고, 1854년 1월 함대를 다르다넬스와 보스포루스 해협을 통해 흑해로 파견했다(이는 1841년에 체결된 '런던해협협약'[28]을 위반한 행위다). 1854년 3월, 잉글랜드와 프랑스는 러시아를 상대로 전쟁을 선포했다. 크림반도의 세바스토폴 요새는 피바다를 이루며 전투의 주요 무대가 됐다.

이제 오스트리아와 프로이센과 독일연방은 이 갈등에 어떤 태도를 취해야 좋을지 하는 물음에 직면했다. 오스트리아는 물론이고 프로이센의 정치 지도자들 사이에는 격론이 벌어졌다. 오스트리아는 서유럽 강대국들에 보조를 맞춰야 한다는, 부올을 중심으로 한 전투적 강경파가 분위기를 주도했다. 반면 프로이센에서는 단일 노선이 형성되지 못했다. 보수를 표방하며 서로 경쟁하는 두 정파는 마음을 정하지 못하고 흔들리는 왕을 자기편으로 끌어오려 안간힘을 썼다. 게를라흐를 중심으로 한 골수 보수파, 이른바 '철십자신문 정당'은 러시아를 지원해야 한다고 목소리를 높였다. 반면 1851년에 창간된 《프로이센 주간지》(Preußisches Wochenblatt)를 당의 기관지로 천명한 온건 보수파, 그래서 '주간지 정당'으로 불리는 보수파는 서유럽 강대국들에 보조를 맞춰 러시아에 반대하는 동맹을 형성해야 한다고 왕을 설득했다. 오랜 논란으로 지그재그 노선(초기에는 실제로 갈팡질팡했다)을 걸은 끝에 결국 수상 만토이펠과 비스마르크가 옹호한 조건 없는 중립 노선이 관철됐다. 비스마르크는 갈등 초기부터 줄기차게 중립성을 주장했다. 그가 보기에 프로이센은 이 전쟁으로 얻을 게 전혀 없었기 때문이다. 러시아 편이냐, 아니면 서유럽 강대국 편이냐 하는 물음을 받았을 때 그는 이렇게 답했다. "프로이센 편."[29] 그는 빈 정치의 줄다리기에 말려들어서는 안 된다고 엄중히 경고했다.

1854년 2월에 수상 만토이펠에게 쓴 편지에서 그는 이렇게 강조했다. "불어닥칠 태풍을 막아보겠다고 우리의 아름답고 늠름한 군함을 낡고 벌레 먹은 오스트리아 전함과 엮는다니, 말만 들어도 두렵기만 합니다. 우리는 수영도 더 잘할 뿐 아니라, 누구에게나 환영받는 연방 동료입니다."[30]

오스트리아는 프로이센과 독일연방이 서유럽 강대국들과 연합하는 노선이 매력적으로 보이게끔 안간힘을 썼다. 어쨌거나 1854년 4월 오스트리아와 프로이센은 쌍방의 보호와 방어를 위해 노력한다는 협약을 체결했다. 그러나 두 국가는 서로 정반대의 목표를 추구했다. 프로이센은 이 협약을 중립성을 강화하는 수단으로 보았던 반면, 오스트리아에게 이 협약은 오로지 전쟁 개입을 위한 정책 수단이었다. 오스트리아는 1854년 6월 러시아에게 도나우 공국에 주둔한 군대를 철수하라고 최후통첩을 했다. 러시아가 이 '독촉', 당시 최후통첩을 일컫은 표현인 '독촉'에 따른 뒤 오스트리아는 9월 도나우 공국에 군대를 파견했다(빈은 이로써 공국들을 최종적으로 합병할 수 있을 것으로 기대했다). 형식적으로는 중립을 취하면서도 이제 오스트리아는 서유럽 강대국들과 손을 잡았으며, 러시아와의 평화협정을 위한 조건을 담은 각서 교환에도 합의했다.

프로이센이 이 와중에 어떤 태도를 취할지 하는 결정은 베를린에서 내려졌다. 그러나 합스부르크 왕조는 그 정치적 목적에 맞게 독일연방을 활용하고자 했다. 이로 인해 프랑크푸르트의 프로이센 대표는 그저 수수방관만 할 수 있는 처지가 아니었다. 오스트리아는 끈질기게 비스마르크의 입장 표명을 요구했다. 이런 요구는 1854년 말 상황이 첨예해지자 더욱 커졌다. 12월 초 오스트리아는 사전에 프로이센과 협의하지도 않고 서유럽 강대국들과 형식적인 동맹 협약을 체결했다. 이른바 '삼각동맹(영국, 프랑스, 오스트리아)'에 추후 가입할 것과 군대를 전선으로 보내달라는 오스트리아의 요구를 프로이센 정부는 거부했다. 오스트리아가 연방의회에서 러시아에 대적할 연방군에 합세해달라는 안건을 상정하자, 프로이센 대표 비스마르크는 행동에 나섰다. 그는 불굴의 집요함과 섬세한 수완으로 1855년 1월 과반수로 오스트리아가 상정한 안건을 부결시켰다. 연방의회는 러시아를 상대로 군대를 동원해달라는 오스트리아의 요구 대신, 러시아든 서유럽 강대국이든 연방을 위협할 시 전쟁을 벌일 각오가 되어 있다는 결의안을 채택했다. 합스부르크 왕조에게는 아무짝에도 쓸모없는 결의안이 버젓이 의회를 통과했다. 군대 지원을 요구한 오스트리아의 안건을 부결하는 표를 조직한 일은 비스마르크에게 의미심장한 성공이라고 에른스트 루돌프 후버는 진단한다. "그의 외교관 경력에서 이 승리는 첫 번째의 위대한, 이후에도 계속 두드러지는 성과다. 프로이센에게 연방의회에서 오스트리아를 표결로 누른다는 것은 오랫동안 추구해온, 그러나 쉽사리 이뤄지지 않았던 승리다."[31] 전쟁은 프로이센이 가담하지 않은 상태에서 계속됐다. 세바스토폴 요새의 함락(1855년 9월)으로 러시아는 평화 협상에 나설 용의를 보였으며, 1856년 1월 오스트리아의 최후통첩에 굴복했다. 2월에 파리에서 평화 회의가 열렸으며, 프로이센은 몇 주가 지난 뒤에야 이 협상 과정에 초대받았다. 1856년 3월 30일에 체결된 파리조약, "빈회의 이후 유럽 공법公法의 가장 중요한 문건"[32]인 파리조약은 차르의 제국에게 가혹한 조건을 강제했다. 이 조약으로 '베사라비아Bessarabia' 지역 일부를 포기할 것, '도나우 강에서의 선박 운행 자유'를 인정할 것, 그리고 러시아의 흑해 연안 지역에 요새를 만들어서는 안되며, 흑해에서 함대도 운용할 수 없다는 대국으로서 견디기 힘든 굴욕적인 조건이 러시아에게 강제됐다.

크림전쟁이 가지는 의미는 매우 크다. 1815년 이후 그리고 혁명의 해인 1848~1849년을 넘어서도 건재했던 유럽 강대국들의 조화는 이 전쟁으로 혼란에 빠졌다. 세 마리의 검은 독수리(러시아, 오스트리아, 프로이센)가 구축했던 동맹은 산산조각이 나고 말았다. 오스트리아는 몇십 년이라는 세월 동안 러시아와 맺었던 결속의 끈을 끊어버렸다. 프랑스와 영국을 신뢰할 만한 동맹으로 확보하지 못한 상태에서 이뤄진 단절은 그동안의 모든 권력 구도를 뒤흔들어 유동적으로 만들었다. 그러나 러시아와 오스트리아의 첨예한 대립은 유럽 권력 구도에서 프로이센에게 더 좋은 기회를 잡도록 해주었다.

크림전쟁으로 한층 더 힘을 강화한 쪽은 프랑스다. 황제 나폴레옹 3세는 위세를 떨치며 유럽의 권력 지형을 바꾸려 영향력을 행사했다. 프로이센은 나폴레옹 3세의 프랑스와 어떤 관계를 꾸려야 하는

가의 문제를 시급히 풀어야만 했다. 비스마르크는 이미 1850년대 초부터 이 문제를 고민해왔으며, 그 해법을 찾는 관점 탓에 보수파와의 갈등이 갈수록 커졌다. 특히 게를라흐 형제, 즉 레오폴트와 루트비히 폰 게를라흐와의 관계가 껄끄러워지는 것이 큰 부담이었다. 형제는 비스마르크가 정치가로 처음 발을 내디딜 때 적극 지원하고 장려하지 않았던가. 나이도 그보다 훨씬 더 연상인 형제는 프랑스가 프로이센을 점령했을 때 싸웠던 해방전쟁 경험으로 나폴레옹이라면 이를 갈 정도로 증오했다. 형제의 눈에는 나폴레옹의 조카인 루이 보나파르트 역시 혁명의 화신과 다르지 않은, 노골적으로 기독교를 반대하는 악당이었다. 1851년 12월에 벌어진 프랑스 쿠데타[33] 이후 루이 보나파르트가 나폴레옹 3세로 즉위하자 루트비히 폰 게를라흐는 이제 "범죄가…프랑스의 권좌를 차지했다"[34]고 울화통을 터뜨렸다.

반면 비스마르크는 냉철함을 잃지 않았다. "저는 보나파르트가 전쟁광이라고 생각하지 않습니다."[35] 이미 오래전부터 비스마르크는 정부의 반反프랑스 정책에 동조하지 않는다는 생각을 숨기지 않았다. 궁정당 인물들의 보나파르트 증오를 두고도 마찬가지였다. 이런 태도로 비스마르크는 '보나파르트주의자(Bonapartist)'[36]라는 험담에 시달려야만 했다. 이 말은 당시 프랑스와의 연합을 찬성하는 사람을 겨눈 빈정거림이다. 하지만 비스마르크는 친親프랑스적인 태도를 취한 적이 없다. 다만 프랑스와의 관계를 얼어붙게 만드는 것은 정치적으로 현명한 선택이 아니라고 보았을 뿐이다. 1853년 1월 비스마르크는 《철십자 신문》이 나폴레옹 3세와 외제니 드 몽티조Eugénie de Montijo의 임박한 결혼을 두고 악의적인 비방 기사를 쓴 것에 자극 받아 당시 왕의 수석보좌관이던 레오폴트 폰 게를라흐에게 항의하며 이렇게 덧붙였다. "프랑스를 상대로 그런 도발을 하면 우리는 필요 이상으로 오스트리아에 의존할 수밖에 없습니다. 오스트리아는 이런 상황을 먹잇감으로 삼지 않을 만큼 양심적이지 않습니다. 물론 프랑스 쪽으로 기우는 것보다 더 큰 불행은 없겠지만, 중간에서 균형을 잡아야만 하는 속내를 왜 만천하에 드러내야 하는지, 저는 모르겠습니다."[37] 상대가 얄밉다고 공개적으로 불을 질러서야 되겠느냐는 것이 비스마르크의 고언이다. 그는 수상 만토이펠에게는 이런 편지를 썼다. "우리가 공개적으로 프랑스를 적으로 돌리는 것은 되돌릴 수 없는 실수입니다."[38] 프랑스와 동맹을 맺는 것은 분명 불행한 일이라고도 그는 덧붙였다. "그러나 상황에 따라 우리의 연방 동료 국가들이 지켜보는 앞에서, 이런 두 가지의 불행 가운데 덜 해로운 선택지를 고를 수 있다는 점은, 제가 보기에 우리의 운신 폭을 넓힙니다." 2년 뒤, 크림전쟁이 한창일 때 레오폴트 폰 게를라흐에게 보낸 편지도 비슷하다. "못마땅하게 여기시는 것처럼 제 의견이 프랑스와 보조를 맞춰야 한다는 의미는 아닙니다. 다만 말과 표정으로 프랑스와 함께할 수도 있다고 위협을 해야 오스트리아를 견제할 수 있을 뿐만 아니라, 규모가 작은 공국들에게도 경각심을 심어줄 수 있어 우리에게 훨씬 더 좋습니다."[39]

몇 달 뒤 크림전쟁에서 군사적인 결판이 나기 전에, 비스마르크는 세계박람회를 구실로 파리를 방문했다. 이때 나폴레옹 3세와 만날 기회도 가졌다. 베를린의 궁정당 세력이 파리 여행을 몹시 못마땅하게 여긴 탓에 비스마르크는 직접 레오폴트 폰 게를라흐에게 자신의 입장을 변호해야 했다. "제가 바빌론에 다녀왔다고 꾸짖으시면 달게 받겠습니다. 그러나 배우고자 하는 열의에 불타는 외교관에게 정치적 순결을 요구하실 수는 없습니다. 그런 순결은 군인…또는 이것저것 눈치 볼 일 없는 향토 융커에게나 어울립니다. 저는 제가 운신해야만 하는 환경을 직접 두 눈으로 보고 배워야만 합니다, 기회가 주어질 때마다 보고 배워야 외교를 감당할 수 있지 않습니까. 제 정치적 건강함은 의심하지 않으셔도 됩니다."[40] 1857년 초에 비스마르크는 한 번 더 파리를 찾았으며, 이때 나폴레옹 3세와 정치적 대화를 나누기도 했다. 이 여행을 계기로 비스마르크는 자신이 보는 외교정책의 방향을 유려한 문체로 정확하고도 폭넓게 담아 레오폴트 폰 게를라흐에게 편지를 썼다. 이 편지의 일부는 그의 자서전에 소개되어 널리 알려져 있다. 이 기록은 전적으로 국익에 초점을 맞춘 '현실정치(Realpolitik, 이 개념은 당시에 첫선을 보였다)'를 강조하는 비스마르크 사상의 정수로 간주된다. '현실정치'는 '혁명과의 싸움'에만 몰두한 나머지 고루한 원칙에만 매달리며 '보나파르트는 적이다', '보나파르트는 사라져야 마땅한 존재다' 하는 늘 같은 후렴만 되풀이하는 정치관에 단호히 반대한다. 이때 오간 편지들을 좀 더 자세히 읽어보면, 로타르 같이 확인해주듯, "정치 원칙과 신념을 둘러싼 다툼이 아니라, 상황의 평가와 그 해결 방법을 보는 의견 차이가 문제일 뿐이다."[41] 오토 플란체Otto Pflanze (1918~207)[42]는 논의의 핵심을 이렇게 정리한다. "절대적이 아닌, 상대적 우선순위를 정하는 논란이었다. 혁명과의 투쟁과 국익은 두 남자 모두 중시했다. 비스마르크는 국익을 최우선으로 여긴 반면 게를라흐에게 무엇보다도 시급한 것은 혁명을 누를 싸움이었다."[43] 오늘날 이 논란에서 원칙을 강조하려는 경향이 우세를 보일지라도, 이 서신 교환으로 분명히 알 수 있는 점은 그동안 비스마르크가 궁정당을 중심으로 한 골수 보수파의 정치적 사상과 감정 세계로부터 확실하게 벗어났다는 사실이다.

비스마르크가 프랑크푸르트에서 보낸 8년의 세월을 볼 때 분명한 사실은 프로이센 대표로 그가 벌인 활동이 전적으로 방어에 치중했다는 점이다. 그는 오스트리아가 표 대결로 프로이센을 견제하고 독일연방을 오로지 자국의 목적을 위한 도구로 이용하려는 획책을 막으려 안간힘을 썼다. 비스마르크는 관직 활동을 두고 이런 말을 했다. "그것은 모든 종류의 개입과 간섭을 막으려는 부단한 싸움입니다.… 저는 연방을 오스트리아의 위상을 제고하고 프로이센을 열등하게 만들려는 도구로 악용하고 착취하는 끊임없는 시도를 막고자 싸웠습니다."[44] 이 싸움을 벌이며 비스마르크는 프로이센 정부로부터 충분한 지원을 받지 못했다. 오죽했으면 그는 정부를 "수동적인 무계획성"[45]에 사로잡혔다고 비난했을까. 당시 언론 보도는 오스트리아 정책의 목적과 수단을 중점적으로 다루었다. 독일연방은 현재 구성대로라면 프로이센의 야망에 걸림돌일 뿐이며, 장기적인 안목에서 프로이센과 합스부르크 왕조 사이의 충돌은 피할 수 없는 것이라고 진단했다.

비슷한 견해를 다룬 기사는 넘쳐났다. 레오폴트 폰 게를라흐가 1853년에 받은 편지들 가운데 두 대목만 살펴보자. "오스트리아는 연방을 악용할 뿐이며, 독일에 우리가 미치는 영향력을 무력화하는 도구로만 쓸 따름입니다.…오스트리아가 보는 연방은 독일이 아닌 자국의 이해에만 충실한 도구일 뿐으로, 이를 거부하거나 유보하는 프로이센은 독일 정신을 배신한 바리새인으로 낙인찍힙니다."[46] 다른 편지에서 비스마르크는 연방을 지배할 강력한 주도권을 원하는 오스트리아의 눈에 프로이센은 방해일 뿐이라고 강조한다. "프로이센은 인구 1천7백만 명으로도 너무 좁아 독일 전체를 활동 무대로 삼아야 하는데 오스트리아가 노리는 대로 공간을 넘겨주다가는 막다른 골목에 몰릴 겁니다. 우리의 정치는 독일 외에 다른 실행 공간을 가지지 않습니다.…그런데 바로 이 공간을 오스트리아는 자기네 것으로 만들려 혈안입니다. 양쪽 요구를 모두 만족시킬 공간은 없습니다. 오스트리아는 장기적으로 우리가 더는 견딜 수 없는 지경으로 몰아가려 합니다. 우리는 상대를 노려보며 거친 숨을 몰아쉽니다. 어느 한쪽은 물러나야만 합니다. 결정의 순간까지 우리는 적입니다. 달갑지 않을지라도 이는 무시할 수 없는(단어 선택을 용서하시기 바랍니다) 사실입니다."[47]

프랑크푸르트에서 겪은 경험의 핵심을 비스마르크는 1859년 5월

12일 외무 장관에게 쓴 편지에서 다음과 같이 정리했다. 이 문장은 자주 인용될 정도로 유명하다. "연방의 구도에서 제가 본 것은 프로이센의 병약함입니다. 우리가 제때 유리한 계절에 이런 병약함을 치료하지 않는다면, 조만간 우리는 '페로 에트 이그니(ferro et igni, 불로 담금질되는 쇠)'처럼 시련을 겪어야만 강건해질 겁니다."[48]

합스부르크 왕조의 의도와 방법에 이처럼 격한 감정을 표출했다고 해서, 비스마르크가 오스트리아와 프로이센으로 양분된 독일연방 체계의 갈등을 무력으로 해결하는 것이 불가피하다고 보았다는 해석은 사실과 맞지 않는다. 무엇보다도 이런 격한 발언은 드물다. 참고 참다 분출한 이런 감정으로 미루어볼 때 비스마르크는 무력을 쓰지 않는 해결책이 충분히 가능하다고 보고 이를 위해 노력해온 게 분명하다. 무력을 쓰지 않는 해결책이란 다른 성격의 오스트리아 정부, 곧 프로이센을 대등한 파트너로 받아들이고, 독일을 오스트리아와 프로이센의 영향권으로 나누는 것에 동의할 수 있는 정부에 희망을 거는 것이다. 이런 구상을 나중에 비스마르크는 높은 비중을 두어 다루었다.

프로이센의 정세 변화

프로이센 정부는 1857~1858년에 위중한 변화에 직면했다. 이 변화는 비스마르크의 향후 경력에도 결정적인 영향을 주었다. 1857년 왕 프리드리히 빌헬름 4세는 불치의 뇌졸중에 걸려 국가를 통치할 수 없는 지경에 빠졌다(그는 1861년 1월 2일에 사망했다). 1857년 10월에 왕은 내각에 전권을 위임했다. 내각은 동생인 빌헬름에게 석 달 동안 왕위를 대행하게 하면서, 지금까지의 기조대로 정부를 이끄는 의무를 지켜야 한다는 조건을 달았다. 이 결정은 세 번에 걸쳐 각기 1분기씩 연장됐다. 1848년 혁명 시위대에 발포를 명령해 '포탄 왕자(Kartätschen-prinz)'라는 별명을 얻었던 왕세자 빌헬름은 그동안 아내의 영향을 받아 '주간지 정당'을 중심으로 한 온건 보수로 변모했다. 크림전쟁 동안 형과 견해 차이로 충돌을 빚었던 빌헬름은 비스마르크도 차갑게 대했다. 비스마르크는 즉각 변화한 상황에 맞춰 왕세자와의 관계를 복원하려 노력했다. 1858년 3월 비스마르크는 거의 1백 쪽에 가까운 정세 보고서를 만들어 빌헬름에게 제출했다(왕의 측근들은 이 보고서를 '폰 비스마르크 씨의 작은 책'이라고 불렀다). 그는 보고서에 연방의회에서 겪은 경험을 꼼꼼하게 상술하고, 프로이센에 방점을 찍은 독일의 정치 전망을 담았다. 이 전망의 정점을 찍은 것은 다음 문장이다. "프로이센의 특별한 국익을 정확히 이해해 발전시키는 것보다 더 독일적인 일은 없다."[49] 이런 맥락에서 그는 정부가 위험에 처하지 않고도 "독일 정세를 좌우할 매우 효과적인 수단을 강구하고, 국익을 관철할 좀 더 활발한 활동을 만들어야 한다"고 강조했다. 이런 표현들로 미루어 볼 때 분명한 것은 비스마르크가 프로이센의 권력 확장을 위해 독일

민족운동 세력과 협력할 각오가 되어 있었다는 사실이다.[50]

1858년 10월 초 왕세자 빌헬름은 정부 결정과 의회 동의를 얻어 섭정으로 권좌에 오름으로써 전권을 행사할 수 있게 됐다. 그는 즉각 새 내각을 구성했다. 오토 폰 만토이펠은 해임됐으며, 주로 '주간지 정당'의 정치가들이 각료로 부름을 받았다. 행정에서 인사의 물갈이는 계속 이루어졌다.

외무 장관으로 임명된 인물은 알렉산더 폰 슐라이니츠Alexander von Schleinitz(1807~1885)[51]이다. 그는 비스마르크와 가까운 사이는 아니었다(《회상록》에서 비스마르크는 슐라이니츠를 '공주의 특임 정치가'라고 불렀는데, 공주란 다름 아닌 아우구스타이다). 섭정은 즉위와 함께 새로운 내각에게 보내는 '인사말'을 발표하며, '주간지 정당'이 표방하는 정책 노선을 기초로 한 '새로운 시대'라는 구상을 밝혔다. 빌헬름은 정부가 시대의 정당한 요구와 필요를 '세심하게 개선하는 손길'로 돌볼 것이라고 하면서, 프로이센이 독일에서 '도덕적 우위를 점하는 자세'를 추구하는 정책을 펴고, 군대를 쇄신하는 재편성을 실행하겠다고 선포했다.

'새로운 시대'의 출범과 더불어 비스마르크는 영향력을 잃었다. 그는 자신의 프랑크푸르트 시절이 곧 끝날 것임을 예감하며, "일과 사람으로 지쳤다"[52]는 말을 했다. 그가 다른 지역으로 전출될 거라는 소문은 이미 파다했다. 1859년 1월 베를린에서 그를 상트페테르부르크로 파견하겠다는 결정이 내려졌을 때, 오스트리아 대표는 이 사실을 알고 비스마르크 앞에서 회심의 미소를 지었다. 비스마르크는 이런 일련의 과정으로 자존심에 적잖은 상처를 입고 힘들어했다. 이런 상심은 몸의 질병(독감, 혈뇨, 담즙열)으로도 나타났으며, 나중에도 마음의 상처를 입을 때면 같은 병증이 나타나곤 했다. 하지만 며칠 후 몸을 추스른 그는 새롭게 임명된 자리를 긍정적으로 보려 노력했다. 특히 섭정은 그에게 이런 말을 했다. "상트페테르부르크는 언제나 프로이센 외교의 최고 요직이지 않나."[53] 1859년 2월 말 비스마르크는 연방의회 의사당에서 퇴임사를 했다. 불과 며칠 후, 그는 섭섭한 마음으로 프랑크푸르트를 떠났다. 가족은 일단 프랑크푸르트에 남기로 했다.

중간에 베를린에 잠시 머무르며 섭정을 알현한 비스마르크는 곧이어 러시아 수도로 가는 여행길에 올랐다. 한겨울에 떠나는 이 여행은 결코 쉬운 게 아니었다. 그는 철도를 이용해 쾨니히스베르크까지 간 다음, 러시아 철도 노선이 시작되는 프스코프Pskov에서 열차를 갈아타야 했다. 프스코프까지 가는 구간의 4분의 3은 여행 마차를 이용해야만 했다. 마차는 나흘을 꼬박 달렸다. "쾨니히스베르크에서 눈보라가 치기 시작하더군요."[54] 형에게 보낸 편지에 그는 이렇게 썼다. "목요일에서 화요일까지 낮과 밤을 가리지 않고 달렸습니다. 여덟 필의 말이 끄는 마차는 짐마차 속도밖에 내지 못했으며, 꼼짝없이 눈 속에 갇히기도 했지요. 때로는 두 발로 걸어야 했습니다. 다시 몇 마일을 터덜거리며 달리는 마차의 창가로 어둠 속에 눈이 얼어붙어 반짝이는 산꼭대기가 차례로 지나다가, 이따금 말들이 쓰러지곤 했습니다. 영혼을 신께 맡기고 싶다는 생각을 할 이유는 차고도 넘쳐났죠."

비스마르크가 3월 29일에 프로이센의 수도에서 출발해 러시아 수도까지 가는 여행은 꼬박 이레가 걸렸다. 며칠 뒤인 4월 1일, 이날은 공교롭게도 그의 마흔네 번째 생일인데, 비스마르크는 차르 알렉산드르 2세Aleksandr Ⅱ에게 신임장을 제출했다. 첫 알현은 대단히 이례적으로 두 시간이나 걸렸다. 첫 며칠 동안 비스마르크는 러시아의 황궁과 정부로부터 환대를 받고 있다고 느꼈다. 외무 장관 고르차코프 Aleksandor Gorčakov(1798~1883)[55]는 비스마르크와 집중적으로 대화를 나누며 서로 생각을 주고받았다(고르차코프는 비스마르크에게 "우리는 손과 장갑이다"라는 말을 했다[56]). 요하나가 편지로 읽은 남편의 첫 러시아 인상은 이랬다. "오스트리아가 이곳에서 어떤 평판인지 알면 사람들은 깜짝 놀랄 거요.…증오는 내 짐작을 뛰어넘을 정도로 엄청납니다. 러시아 정치권은 오로지 오스트리아의 숨통을 끊어놓을 방법만을 고민하는 걸로 보여요."[57]

위의 마지막 문장은 당시 유럽의 외교 상황과 관련한 것이다. 오스트리아와 피에몬테 사이의 긴장은 1859년 초부터 노골적인 갈등으로 비화했다. 피에몬테 정부가 이탈리아 북부에서 오스트리아 사람들을 추방하기로 결정하면서, 수상인 백작 카보우르[58]는 황제 나폴레옹 3세의 지원을 받을 것으로 확신했다. 오스트리아 외교가 4월 23일 피에몬테 정부에 군대를 축소하고 자원 입대자들을 내보내라는 최후통첩을 하는 결정적 실수를 저질렀을 때, 피에몬테가 이 통첩을 거부하면서 5월에 전쟁이 시작됐다. 프랑스와 피에몬테의 연합군을 상대로 오스트리아는 마젠타Magenta(6월 4일)와 솔페리노Solferino(6월 24일) 전투에서 심각하게 패배했다. 어쩔 수 없이 카이저 프란츠 요제프는 6월 11일 빌라프랑카Villafranca에서 롬바르디아를 프랑스에게 떼주는 조건으로 나폴레옹 3세와 평화협정(나중에 조인됨)을 맺었다. 반면 베네토Veneto의 영토는 계속 오스트리아 땅으로 남았다.

격화하는 갈등, 독일연방이 중요한 역할을 행사해야만 하는 갈등에 직면해 비스마르크는 제국 의회를 떠나게 된 것을 몹시 안타까워했다. 이제 그는 상트페테르부르크라는 멀리 떨어진 곳에서 사태의 추이를 관망할 수밖에 없었기 때문이다. 전쟁 발발에서 휴전협정이 맺어지기까지 독일에서는 친오스트리아와 반프랑스 감정이 들끓었다(라인강을 엉덩이부터 방어하라!).[59] 비스마르크가 할 수 있는 행동이라고는 이 전쟁에 어떻게 대처할지 프로이센의 입장을 정할 베를린에 자신의 견해를 통보하는 것뿐이었다. 비스마르크는 자신의 견해를 단호히 주장했다. 그는 보수파의 오스트리아 연대 요구와 반보나파르트 감정에 반대 입장을 분명히 했다. 그는 크림전쟁에서 그랬듯, 프로이센이 무조건 오스트리아 편에 서는 것을 재고하고 엄격한 중립을 견지해야 한다고 강조했다. 오스트리아를 지원하는 선택은 독일에서 프로이센이 오스트리아에게 일대 양보를 한다는 의미라고 부연했다. 이런 근본적인 입장을 비스마르크는 외무 장관 슐라이니츠에게 보낸 편지에서 이렇게 정리했다. "오스트리아와 독일 중부의 공국들이 동맹을 맺고 치르는 전쟁은 그 노고에 합당한 보상을 전혀 가

저다주지 않고, 오히려 위험만 키웁니다."[60] 오스트리아를 도와 승리했을 때 빚어질 결과는, 오스트리아가 패배한 경우 프랑스와 치러야 할 계산 못지않게 우려가 됩니다." 그래서 비스마르크가 내린 결론은 이렇다. "참전은 우리의 연방 관계를 유리하게 꾸미는 데 보탬이 되지 않는 한, 피해야만 합니다. 더 나아가 우리는 오스트리아가 프랑스를 누르고 승리하는 것을 허용해서도, 프랑스가 독일 영토를 침해하는 것을 용납해서도 안 됩니다. 현재의 상황으로는 전쟁을 국지전으로 제한하고 러시아의 지원, 가능하다면 잉글랜드의 지원까지 얻어내 프랑스가 독일 국경을 침해하지 않게 막는 것이 최선입니다. 이 선택이 프로이센 정치의 행복한 결과를 불러올 것입니다."

슐라이니츠가 온갖 저항을 무릅쓰고 중립 노선을 관철한 배경에는 비스마르크가 있다. "우리는 오스트리아가 궤멸당하는 것을 허락해서는 안 되며, 마찬가지로 오스트리아가 빛나는 승리로 자만해져 우리를 그 야욕의 발판으로 삼는 것을 용인해서도 안 된다."[61] 전쟁의 결말은 비스마르크의 이런 희망을 온전히 만족시켰다.

7월에 전쟁이 끝난 뒤 가족을 데리러 독일로 출발하기 직전에 비스마르크는 심한 병에 걸렸다. 신경을 곤두세운 끝에 류머티즘이 도진데다가 오랫동안 방치했던 다리 부상은 무능한 의사들의 잘못된 치료로 대단히 심각해졌다. "당시는 물론이고 이후에도 비스마르크는 오스트리아가 보낸 자객의 습격을 받았다고 믿었다."[62] 출발할 때에도 그는 들것에 실려야만 하는 열악한 상태였다. 바다를 건너 슈테틴에 도착한 비스마르크는 육로로 베를린에 도착했다. 수도의 병원에서 치료를 받은 뒤 비스바덴과 바트 나우하임에서 요양을 했다. 여전히 휴식이 필요한 상태에서 비스마르크는 9월에 섭정의 희망으로 바덴바덴에서 열린 회의에 참석했으며, 이후 며칠 동안 베를린에 머무르며 자유주의자 진영의 지도자와 기념비적인 만남을 가졌다. 빅토르 폰 운루Viktor von Unruh(1806~1886)[63]는 숱한 자유주의자들이 비스마르크에게 희망을 걸고 있다며, 외무 장관이 된 비스마르크의 모습을 보고 싶다는 속내를 숨김없이 드러냈다.

비스마르크가 참여한 러시아 차르와 프로이센 섭정의 바르샤바 만남 이후 가족은 라인펠트에서 상트페테르부르크로 이주할 준비를 했다. 이사는 11월부터 시작됐다. 그러나 친구 알렉산더 폰 벨로프 Alexander von Below(1801~1882)[64]의 영지인 '엘빙강가의 호헨도르프 (Hohendorf bei Elbing)'에 잠시 머물렀던 비스마르크는 다시금 병으로 쓰러졌다. 가슴, 등, 심장 부위, 어깨의 강한 통증을 유발하는 심각한 폐렴이 그를 괴롭혔다. 실낱같은 회복의 희망에 매달릴 정도로 위중한 상태여서 심지어 유언장까지 작성하게 한 비스마르크는 "푸른 초원을 다시 볼 수 있으리라"[65]고 생각지 못했다. 나흘째 접어들며 생명이 위독한 상태는 간신히 극복했지만, 완전히 쾌유하기까지는 몇 달이 걸렸다. 1860년 3월에야 비로소 그는 호헨도르프의 친구 저택을 떠나 상트페테르부르크로 복귀를 생각할 수 있었다. 한편 섭정은 비스마르크를 베를린으로 불러들이려 했다. 개각을 구상하고 있던 차에 다수의 보좌관이 비스마르크를 꼭 필요한 인물로 천거했기 때문이다.

섭정 빌헬름은 결국 비스마르크를 내각에 들이지 않기로 결정했다. "모든 것을 뒤엎고 새롭게 내각을 이끌 인물을 섭정이 선택하리라던 예상은 보기 좋게 빗나갔다."[66] 1860년 6월 초 비스마르크는 다시 상트페테르부르크에 도착했다. 꼬박 11개월 만의 귀환이다. 마침내 그는 가족과 네바강 전망이 환히 보이는 공작 슈텐보크Stenbock 가문의 대저택에 입주했다.

비스마르크는 중병을 앓은 경험을 인생의 전환점으로 받아들였다. 당시 그가 쓴 편지는 이런 전환을 맞이하는 감회로 가득하다. 1860년 7월에 형에게 보낸 편지를 보자. "병을 앓고 난 뒤부터 나는 끝이 얼마 남지 않았다는 감정을 떨칠 수가 없으며, 모든 문제에서 말수가 줄어들고 더욱 심드렁해졌다."[67] 그는 1년 뒤 친구인 알브레히트 폰 론 백작Albrecht Graf von Roon(1803~1879)[68]에게 자신의 심정을 이렇게 털어놓았다. "건강을 잃고 난 뒤부터 나는 멍하니 아무 생각도 못하고, 피곤하기만 하며, 소심해졌네."[69]

그럼에도 비스마르크는 직무를 소홀히 하지 않았다. 차르를 비롯한 러시아의 지도자들과 나눈 대화 내용과 러시아의 내정 상황을 다룬 상세한 보고서를 꾸준히 올렸다. 외교사절은 영사 업무도 보아야만 했다. 비스마르크는 러시아에 거주하는 약 4만여 명의 프로이센 동포를 돌보았고, 러시아 국민의 생활 형편도 환하게 들여다볼 수 있었다. 그는 또 독일 내 정세와 국제 관계를 외국이라는 중립적 위치에서 자세히 관찰할 수 있었다. 그는 또 러시아 정부가 탐탁지 않게 여기던 '이탈리아 왕국의 인정'이 이뤄질 수 있도록 노력했다. 러시아 숲에서 취미인 사냥도 마음껏 즐겼다.

1861년 독일에서 여름을 보내던 비스마르크는 바덴바덴에서 형의 사망(1861년 1월 2일) 이후 섭정으로 통치권을 행사하다 프로이센 왕으로 즉위한 빌헬름 1세를 수행하라는 명령을 받았다. 바덴바덴에서 비스마르크는 왕이 지켜보는 앞에서 강연을 한 뒤, 왕의 부탁으로 강연 원고를 자세히 다듬어 독일통일 문제를 다룬 유명한 글을 썼다 (이 글은 두 가지 버전이 존재하는데, 중요한 차이는 없다). 논의의 출발점은 이렇다. "기존의 연방헌법은 열악한 상태의 통일문제를 개선할 수 없다."[70] 이런 상태를 극복할 수 있는 방법으로 비스마르크는 '독일 민족을 국가적 차원에서 돌볼 연방 중앙관청'의 설립을 추천했다. 이어 연방 중앙관청이 "각 공국이 서로 다른 노선에 중심을 잡아줄 유일한 연결고리"가 될 수 있다고 부연했다. 이로써 프로이센의 새로운 독일 정책이 제시됐다. 이 정책은 독일통일 운동을 "압력 수단으로 삼아 프로이센이 오스트리아와 중소 공국들을 상대로 한 싸움에서 우위를 점할 수 있게 해준다."[71]

다시금 비스마르크를 장관으로 임명해야 한다는 논의가 나왔지만, 1861년 여름에 맡은 왕의 전략적 자문 역할은 그저 일화로만 남았다. 비스마르크는 쾨니히스베르크에서 열린 대관식(1861년 10월 18일)

에 참석한 뒤 임지로 돌아왔다. 그가 본국으로 소환 명령을 받은 때는 1862년 3월이다. 그러나 비스마르크는 앞으로 어떤 직을 맡게 될지 아무 이야기도 듣지 못했다. 4월 말 작별을 하기 위해 러시아 황제 부부를 알현하는 자리에서 비스마르크는 자신의 미래를 전혀 가늠할 수 없었다.

5월 10일 비스마르크가 베를린에 도착했을 때에도 불확실한 상황은 계속됐다. 더욱이 국내의 정치 상황은 까다롭기만 했다. 나흘 전 의회 선거가 열렸기 때문이다. 이 선거에서 자유주의자들은 비록 다양한 그림자가 드리우기는 했지만, 압도적이며 빛나는 승리를 자축했다. 자유주의자들은 전체 353석 가운데 292석을 차지했다. 이로써 왕 빌헬름이 최우선 과제로 꼽았던 군대 개혁이 위기에 처했다. 2월에 전쟁 장관 알브레히트 폰 론이 발의한 입법안은 군대 예산 증가, 육군 강화, 효율적인 3년 복무기간, 사실상 폐지를 목표로 한 향토방위군 편제 개혁을 목표로 제시했다. 자유주의자들은 무엇보다도 복무 기간과 향토방위군 편제 개혁에 격렬한 반대의 목소리를 높였다. 상황은 그야말로 폭풍전야였다.

비스마르크, 수상이 되다

다시금 비스마르크가 내각의 수장이 될 거라는 풍문이 떠돌았다. 말 그대로 비스마르크 '안테 포르타스Ante Portas'라고 사람들은 수군거렸다.[72] 그는 상트페테르부르크에서 함께 일했던 외교관 쿠르트 폰 슐뢰처Kurd von Schlözer(1822~1894)[73]에게 5월 15일 이런 편지를 썼다. "런던이든 파리든 결정된 것이 없어. 확률상 베를린, 파리, 런던 순이 될 거 같아. 하지만 모르지, 며칠 뒤에 어떻게 바뀔지.[74] 정계의 많은 사람과 숱한 대화를 나눈 비스마르크는 이런 인상을 받았다. "모든 장관이 겉보기로는 나를 자기 사람으로 만들고 싶어 하는 거 같아."[75] '새로운 시대'의 수상을 맡았던 호엔촐레른 제후와 그의 후계자인 호엔로에 제후 등은 왕 빌헬름에게 비스마르크를 내각의 장관으로 임명하자고 추천했다. 그러나 왕 빌헬름은 회의적인 태도를 보였다. 호엔로에 제후에게 왕은 이렇게 말했다. "농담하시는 거요?…됐소, 그 친구는 너무 튀어. 다른 사람을 추천해보시오."[76] 이런 유보적 반응에 결정적인 원인을 제공한 사람은 비스마르크를 장관이나 수상으로 결코 보고 싶어 하지 않은 아우구스타 왕비였다. 다음 임지 선정을 둘러싼 인사 문제는 한없이 늘어지기만 했다. 5월 22일 비스마르크는 '폭발 지경'에 이르러 요하나에게 "채용인지 해임인지 여부를 확정해 공식적으로 알려달라고" 상부에 요청했다고 편지에 썼다.[77] 세 시간 뒤 그는 파리 주재 프로이센 외교사절로 임명한다는 답을 얻었다. 그러나 임지로 떠나기 전 왕을 알현한 자리에서 빌헬름 1세는 파리에서 확실하게 자리를 잡지 말고 기다려달라고 말했다.

비스마르크는 지체 없이 출발했다. 그러나 그는 파리에서 예전과 다르게 행복하지 않았다. 이유는 여러 가지였다. 우선 대사관 건물이 편안하지 않았으며, 다시금 가족과 떨어진 것이 몹시 힘들었고(가족은 잠정적으로 라인펠트에 남았다), 좋아하던 밤색 암말을 타고 승마를 할 수 없었다. 무엇보다도 파리는 여름휴가 중이라 사람들과 만날 기회가 드물었다. 그는 파리가 견딜 수 없이 지루했다. 그렇지만 황궁의 환대는 더는 바랄 게 없을 정도로 융숭했으며, 나폴레옹 3세는 그를 여러 차례 접견했다. 비스마르크는 대화를 나누며 마치 "보디발 아내의 유혹을 받는 요셉의 처지"[78]가 된 것 같다고 외무 장관 베른스토르프 Albrecht von Bernstorff(1809~1873)[79]에게 보낸 편지에 썼다. "나폴레옹 3세는 유혹적으로 동맹을 제안했다. 내가 조금이라도 반응을 보이면 유혹은 더욱 노골적이 됐다." 비스마르크는 파리로 온 지 석 주 만에 런던 세계박람회를 구실로 휴가를 신청했다. 런던에서는 영국의 주요 정치가들과 숱한 만남이 이뤄졌다. 런던에서 파리로 돌아온 그는 "건강을 보전할 필요"[80]가 있다는 구실로 프랑스에서 더욱 긴 휴가를 보낼 수 있게 허락해달라고 간청했다. 비스마르크는 블루아, 보르도, 바욘, 산세바스티안을 거쳐 비아리츠까지 갔다.

비아리츠에서 보내는 8월은 정치 세계와는 거리가 먼 평화롭고 아름다운 풍광을 누리게 해주었다. 비스마르크는 매일 두 시간씩 해수욕을 했고, 브뤼셀의 러시아 외교관 오를로프 부부와 어울렸다.[81] 오를로프의 젊은 아내 카타리나(제후 트루베츠코이 가문 출신)는 매력적인 미모를 자랑했다. 타고난 우아함에 재기발랄한 22세의 카타리나를 보며 47세의 비스마르크는 설레는 감정을 느꼈다. 거의 매일 아내에게 편지로 하루 일과와 아름다운 풍광을 두 눈으로 보는 것처럼 알려주던 비스마르크는 자신의 이런 감정을 솔직하게 털어놓았다. 그는 카타리나에게서 마치 "마리 타덴Marie Thadden을 보는 것만 같은 느낌"[82]을 받는다고 썼다. 비스마르크와 부부는 초원과 숲을 함께 누볐으며, 파도에 몸을 던지는가 하면, 탁 트인 평원에서 승마를 하고, 달빛이 비치는 저녁에 음악을 즐기기도 하면서, 세상사를 깨끗이 잊어버린 낭만의 나날을 보냈다.

"정치에 전념하기 전에 벌인 비스마르크의 이 마지막 일탈"[83]은 "우리가 아는 모든 사실에 견주어 볼 때"[84] 호감 그 이상의 것은 아니다. "이런 일탈로 요하나와의 관계가 흔들리거나, 심지어 심각한 위기를 겪었다고는 말할 수 없다"고 로타르 갈은 촌평했다.

몸과 마음의 건강을 되찾은 비스마르크는 비아리츠를 떠나 오를로프 부부와 함께 며칠 더 피레네산맥 지역을 돌며 지내다 9월 12일 툴루즈에서 베른스토르프와 론에게 자신의 불확실한 상황을 불평하는 내용의 편지를 썼다. 9월 16일 그는 파리에서 베를린으로 왕을 알현하러 가능한 한 빨리 오라는 베른스토르프의 전보를 받았다. 곧바로 론의 유명한 전보도 날아들었다. "페리쿨룸 인 모라. 데뻬쉐 부 Periculum in mora. Dépêchez vous(늦으면 위험하다. 서두르시오[85])." 9월 20일 이른 아침 비스마르크는 베를린에 도착했다.

빌헬름 1세는 더할 수 없는 곤경에 처해 있었다. 왕은 군대 개혁안의 핵심 쟁점만큼은 결코 포기할 수 없다고 고집했기 때문에 군대 문제를 둘러싼 갈등은 헌법 갈등으로 비화했다. 이 갈등은 9월에 접어들며 정점을 찍었다. 9월 11일에서 18일까지의 주간 동안 의회는 개혁 문제를 놓고 난상 토론을 벌였다. 어렵사리 도출한 타협안을 왕비와 왕세자와 대다수 각료가 받아들이자고 했지만, 왕은 고집을 꺾지 않았다. 9월 17일 빌헬름 1세는 내각회의를 주재하면서 자신의 뜻을 따르거나, 아니면 직을 내놓으라고 각료들을 몰아붙였다. 이 회의에서 왕은 자신이 퇴임할 가능성도 언급하며, 튀링겐에 머무르던 왕세자를 전보를 통해 베를린으로 불렀다. 퇴임 위협은 실제로 그렇게 생각했든 전술적 선택이든 간에, 각료들과 왕실에 즉각 효과를 나타냈다. 내각은 성명서를 통해 퇴임은 절대 안 된다고 읍소했다. 왕세자는 만약의 경우에도 왕관을 물려받지 않겠다고 거부했다. 그는 아버지와 두 번의 대화를 나누며 마음을 돌리려 했으나 허사가 되자 9월 20일 베를린을 떠났다. 이날은 바로 비스마르크가 도착한 날이다. 만약 빌헬름이 당시 실제로 퇴임했다면 프로이센과 독일의 역사가 완전히 다른 방향으로 흘러갔을까? 갈등관리 장관을 기꺼이 떠맡겠다는 비스마르크의 각오만이 퇴임을 막은 것일까? 이런 물음을 놓고 그때도 지금도 온갖 가설과 추측이 끊이지 않는다. 그러나 이런 가설과 추측은 큰 의미가 없다. 빌헬름이 실제로 퇴임을 결심했다는 방증이 어디에도 없기 때문이다. 심지어 비스마르크가 갈등관리 역할을 거부했다 할지라도, 왕정은 개혁을 밀어붙일 충분한 수단을 구사할 수 있었다. 그러나 비스마르크는 거부하지 않았다. 그는 9월 22일 바벨스베르크 공원에서 이뤄진 장시간 대화(이 대화의 내용은 오로지 《회상록》에 비스마르크가 쓴 글로만 알 수 있으나, 역사학계는 그의 증언이 핵심을 잘 드러내고 있다고 평가한다) 끝에 의회의 저항을 무릅쓰고 군대 개혁을 실행하겠다고 다짐했다. 이 결심으로 비스마르크는 왕의 전폭적인 신뢰를 얻었다. 왕은 이날 바로 그를 수상으로 임명하기로 했다. 왕세자는 하루 뒤 자신의 일기장에 이렇게 썼다. "불쌍한 어머니, 이 숙적의 임명을 두고 얼마나 쓰라리게 아파하실까."[86]

위대한 프로이센과 제국 창설자

1862
—
1871

IV

비스마르크는 정치가로서
그 경력의 정점에 올랐다.
이제 독일뿐만 아니라,
전 세계에서 유럽의
탁월한 정치 지도자로
인정받기에 이르렀다.

수상과 외무 장관에 임명(1862년 9월 23일 직무 대행 지명, 10월 8일 확정 임명)된 비스마르크는 오랜 야심을 이뤘다. 하지만 47세였던 비스마르크가 관직에 임명된 시기의 정세는, 그가 희망했던 상황은 결코 아니었다. 그가 관심을 쏟았던 분야는 외교 문제였다. 그는 독일과 유럽에서 프로이센의 위상을 다지고 구축하는 일에 매진해왔다. 그러나 비스마르크는 갈수록 첨예해지는 외교와 독일 정치를 이끌기 위해서가 아니라, 퇴로가 없어 보이는 프로이센 정치의 위기를 타개할 구원자로서 임명되었다. 정부 수반을 맡는 것에 대해 오랫동안 의구심을 가졌던 비스마르크가 수상직을 받아들인 이유는 오로지 왕정과 의회의 갈등이 막다른 골목에 다다랐다는 위기감 때문이었다. 이런 결심은 가족의 지원 덕에 가능했다.

비스마르크의 임명에 대한 여론, 특히 언론을 장악했던 자유주의 진영의 반응은 적대적이었다. 더욱이 통합의회와 하원에서 알트마르크 출신 융커가 보여주었던 칼로 벤듯한 날카로움만 기억하는, 그의 사유 세계가 겪은 변화를 알지 못하는 많은 사람은 비스마르크의 등장에 고개를 저었다. "귀족과 봉건영주의 진짜 악당", "비굴한 향토 융커"[1]라는 별명이 새로운 수상에게 따라붙었다. 아우구스트 루트비히 폰 로하우August Ludwig von Rochau (1810~1873)[2]가 쓴 다음 문장은 자유주의 진영의 속내를 털어놓은 것이라 해도 과언이 아니다. "신의 은총을 거역하는 반동 세력의 가장 날카로운 마지막 화살은 이 남자의 기용으로 헛방이 됐다.…그가 많은 것을 배우고 또 잊었다고는 할지라도, 원숙한 정치 지도자는 결코 아니다. 오히려 그는 당장 내일만 신경 쓰고 행동하는, 지극히 평범한 부류의 모험가일 뿐이다."[3] 이 내각이 오래가리라고 전망한 사람은 거의 없었다. 그러나 비스마르크는 운명의 별이 자신을 지켜줄 것이라 믿었다. 시위라도 하듯 그는 가족과 10월 중순에 빌헬름슈트라세 76번지 외무부 건물 안 공관에 입주했다. 그보다 며칠 전 비스마르크는 요하나에게 이런 편지를 썼다. "할 일은 태산이고, 잠을 충분히 못자 피곤하지만, 모든 것이 시작은 어렵잖소. 신의 도움으로 더 나아지게 된다면 정말 좋겠소. 다만 진열장 접시 위에 오른 것만 같은 생활은 좀 불편하네."[4]

비스마르크가 임명된 9월 23일 의회는 308 대 11이라는 압도적인 표 차이로 군대 개혁을 위해 정부가 요구한 예산안을 거부했다. 이로써 갈등은 새로운 위기 국면으로 치달았다. '군사내각(Militärkabinett)'의 수장 에드빈 폰 만토이펠Edwin von Manteuffel(1809~1885)이 이끄는 '비상위헌당'이 목표로 제시한 헌법의 철폐를 비스마르크는 단호히 거부했다. 오히려 그는 힘겨루기하는 정당들이 타협할 수 있도록 유도하고자 시간을 벌려고 했다.[5] 비스마르크는 '휴전'을 끌어내고자 자유주의 진영의 여러 정당 지도자들과 접촉했지만, 성과는 없었다. 왕이 이 물밑 협상을 알지 못한 것은 그에게 다행이었다. 비스마르크의 첫 번째 공식 입장 표명으로, 내각은 9월 29일 1863년도 예산안을 철회했다. 그리고 다음 회기에 의무 복무를 다룬 새 법안과 함께 예산안을 다시 제출하기로 했다. 그다음 비스마르크는 의회 예산위원회에 출석해 기념비적인 인상을 남겼다. 당대는 물론 후대 사람들은 이때의 이미지를 기초로 비스마르크를 바라본다. 위기를 누그러뜨리고자 하는 의도에 맞게, 비스마르크는 이 갈등을 사람들이 지나치게 비극적으로 보고 있고, 언론이 과장한 탓에 부풀려진 측면이 있다고 강조하면서, 정부는 투쟁을 원하지 않는다고 말했다. 위기가 명예롭게 종식될 수 있다면, 정부는 기꺼이 손을 내밀 가오가 됐다고 덧붙였다. 비스마르크는 심지어 자신의 수첩에서 아비뇽Avignon에서 꺾은 올리브 나뭇가지를 꺼내 의원들에게 보여주었다.[6] 그러나 소통의 길을 열고자 한 이 시도는 소기의 성과도 거두지 못한 채 빗나갔다. 그 대신 비스마르크가 적극적인 외교정책을 암시한 표현이 반응을 불러일으켰다. "독일은 프로이센의 자유주의가 아니라, 프로이센의 힘을 주목

합니다.…프로이센은 힘을 모아 이미 몇 차례 놓친 유리한 순간에 대비해야만 합니다. 빈조약에 따른 프로이센 국경은 건강한 국가를 위한 것이 아닙니다. 시대의 중요한 문제는 말과 표 대결로 결정되지 않습니다. 말과 표 대결은 1848년과 1849년의 위중한 실수였습니다. 우리의 결단은 철과 피로써 이루어져야만 합니다."[7]

비스마르크는 자신이 분명 당연한 사실을 말한다고 믿었으나, 이 믿음은 착각이었다. 이해하기 쉽도록 고른 '철과 피(이 표현은 이내 '피와 철'로 바뀌었다)',[8] 오늘날까지도 비스마르크라는 이름에 붙는 '철과 피(철혈재상)'는 폭풍과도 같은 분노를 일으켰다. 자유주의의 신문들은 국내 정치의 갈등을 향한 시선을 외교 무대로 돌려 무력 통치를 꾀하는 수작이라며 한목소리로 비판했다. 나중에 비스마르크의 열렬한 팬이 되는 하인리히 폰 트라이츠케Heinrich von Treitschke(1834~1896)[9]는 자신의 처남에게 쓴 편지에서 이런 말을 했다. "내가 얼마나 프로이센을 열정적으로 사랑하는지는 자네도 잘 알 걸세. 하지만 저 비스마르크와 같은 천박한 융커가 철과 피를 운운하는 것을, 철과 피로 독일을 억누르려 하는 것을 듣고 있자니 그저 비웃어주는 것만이 저런 천박함을 이길 방법인 거 같아."[10]

대화를 통해 갈등을 해결하려는 시도가 수포로 돌아가자 내각은 대결 노선을 걸었다. 10월 13일 의회는 폐회를 선언하면서 예산 없는 정부가 되어보라고 통보했다. 의회는 정부가 헌법을 뒤엎을 속셈이 아니라면, 의회의 승인을 다시 구하라는 조건을 붙였다. 1863년

1월 중순에 의회가 다시 소집됐을 때 내각은 난처한 수세에 몰렸다. 비스마르크는 의회 연설에서 내각의 행보를 이른바 '결함이론(Lück-entheorie)'[11]으로 정당화하려 시도했다. '결함이론'은 1862년 여름에 루트비히 폰 게를라흐가 여러 신문 기사에서 거론해 사람들 입에 오르내린 것이다. 핵심은 이렇다. 어떤 법이 합법적으로 효력을 얻기 위해서는(예산도 마찬가지) 세 개의 입헌적 권력기관, 곧 왕과 귀족원과 의회의 동의가 필요하다. "만약 세 권력 사이의 합의가 이루어지지 않는다면, 헌법은 세 권력 가운데 어느 쪽을 따라야만 하는지 전혀 규정하지 않았다."[12] 어떤 권력도 다른 권력에 양보를 강제할 수 없으므로, 헌법은 '의사소통을 위한 타협의 길'을 걸어야만 한다고 정했을 뿐이다. 어느 한쪽의 권력이 자기 견해를 독단적인 절대 진리로 밀어붙여 타협이 이뤄지지 않는다면, 갈등은 권력의 문제가 된다. "현재 권력을 손에 쥔 정부가 의도대로 정책을 실행해도 좋은 이유는 국가란 단 한순간도 멈춰서는 안 되는 생명력을 보여야만 하기 때문이다." 대다수 의원은 극도로 흥분했다. 의회는 정부가(그리고 정부를 이끄는 왕이) 헌법을 훼손했다는 성명서를 빌헬름 왕에게 보내기로 하는 안건을 찬성 255표, 반대 68표로 통과시켰다.

이후 몇 주 동안 의회는 날카로운 언성이 지배하는 대결의 장이었다. 국내 정치의 갈등과 더불어 갈수록 긴박해지는 국제관계를 바라보는 의견 차이도 도저히 극복될 수 없는 것처럼 보였다. 외교 문제는 곧 더 자세히 살피기로 하자. 5월 중순에는 국회의장이 전쟁 장관

론Roon의 연설을 중간에 끊으려 하는 바람에 회의가 중단되어 일대 난장판이 벌어졌다. 내각은 의장의 이런 태도를 길들이기 시도라고 보고, 의회 참석을 거부했다. 이에 대해 왕이 경고하자 의회는 찬성 239표와 반대 61표로 결의안을 채택해 왕의 참모들과 국가 사이에 틈이 존재한다고 맞받았다. "이런 틈은 인사 교체, 더 나아가 체제의 변화를 통해서만 메꿔질 수 있다."[13] 왕은 이 결의문을 전달하겠다며 찾아온 의회 대표단의 영접을 거부하고, 공식 성명을 발표해 내각을 신뢰한다고 선언했다. "나의 각료들은 내 신뢰를 받으며, 그들이 관직을 수행하는 활동은 나의 승인으로 이뤄진다. 그리고 나는 각료들이 의회의 권력 확장을 위한 반反헌법적 시도에 적절히 대처하는 것에 감사한다." 얼마 지나지 않아 의회 회기는 종료됐다. 양측이 투쟁을 불사하겠다는 결의는 정점에 달했다. 의회 회기 종료 이후 곧바로 정부는 언론을 철저히 통제하는 것을 허가하는 긴급 조치 명령을 내렸다. 왕은 이 명령에 반대하는 왕세자와도 갈등을 빚었다.

자유주의 성향의 한 주간지는 "유럽이라는 자연에 불현듯 나타난 흉측한 괴물과도 같은 베를린의 난폭한 정권에 이루 말할 수 없는 혐오를 느낀다"[14]고 썼다. 자유주의 언론이 넓게는 내각을, 좁게는 수상을 겨눈 공격은 갈수록 증오로 얼룩졌다. 당시 비스마르크는 언론을 상대로 명예를 훼손한 책임을 물어 숱한 소송을 치렀다. 그러나 법관들은 비판할 권리가 보장되어야 한다며 피고들에게 가벼운 처벌만 선고했다. 자유주의 야당과의 싸움에서 조력을 베풀 사람을 찾던 비스마르크는 1863년 초여름 페르디난트 라살레Ferdinand Lassalle (1825~1864)[15]와 몇 차례 대담을 가졌다. 그러나 이 일은 그저 일화로 남았다. 바로 그해 창설된 '전全독일노동자단체'의 지도자인 라살레는 좌파자유주의 정당과 첨예하게 대립하며 자신의 정치적 입지를 다지려 애썼다. 1863년의 봄과 여름에 비스마르크는 프로이센에서 가장 미움받는 남자였다. 그가 관직을 맡아 활동한 가운데 가장 어려웠던 이 시기를 정치적으로 이겨냈다는 사실은 기적에 가깝다. 수상으로 첫해를 마감할 때 비스마르크는 이 한 해 동안 "15년은 늙어버린 거 같다"[16]고 한숨지었다.

오스트리아와의 대결

왕이 9월 2일 의회를 해산하고 난 뒤, 10월 28일에 새 선거가 실시됐다. 보수가 몇 석을 더 얻기는 했지만, 자유주의 야당은 여전히 3분의 2가 넘는 견고한 다수를 차지했다. 11월 9일 의회가 소집됐을 때의 정치 상황은 예전과 확연히 달라졌다. 이 이야기는 뒤에서 자세히 하기로 하자. 우선 비스마르크가 수상을 맡은 첫해에 대내외적으로 어떤 정치 활동을 벌였는지부터 살펴보자.

　프로이센 정치를 책임지는 자리를 맡았을 때, 비스마르크는 독일과 유럽에서 프로이센의 권력 위상을 어떻게 구축할지 '종합 계획'을 가졌을까? 이 계획이라는 것이 '어떤 단계를 밟아야 하겠다는 정밀한 구상, 전쟁을 불사해서라도 프로이센의 권력을 키워야 하겠다'는 뜻이라면, 이 물음의 대답은 '아니다'이다. 오히려 비스마르크는 프로이센 국가와 왕정의 권력을 키우고자 하는 최상의 목표를 기준으로 그때그때 주어지는 기회를 적극 활용했다는 점에서 기회 포착 능력이 뛰어났다. 그는 늘 전략적 목표를 염두에 두고 대단히 유연하면서, 다양한 조건을 열어놓는 방법을 구사했다. 전략적 목표의 명확함과 방법의 유연함이라는 특징은 1862년에서 1866년까지 치열했던 '독일의 주도권 다툼'에서 그가 보여준 일관된 자세이다. 합스부르크 왕조와의 대결을 그날그날 주요 안건으로 상정하는 것은, 비스마르크가 자신의 성향에 따라 자유롭게 결정할 수 있는 문제가 아니었다. 그가 정부 수장으로 부름을 받았을 때 연방 개혁은 이미 오스트리아의 적극적인 공세로 속도를 내고 있었기 때문이다. 연방 문제와 관련한 비스마르크의 첫 행동은 새로운 정치의 시작은 아니었고, 1850년대 말부터 프로이센이 구상해온 연방 정책의 연장선상이었다. 그는 독일 통일 문제에서 전임 외무 장관 백작 베른스토르프의 노선을 이어나가겠다고 수상 임명 당시 왕에게 일종의 의무처럼 약속했다. 이 사실은 오랫동안 사람들의 주목을 거의 받지 못했다.

프로이센이 두 차례 제시한 개혁안을 연방의회 다수를 점한 오스트리아와 중소 공국들은 단호히 거부했다. 1859년, 1860년도에는 연방 군대를 두 개로 분할해 궁극적으로 연방을 정치적으로 양분하는 연방전쟁헌법 개혁안을, 1861년 12월에는 연방을 이중구조로 만들자는 해묵은 연합 제안을, 연방의회는 표 대결로 무산시켰다. 연합 제안이란 공국들의 자발적 합의로 프로이센이 주도하는 좁은 의미의 연방을 구성하고, 이 연방이 다시 합스부르크 왕조와 연합하는 형태의 이중구조를 가진 연방을 뜻한다. 두 번의 개혁안에 담긴 의도는 분명했다. 오스트리아는 본래의 독일, 곧 소독일의 문제에 관여하지 말고 빠져라!

프로이센은 이런 프로이센의 개혁안과 동시에 독일에서 경제의 주도권을 잡으려는 싸움도 줄기차게 이어갔다. 비스마르크는 이 문제에서 전임 수상들의 정부 노선을 매끄럽게 이어나갔다. 자유주의 야당도 국내 정치로 날카롭게 대립하기는 했어도 정부의 (자유무역에 기조를 맞춘) 경제와 교역 정책은 지지했다. 1862년 3월 29일에 임시 조인했으며, 1862년 8월 2일에 최종 체결된 프로이센과 프랑스의 통상조약은 오스트리아가 추구했던 관세동맹의 가입을 실질적으로 막아버렸다. 이 조약의 결과로 경제 분야에서 합스부르크 왕조는 나머지 독일과 완전히 분리됐다. 오스트리아 정부는 몇몇 중소 공국들, 특히 바이에른과 뷔르템베르크가 프로이센-프랑스 조약에 저항하도록 부추기기는 했지만, 이 저항은 오래가지 못했다. 오스트리아는 경제구조 탓에, 관세동맹의 모든 회원국이 프로이센-프랑스 조약으로 기대하는 경제적 이득을 중소 공국들에게 보상해줄 수 없었기 때문이다.

반면 연방 개혁 문제에서 프로이센을 수세로 몰아넣은 오스트리아의 노력은 전망이 밝았다. 오스트리아와 중소 공국 동맹은 프로이센의 1861년 연합 제안을 거부하면서 공세를 취했다. 1862년 8월 초에 비스마르크가 마침 비아리츠에서 휴식을 취할 때 열린 회의는 몇몇 사소한 문제부터 처리하기로 합의를 보았다. 각 공국의 의원들은 연방의회에서 대표단 회의를 열고 민사소송과 채권법이라는 시급한 법안부터 처리해야 했다. 그 밖에도 연방법원을 설립하기로 의견을 모았다.

며칠 뒤 연방의회는 프로이센의 저항을 무시하고 다수결로 이 안건들을 심의할 위원회를 운영하기로 결정했다. 이대로 진행된다면 연방에서 프로이센의 위치는 심각한 타격을 받을 게 분명했다.

이것이 비스마르크가 9월에 정부의 수장을 맡았을 때 마주한 상황이다. 그는 첨예한 헌법 갈등만이 아니라, 연방 개혁 문제에서 오스트리아와 중소 공국들의 위협적인 공세를 이겨내야만 했다. 연방을 와해시키고 말겠다는 강력한 위협에도 굴하지 않고 비스마르크는 전력을 다해 대표단 회의를 무산시키는 데 성공했다. 1863년 1월 22일 연방의회는 대표단 회의 소집을 단 몇 표 차이로 부결했다. 국내 정치에서 거친 압박을 받는 수상은 독일 전체의 정치라는 외교 무대에서 첫 번째 성공을 거뒀다. 그리고 그는 이런 맥락에서 이미 프로이센이 독일 민족 중심의 정치를 펴나가고 있다고 강조했다. 프로이센이 연방의회에 파견한 대표단은 표결을 앞두고 이렇게 선언했다. "각 연방 회원국의 국민이 직접선거를 통해 선출한 의원들만이 독일 민족의 공통 관심사를 해결할 유일한 정당성을 부여받은 기관이다."[17]

비스마르크는 이 주간에 베를린 주재 오스트리아 사절 백작 카롤리이Graf Karolyi, 오스트리아 특임 대사 백작 툰과 같은 프랑크푸르트 시절 경쟁자들과 여러 차례 대화를 나누는 양동작전도 구사했다. 이 대화를 통해 비스마르크는 오스트리아가 중소 공국들과의 협력을 포기하는 대신, 프로이센과 손잡을 의향이 있는지 타진했다. 단, 조건은 프로이센의 "북부 독일만큼은 자율적인 지역"으로 인정해달라는 것이었다.[18] 비스마르크는 자신의 목표가 오스트리아와의 단절이 아니며, 독일의 양대 강국인 프로이센과 오스트리아가 서로 장점을 살릴 수 있도록 동맹을 혁신하는 것이라고 강조했다. 그러나 오스트리아가 슈바르첸베르크가 구상한 노선만 고집해 프로이센의 희생을 바탕으로 한 유럽 중부의 절대적인 우위를 추구한다면, "조만간 공식적 단절로 이어져 결국 전쟁으로 치달을 것"이라고 노골적인 의중을 드러냈다.

오스트리아 정부는 이런 제안에 일절 반응하지 않았으며, 대표단 회의가 무산된 것에도 전혀 타격을 받지 않은 모습을 보였다. 프로이센 정부가 국내 정치로 곤욕을 치르는 것을 지켜보면서 서두를 필요가 없다고 본 것이 이런 여유의 근거다. 국내 정치에서 비스마르크는 생존 투쟁을 벌여야 했으며, 외교적으로 프로이센은 한때 완전히 고립될 위험에 처했다. 비스마르크가 1863년 1월 폴란드에서 봉기가 일어났을 때, 러시아 정부에게 폭동 제압을 위해 자신이 동원할 수 있는 것들을 지원하겠다고 약속했기 때문이다(1863년 2월 8일의 '알벤스레벤 협약'[19]). 반대로 서구 강대국들과 유럽 전역의 자유주의자들은 폴란드를 전폭적으로 지지하면서 봉기를 제압하려는 러시아 정부의 시도를 비판하고, 차르 제국의 정부에 항의하는 노력도 아끼지 않았다.

폴란드를 상대로 강경 노선을 취하는 러시아 정부를 지지한 비스마르크의 속내는, 차르의 궁정에서조차 폴란드에 일정 부분 양보할 필요가 있다는 세력의 기를 꺾어놓으려는 일종의 과시였다. 비스마르크에게 폴란드는 주권국가가 되어서는 안 된다는 것이 당연한 진리였다. 자율적 주권국가 폴란드는 분명 프로이센 동부 지역의 소유권을 주장하면서 프랑스 편을 들 것이다. 만약 폴란드가 "비스와강의 땅에 프랑스 군대를 주둔하게 한다"면 프로이센은 동과 서 양쪽 전선에 끼인 채 싸우는 전쟁을 치러야만 한다.[20] 5월 말 비스마르크는 백작 베른스토르프(당시 런던 주재 프로이센 대사)에게 보낸 훈령에 이렇게 썼다. "새로운 폴란드 왕국은 프로이센 왕조의 중심을 이루는 땅을 침탈함으로써 우리 국가의 가장 치명적인 약점을 위협합니다.…이런 경우를 막기 위해 프로이센은 피할 수 없이 정당한 방어 정책을 써야만 합니다. 이런 경우를 예상할 수 있다는 사실 하나만으로도 우리가 폴란드라는 문제에 어떻게 대처해야 하는지 답은 정해져 있습니다." 자유주의 야당은 비스마르크의 이런 고민은 전혀 모른 채 의회에서 그의 태도와 '알벤스레벤 협약'을 치열하게 공격했다. 1월 봉기가 제압되고 나서야 비로소 국제 관계는 점차 진정되어 갔다.

프로이센 정부가 위기로 어려운 지경에 처했을 때, 오스트리아는 "연방법의 총체적 개혁"[21]을 목표로 대규모 공세를 시도했다. 이 개혁안은 다섯 명의 위원으로 구성된 '연방감독기구'를 설립해 최고 행정권을 부여하는 것을 골자로 했다(의결권 다섯 표 가운데 프로이센은 한 표만 가진다). 그 밖에도 오스트리아는 제후 회의와 연방 참의원(스물한 표 가운데 프로이센은 세 표를 얻는다)과 연방법원, 그리고 각 회원국 의회가 파견한 대표들로 구성된 연방의회 기구를 갖춘다는 설계도를 밀어붙였다. 간단히 말해 1월에 실패한 대표단 회의에 새 옷을 입힌 것이 오스트리아의 개혁안이다. 이 개혁안은 각 회원국이 주권을 일정 부분 포기하는 대가로 연방 기구들의 권능을 대폭 확장한 것으로, 프로이센의 동의를 얻어 오스트리아의 우위를 보장해준 것이다. 이런 연방 개혁이 완수된다면 독일연방은 완전히 오스트리아의 헤게모니 정치 수단으로 전락하고 말았으리라.

오스트리아의 공세는 기습 작전처럼 이루어졌다. 1863년 8월 초 카이저 프란츠 요제프는 오스트리아의 휴양도시 가슈타인Gastein에서 요양을 하며 머물던 프로이센 왕(비스마르크도 당시 수행했다)을 불시에 방문했다. 그는 8월 16일 프랑크푸르트에서 열리기로 한 독일 주권국가 대표 회의에 참석해달라고 왕을 초청했다. 연방 개혁안을 다루기로 한 이 회의는 프란츠 요제프가 직접 소집한 것이다. 카이저는 프로이센 왕에게는 오스트리아가 준비한 개혁안을 비밀에 부쳤다.

그리고 프로이센 왕의 제안으로 준비 중인 양국 각료 회의 계획은 들은 척도 하지 않았다. 비스마르크의 권고대로 프로이센 왕은 프랑크푸르트 회의 참석을 거절했다. 그러나 회의가 개최되어 그곳에 모인 제후들이 프로이센 왕의 참석을 강력히 압박하자(왕은 그때 바덴바덴에 머무르고 있었다), 어쩔 수 없이 왕은 프랑크푸르트로 출발할 채비를 했다. 그러자 비스마르크는 참석을 황급히 만류하면서, 심지어 직까지 내놓겠다고 호소해 출발을 간신히 막았다. 이로써 오스트리아의 공세는 막히고 말았다. 제후 회의가 오스트리아의 개혁안을 가볍게 바꿔 새로 상정했음에도 프로이센이 가입하지 않자, 대다수 연방 회원국은 이 개혁안이 효력을 가지지 못한다고 보았다. 프로이센 내각은 세 가지 요구 조건을 제시하며, 이 조건이 충족되어야만 개혁안을 받아들이겠다고 선포했다. 그러나 양대 강국이 최소한 선전포고만큼은 거부권을 행사해야 한다는 조건, 연방 지도부 구성에서 양대 강국이 동등한 자격을 가진다는 조건, 그리고 인구수를 기준으로 직접선거를 치러 선발한 대표들로 연방 조직을 창설한다는 조건을 충족한다면 개혁안은 휴지 조각과 마찬가지가 된다. 오스트리아 정부는 이 요구 조건들을 절대 받아들일 수 없다고 선포했다. 이로써 비스마르크를 곤경으로 몰아넣었던 오스트리아가 주도한 개혁안은 1863년 가을 결국 물거품이 되고 말았다.

비스마르크는 독일연방 정치에서 그동안 시달렸던 위기에서 마침내 빠져나왔다. 그런데 이미 오래전부터 슐레스비히홀슈타인을 둘러싸고 모락모락 연기를 피우던 위기가 1863년 말에 확 불꽃을 일으키며 심각한 국면으로 접어들었다. 이 위기로 연방의 정세가 새롭게 바뀌며 판도를 결정할 카드 패를 다시 섞었다. 11월에 덴마크 제국 의회는 슐레스비히 공국(덴마크 왕이 '동군연합同君聯合'[22]으로 다스리던 공국)을 덴마크 국가로 합병한다고 결정했다. 동시에 프레데리크 7세 Frederick VII가 자손을 남기지 않은 채 죽자 덴마크 왕위 계승 문제가 다시금 갈등의 도화선으로 떠올랐다. 1852년에 체결된 런던 의정서가 왕위 승계를 글뤽스보르크 가문 혈통에 유리하도록 규정했기 때문에, 크리스티안 9세Christian IX가 덴마크 권좌에 올라 새로운 헌법을 확정했다. 그러자 왕자 프레데리크 아프 아우구스텐보르크Frederik af Augustenborg가 왕위를 물려받을 사람은 자신이라며 엘베강 지역 공국들의 소유권을 주장했다. 이름도 스스로 독일식으로 슐레스비히 홀슈타인의 프리드리히 8세Friedrich VIII. von Schleswig-Holstein라 칭해, 독일 민족운동의 열렬한 지지와 독일 중소 공국 정부의 지원을 받았다. 자유주의 성향의 프리드리히 8세는 프로이센에서도 높은 인기를 누렸다. 자유주의 야당뿐만 아니라 아우구스타 왕비와 왕세자, 여러 각료와 외교관의 호감을 샀다.

이런 배경 탓에 비스마르크가 오스트리아와 합심해 런던 의정서를 국제 협약으로 잠정 확정하고 프리드리히 8세의 요구를 거부하기로 결정하자, 사방에서 불만의 목소리가 터져 나왔다. 비스마르크는 덴마크와 프로이센의 갈등에 유럽 강대국들이 개입하는 것을 막으려 그런 결정을 내렸을 뿐이다. 오스트리아 정부도 같은 이유로 비스마르크와 보조를 맞춘 것이 분명하다. 전적으로 민족적 관점에서 비스마르크가 이런 결정을 내렸다면 오스트리아가 보조를 맞출 리 만무하다. 오스트리아가 함께 서명한 협약을 깨는 일과 민족 중심의 원칙으로 영토 갈등 문제를 해결하는 일은, 두 가지 모두 합스부르크 왕조의 근간을 흔드는 것이기 때문이다. 그래서 오스트리아 내각은 철저히 합스부르크 왕조의 이해관계와 국가이성에 맞춰, 1863년 말 슐레스비히홀슈타인 문제에서 프로이센과 보조를 맞추기로 결정했다. 이는 중소 공국들의 입장을 깨끗이 무시한 처사였다. 프로이센과 오스트리아의 이런 동맹으로 독일연방 정치에서 비스마르크의 입지가 급격히 확장된 것은 의심할 수 없는 사실이다. 이미 지리적 이유만으로도 프로이센은 이제 유리한 고지를 선점했다. 하인리히 루츠Heinrich Lutz(1922~1986)[23]는 이런 정세 변화의 핵심을 다음과 같이 정리했다. "비스마르크는 1863년 '오스트리아의 올가미'를 방어함으로써 슐레스비히홀슈타인 문제에서 오스트리아에게 '프로이센의 올가미'를 거는 데 성공했다."[24]

덴마크를 상대로 벌어진 전쟁 이야기는 몇 마디만 하고 넘어가자. 전쟁은 1864년 2월 1일에 시작됐으며, 4월 18일 프로이센 군대는 디볼Dybbøl 요새를 함락시켰다. 초여름에 유럽 강대국들은 런던에서 회의를 열고 슐레스비히홀슈타인 문제를 해결할 타협안을 찾았으나 이렇다 할 성과를 내지 못했다. 회의가 무산되자 프로이센과 오스트리아는 런던 의정서를 버리겠다고 선언하고, 다시금 전쟁에 돌입했다. 전쟁은 프로이센 군대가 유틀란트반도와 알스Als섬을 점령하는 것(6월 29일)으로 절정에 달했다. 이제 덴마크는 패배했으며, 휴전 협상을 벌일 길을 찾았다.

덴마크와의 대결에서 비스마르크가 보인 행보는 그의 외교술이 빚어낸 최고의 걸작이라는 평을 듣는다. 비스마르크도 그렇게 보았다. "그것은 내가 가장 큰 자부심을 가지는 외교 작품이다."[25] 그 우여곡절이 많은 경로를 이 책에서 상세히 다룬다는 것은 불가능하다. 무엇보다도 주목할 점은 두 가지다. 우선 비스마르크의 목적이 정확히 무엇이었느냐 하는 문제와, 다음으로 덴마크와의 전쟁 결과가 프로이센과 오스트리아의 관계에 어떤 영향을 미쳤는가 하는 문제다. 비스마르크가 무엇을 프로이센에게 더 바랄 나위 없는 성과로 보았을까 하는 물음의 답은 분명하다. 엘베강 지역 공국들을 프로이센에 합병함으로써 북부 독일에서 프로이센의 권력 위상을 확실히 구축하는 것이 그의 목적이었다. 그러나 비스마르크는 슐레스비히홀슈타인의 합병을 프로이센 정치의 유일한 목표로 보고 어떤 대가를 치르고서라도, 오스트리아와의 관계를 단절하는 일이 있더라도 추구하려 한 것은 아니다. 이런 측면도 반드시 확인하고 넘어가야 한다. 그는 1864년 5월 친구 알렉산더 폰 벨로브Alexander von Below에게 보낸 편지에 이렇게 썼다. "상황을 분명히 밝히기 위해 하는 말인데, 프로이센이 합병을 추구한 것은 반드시 필요한 최우선 목표는 아니었네. 하지만 결과만큼은 아주 만족스러워. 이 문제로 우리는 오스트리아와 갈등을 겪지 않았으니까."²⁶ 마찬가지로 비스마르크는 5월 내각에 내린 훈령에서, 프로이센이 오스트리아와 맺는 동맹의 목적은 혹시라도 덴마크의 힘이 되살아나는 경우에도, 공국들을 안전하게 확보하는 것이라고 밝혔다. "이 목적은 어떤 경우라도 확고히 관철되어야 한다. 우리는 강구할 수 있는 모든 수단, 이를테면 통합된 공국들에게 완전한 독립성을 부여하되 동군연합의 형식을 취한다거나, 왕조들을 완전히 분리한다거나, 심지어 슐레스비히를 분할하는 방법까지도 배제하지 않는다. 오히려 이 모든 방법을 놓고 토의할 수 있는 자세를 갖추도록 하라."²⁷

비스마르크는 여러 선택지를 열어두어 합병과는 다른 해결책도 구사할 수 있었기 때문에, 다양한 전략을 쓸 자유를 만끽했다. 이런 전술적 자유를 그는 '도요새 사냥'이라는 그림처럼 선명한 비유로 설명했다. "늪지대에서 다음 행보를 내딛기 위해서는 먼저 발아래 덤불이 안전한지 늘 확인하는 자세가 필요하다."²⁸

덴마크는 이 갈등에서 순진할 정도로 자신을 과대평가한 나머지 끝까지 고집을 꺾지 않고 유럽 강대국들이 실효적인 중재를 해줄 것으로 기대했다. 그러나 중재는 없었으며 군사적 패배가 완벽해지자 덴마크 왕은 정전 협상과 평화를 구걸했다. 휴전협정은 8월 1일 빈에서 조인됐다. 협정의 1조는 이렇다. "덴마크 왕은 공국 슐레스비히, 홀슈타인 그리고 라우엔부르크Lauenburg와 관련한 일체의 권리를 오스트리아 황제와 프로이센 왕에게 양도한다. 이 공국들과 관련해 앞서 언급된 두 존엄이 결정하는 법령을 덴마크 왕은 인정해야 할 의무를 진다."[29] 이로써 슐레스비히홀슈타인은 유럽 강대국들의 영향권에서 벗어나, 독일연방 내에서 다뤄야만 하는 문제가 됐다. 그리고 이 문제의 최종적인 해결 권한은 오스트리아와 프로이센의 권력자들 손에 넘어갔다. 프리드리히 8세가 요구한 계승권 문제는 협정에서 언급조차 되지 않았다. 또 독일연방도 이 문제와 관련해서는 하등의 권리를 인정받지 못했다. 비스마르크의 승리는 그야말로 완벽했다. 심지어 국내 정치의 적대 진영에서조차 갈등에 대응하고자 등판한 이 수상을 너무 과소평가했던 것은 아닌가 하는 목소리가 힘을 얻었다. 엘베강 지역 공국들을 어떻게 정리할 것인지 결정할 권한을 오로지 오스트리아 황제와 프로이센 왕만이 행사할 수 있게 된 것은 비스마르크에게 유례를 찾아볼 수 없는 승리의 카드였다. 그리고 그는 이 카드로 프로이센을 위한 최선의 성과를 끌어내고자 다짐했다.

판세는 앞으로 어떻게 흘러갈까? 장차 판세의 주도권을 잡기 위해 프로이센 왕과 비스마르크는 빈에서 황제 프란츠 요제프와 그의 외무 장관 백작 레히베르크(비스마르크가 프랑크푸르트 시절부터 익히 알던 인물이다)와 만났다. 이른바 '쇤브룬 회담(Schönbrunner Gespräche)'[30]은 1864년 8월 20일에서 24일까지 이어졌으며, 그 어떤 구체적 성과를 내지 못하고 끝났다. 백작 레히베르크는 공국들의 주권 문제는 서두를 게 전혀 없다면서, 뜻밖의 협상안을 제시했다. 만약 공국들을 다스릴 확정적 법령이 만들어지기 전에 이탈리아 북부에서 군사 충돌이 빚어진다면, 합스부르크 왕조가 롬바르디아를 다시 차지할 수 있도록 프로이센이 무기를 지원해주었으면 좋겠다는 것이었다. 무기를 지원해준다면 그 반대급부로 오스트리아 황제는 공국들을 다스릴 권리의 지분을 프로이센에게 양도하겠다고 했다. 아마도 레히베르크는 말끝을 흐려가며 공국들을 원한다는 듯이 흘린 비스마르크의 암시에 걸려든 게 틀림없다. 공국 운운하는 비스마르크의 발언을 오해하지 않고서야 그런 협상안은 나올 수 없었기 때문이다. 오스트리아가 이탈리아와 벌이는 줄다리기에 말려드는 것이 비스마르크의 의중일 수는 없지 않은가. 당시 회담이 끝난 뒤 비스마르크가 한 말은 의미심장하다. 그는 이탈리아 영토를 오스트리아가 차지할 수 있게 보장해달라는 제안을 두고 이런 말을 했다. "우리 프로이센을 전 재산을 가방에 싼 다음, 그 가방 열쇠를 다른 사람에게 넘겨주는 남자로 보는 모양이군."[31] 두 왕조가 벌인 회담이 아무 성과 없이 끝난 것은 이런 맥락에서 볼 때 전혀 놀라운 일이 아니다.

이런 사실로 미루어볼 때 흔히 제기되는 주장처럼 연방의 양강 구도가 실패했으며, 이때부터 비스마르크가 오스트리아와의 무력 대결을 계획적으로 준비했다는 결론은 사실과 맞지 않는다. 합스부르크 왕조와 세력균형을 이루려는 노력, 프로이센이 독일 북부를 다스릴 주도권을 오스트리아가 인정하겠다는 약속에 기반해 세력균형을 꾀하는 노력은 '쇤브룬' 이후에도 계속됐다. 이런 노력을 보여주는 대표적인 예는 비스마르크가 동시에 구사한 양면 전략이다. 두 가지 선택지, 대화냐 갈등이냐 하는 선택지 가운데 어느 것이 결국 우세를 점할지는 비스마르크가 보기에 오스트리아에 달린 문제였다. 한 가지 나쁜 전조는 프로이센과의 동맹 쪽에 힘을 실어온 외무 장관 백작 레히베르크가 1864년 10월 말 관직을 잃고 말았다는 사실이다. 그가 정치 회담과 동시에 이루어졌던 교역과 관세정책의 협상에서 오스트리아에 유리한 성과를 끌어내지 못했기 때문이다. 프로이센의 경제정책 책임자들은 오스트리아와의 새로운 관세협정을 위한 실무 회담의 필요성을 인정하지 않았다. 이런 단호한 입장으로 경제 관료들은 백작 레히베르크에게 어느 정도 성과를 안겨 부분적으로나마 그의 체면을 살려주었으면 좋겠다는 비스마르크의 희망도 무시했다. 이 사건이 보여주듯 비스마르크는 무소불위의 전권을 행사한 것이 전혀 아니다.

오스트리아에서는 레히베르크의 후임 백작 멘스도르프푸일리 Mensdorff-Pouilly의 주도 아래 대大독일통일을 주장하는 세력이 갈수록 영향력을 키웠다. 이 세력은 오스트리아에게 유리한 방향으로 연방 개혁을 추진하고자 독일의 중소 공국들과 연합해 판을 새롭게 짜려 했다. 이들은 프로이센과의 충돌도 꺼리지 않았다. 그래서 1865년 오스트리아와 프로이센은 서로 비방하며 긴장을 키웠다. 오스트리아 측은 기존 합의를 무시하고 구체적인 전쟁 계획까지 짜가며 독일 민족주의 운동을 부추겼다. 또 연방의회에서 중소 공국들이 프리드리히 8세의 엘베강 지역 공국 소유권 요구에 힘을 실어주게 함으로써 프로이센을 자극했다.

프로이센 왕은 1865년 5월 말에 이런 긴장된 상황을 해결할 방법을 찾기 위해 추밀원 회의를 소집했다. 전쟁 장관 론Roon과 참모총장 몰트케Helmuth von Moltke(1800~1891)[32]는 슐레스비히와 홀슈타인을 합병하는 목적으로 전쟁을 감행해야 한다고 강력히 주장했다. 비스마르크 역시 지금이 전쟁을 치르기에 유리한 조건이라는 의견이었지만, 좀 더 기다려보는 편이 좋겠다고 결론을 내렸다. 갈등을 빚는 문제들을 평화적으로 해결할 방법이 아직은 남아있다고 보았기 때문이다. 더욱이 프로이센이 공국들을 합병하는 문제는 전쟁을 치를 구실로 대중의 호응을 끌어내기 어려웠다. 비스마르크는 전쟁을 치를지 말지 최종 결정을 왕에게 재가해달라고 요청했다. 왕은 최종 결정을 연기했다.

이후 몇 주 동안 저울추는 전쟁과 평화 사이를 불안하게 오갔다. 8월에 접어들자 예상치 못한 긴장 완화의 순간이 찾아왔다. 저울추는 평화 쪽으로 기울었다. 비스마르크는 요양을 위해 머물던 가슈타인에서 오스트리아 외교관 백작 구스타프 폰 블로메Gustav von Blome와 대담을 나누고, 역사에 '가슈타인 협약'으로 기록된 약속을 끌어내 양쪽 왕조의 조인(1865년 8월 14일)을 받았다. 이 협약의 가장 중요한 내용은 공국들의 지배권을 오스트리아와 프로이센이 공동으로 가지는 형태를 지속하되, 임시적인 소유권 분할에 합의한다는 것이다. 이로써 프로이센은 슐레스비히를, 오스트리아는 홀슈타인을 각각 차지했다. 그 밖에도 황제 프란츠 요제프는 라우엔부르크의 소유를 주장할 권리를 2백50만 덴마크 탈러를 받고 프로이센에 넘겼다.

1865년 9월 15일 라우엔부르크 공국이 프로이센으로 합병된 날 왕 빌헬름은 그의 수상에게 프로이센의 세습 백작 작위를 주어 '백작 비스마르크쇤하우젠'이라 불렀다. 그런데 덴마크와의 전쟁 비용을 충당하기 위해 정부가 요구한 국채 발행을 거부했던 프로이센 의회가 라우엔부르크 합병을 반대 251표 대 찬성 44표로 법적 효력을 가지지 않는다고 선언했다. 합병이 의회 동의 없이 이뤄졌다는 것이 이유였다. 의회의 결정이 무슨 대단한 영향력을 가지는 것은 아니었지만, '가슈타인 협약'으로 맺은 소유권 분할 약속은 임시 처분 대상이 됐다. 하지만 약속이 깨어졌다 해서 곧바로 전쟁으로 이어지는 것은 아니었다.

널리 퍼진 통설은 비스마르크가 1866년 초부터 합스부르크 왕조와의 전쟁을 밀어붙인 반면, 빈 측은 수동적 자세로 일관했다고 본다. 아무 편견이 없이 원전을 살피는 사람은 그처럼 간단한 판단을 내릴 수 없다. 1865년에서 1866년으로 넘어간 즈음부터 하루가 다르게 침예해지는 갈등 속에서 비스마르크가 추구한 최소한의 목표는 분명했다. 그것은 곧 독일 북부에서 프로이센의 권력 위상을 다지는 일이다. 강조하자면 대★프로이센 정책이 그가 추구한 최소한의 목표였다. 그러나 '가슈타인 협약'에도 비스마르크가 이 목표를 위해 구사할 수 있는 수단은 마땅치 않았다. 그가 보기에 이 최소한의 목표는 평화적으로도 이룰 수 있었기 때문이다. 이를테면 독일연방 내에서 오스트리아와 권력을 서로 나누어 가진다든지, 민족운동의 요구를 고려해 연방에 각 공국의 대표 기구를 설치하는 식으로 독일연방을 재구성한다면, 굳이 전쟁을 치르지 않아도 대프로이센의 위상은 다져질 수 있다. 1866년까지 비스마르크가 취한 독일 정책에서 오스트리아와의 무력 대결을 통해 소독일 민족국가를 세우는 일은 어디까지나 차선책이었다. 오히려 비스마르크는 평화로운 방법으로 독일 내에서 권력과 경제를 합스부르크 왕조와 나누어 가지려 노력하는 것을 최선으로 여겼다.

　반대로 세간의 주장처럼 오스트리아가 평화적인 성향을 보인 것은 결코 아니다. 독일연방을 양강 체제로 해결하려는 시도가 실패한 이유는, 이 시기에 오스트리아 정권이 어떤 독일 정책을 펴나가야 좋을지 명확한 결정을 내리지 못했기 때문이다. 오스트리아 정권은 양강 체제와 오스트리아의 독일 영토 '장자 상속권' 사이에서 오락가락하는 모습을 보였다. 이런 태도를 뒷받침한 것은 합스부르크 왕조가 독일이든 이탈리아든 자신의 위상을 독자적인 힘으로 주장할 수 있을 정도로 충분히 강하다는 믿음이었다. 그래서 오스트리아는 프로이센과 타협할 필요를 느끼지 못했다. 1865년부터 오스트리아 정권 내에서는 대大독일 통일과 반反프로이센을 주장하는 세력이 갈수록 더 큰 힘을 얻었다. 이들은 최고 명령권을 나누어 가지는 것을 단호히 반대했으며, 오스트리아가 독일연방의 유일한 지존임을 결코 포기하려 들지 않았다. 피폐해진 오스트리아의 국가 재정 상태도 이런 세력을 거들었다. 재무 장관은 속내를 드러냈다. "전쟁을 치러 프로이센에게 배상금을 받아내 국가 재정을 정비하거나, 아니면 파산이다."[33]

나중에 이 시기를 돌아보며 오스트리아 외무 장관 멘스도르프는 가슈타인 이후 장관직에서 물러나지 않은 것을 후회했다. 자신은 평화적인 해결을 주장했지만, 전쟁을 외치는 정치가들에게 압도당했다고도 했다. "그들은 전쟁 승리로 자신들의 권력이 커질 것으로 희망했다. 하지만 그런 승리를 위한…군사적 전제 조건이 미비하다는 점을 그들은 전혀 생각하지 않았다. 당시처럼 그런 위중한 문제를 경솔히 취급한 예는 그 어디서도 찾아볼 수 없으리라."[34] 독일연방 내에서 지배적 지위를 지키려는 오스트리아의 노력이, 독일 북부에 권력 입지를 다지고 연방에서 오스트리아와 어깨를 나란히 하려는 프로이센 정부의 의지보다 "더 부도덕하다"고 말할 수는 없다. 그러나 독일연방의 헤게모니를 지키려는 오스트리아 정부의 굽히지 않는 태도, 실질적인 정치적 근거가 없는 이런 태도가 현명했는지, 더 깊은 의미에서 과연 책임 있는 정치였는지 하는 의문은 지울 수 없다.

지금까지 당시 상황의 배경을 살펴본 만큼, 갈등이 심화하게 된 가장 중요한 과정 몇 단계를 간략하게 짚어보도록 하자. 빈의 내각은 갈등을 부추길 지렛대로 덴마크의 프리드리히 8세를 이용했다. 내각은 현지 총독에게 프리드리히 8세가 홀슈타인에서 영토 소유권으로 주장하며 벌이는 선전 활동에 일절 대응하지 말라는 지시를 내렸다. 이

지시에 따라 1866년 1월 오스트리아 총독은 홀슈타인의 알토나Alto-na에서 열린 대규모 집회에서 프리드리히 8세가 국부로 추켜세워지는 것을 수수방관했다. 이로써 프로이센 왕이 홀슈타인에 가지는 공동소유권이 침해됐다고 본 비스마르크는 빈 정부에 격렬히 항의했다. 그러나 빈은 일절 반응하지 않았다. 갈등은 순식간에 위기로 비화했다.

2월 말 오스트리아 내각은 물론 프로이센의 추밀원 역시 전쟁이냐 평화냐 하는 물음을 놓고 격론을 벌였다. 2월 21일 오스트리아 내각은 전쟁 준비를 의결하고, 베를린에 특사를 보내 이렇게 통보했다. 오스트리아는 "검으로 대결해보기 전까지 명예와 권력을 양보하지 않을 것이며, 그동안 쌓아온 위상에서 절대 밀려나지 않는다." 의미는 명확했다. 2월 28일에 소집된 프로이센 추밀원 회의의 참가자들은 왕세자만 불참한 가운데 이제 전쟁은 불가피하다는 결론을 내렸다. 그렇다고 먼저 선전포고를 하자는 것은 아니었으며, 외교적으로든 군사적으로든 대비하는 것이 중요하다고 참석자들은 입을 모아 말했다.

비스마르크는 이제 전쟁이 터질 가능성이 높아졌다는 사실을 감안하면서도, 프로이센의 단호한 태도가 마지막 순간에 오스트리아의 전의를 누그러뜨릴 수 있지 않을까 하는 기대를 버리지 않았다. 이런 기대 때문에 그는 이제 막 시작된 이탈리아와의 동맹 협상 실무자에게 보낸 훈령에 이런 문장을 포함시켰다. "지금 맺고자 하는 동맹은 어디까지나 만약의 경우에 대비한 것이다. 양국은 동맹의 의무를 전쟁 시작 전에는 어떤 상황에서도 지켜야 할 필요는 없다.…우리의 지금 상황이 아직 그 정도까지 무르익지는 않았다. 프로이센과 오스트리아 사이의 갈등이 일어날 계기는 여전히 유동적이다."[35] 비스마르크는 한편으로는 이탈리아와의 동맹(3개월 기한의 동맹 협약은 4월 8일에 체결됨)으로 전쟁에 대비하면서도, 다른 한편으로는 독일연방 내에서 프로이센의 입지를 다지는 주도면밀함을 보여주었다. 비스마르크가 중시한 것은 이제 엘베강 지역의 공국들이 아니라, 독일 내 프로이센의 위상 강화였다. 이 목적을 위해 프로이센 내각은 4월 9일 연방의회에 즉각적이고도 포괄적인 연방 개혁안을 상정했다. 이 개혁안은 무엇보다도 국민 모두에게 투표권을 주어 직접선거를 통해 연방의회 대표를 선출하자는 내용이었다. 이 개혁안을 대중은 대단히 충격적이며 파격적인 것으로 받아들였다(자유주의자들은 비스마르크의 개혁안이 가지는 의미를 높게 평가하지 않았다). 다만 비스마르크는 이 개혁안에 그가 이미 1863년부터 공개적으로 내세웠던 조건인 보편 투표권을 포함했다. 비스마르크의 진의는 이렇다. 연방 개혁안으로 프로이센을 줄기차게 따돌리려 시도했던 오스트리아에 맞서, 역제안으로 개혁안을 상정해 합스부르크 왕조와 중소 공국들의 반대를 자극함으로써, 이제는 독일연방의 총체적이고도 전면적인 개혁의 필요성을 부각하려는 것이었다.

독오전쟁

4월 말 카이저 프란츠 요제프는 군대에 동원령을 내렸다. 빈 내각은 엘베강 지역 공국들의 운명을 결정할 책임은 독일연방이 져야 한다고 선포했다. 이는 사실상 '가슈타인 협약'의 폐기 선언이었으며, 이미 "일종의 선전포고"였다고 로타르 갈은 썼다.[36] "연방의 다수 회원국이 새 회원국을 받아들이는 것에 찬성표를 던질 것은 분명했기 때문이다. 그리고 프로이센이 그런 결과를 받아들일 생각이 없다는 점역시 애초부터 분명했다."

이후 몇 주 동안 시도된 마지막 대화, 양강 노선을 유지해 평화를 유지하자는 물밑 대화('미션 가블렌츠Mission Gablenz'[37])를 프로이센이 추진했지만, 오스트리아가 이를 거부했다. 5월에 빈은 나폴레옹 3세의 회의 제안(프로이센은 이미 수용한 제안) 역시 받아들이지 않았다. 그러나 6월 12일 합스부르크 왕조는 프랑스와 비밀 협약을 맺어 오스트리아가 승리하더라도 베네토는 포기하는 반면, 오스트리아가 독일 내의 영토를 차지해 프로이센에 손해를 입히더라도 프랑스는 중립성을 지키며 방해하지 않기로 했다. 더 나아가 프로이센이 차지한 라인강 서쪽 지역을 프랑스가 간섭하기 좋은 독립국으로 만든다는 합의도 이루어졌다.

5월부터 양측은 군대를 전진 배치하며 전쟁 준비에 돌입했다. 6월 1일 오스트리아는 사실상 연방의 손에 공국 소유권에 대한 결정을 넘겼다. '가슈타인 협약'의 파기에 프로이센이 보인 반응은 군대를 보내 홀슈타인을 점거(전투 없이 6월 9일 점거)하고, 오스트리아를 연방에서 배제하는 정밀하게 다듬은 개혁안을 연방의회에 상정한 것(6월 10일)이다. 다음 날 오스트리아는 프로이센과의 외교 관계 단절을 선언하고, 연방의 모든 군대를 동원해 프로이센을 공격하자는 청원을 연방의회에 상정했다. 6월 14일 청원은 찬성 9표 대 반대 6표로 통과됐다. 프로이센의 연방의회 사절(비스마르크의 정부 시보 동료였던 사비니다)은 연방계약이 '파기'됐으며 '해지'됐다고 선언했다.[38] 이제 전쟁은 막을 수 없었다.

1866년의 초봄은 정치투쟁에서 단련된 프로이센 수상조차 견뎌내기 어려운 시절이었다. 그는 요동치는 유럽의 세력 판도에서, 한시도 긴장을 늦출 수 없는 체스를 두듯 몇 수를 내다보는 치밀함과 신중함을 잃지 않아야 했다. 또한 자신의 진영에서조차 그의 실각을 노리는 반대파를 상대해야만 했다. 왕비 아우구스타, 왕세자 부부, 왕의 사위 대공 프리드리히 폰 바덴Friedrich von Baden이 중심이 된 반대파는 왕에게 비스마르크를 끊임없이 모함했다. 심지어 파리 주재 대사 폰 데어 골츠von der Goltz를 그의 후임으로 천거하기도 했다. 당시 비스마르크가 사람들에게 얼마나 인기가 없었는지 잘 보여주는 사건은 5월 7일 대학생 페르디난트 코헨블린트Ferdinand Cohen-Blind (1844~1866)[39]가 그에게 자행한 암살 시도이다(비스마르크는 기적처럼 가벼운 상처만 입었다). 비스마르크에게 권총을 빼앗기고 체포된 페르디난트가 감옥에서 스스로 목숨을 끊자, 독일 각지에서 오죽했으면 그랬겠냐며 추모의 물결이 일었다. 아무튼 6월 초에 전선은 명확해졌다. 오스트리아가 특사 가블렌츠의 중재 제안을 거부했다. 프랑스의 회담 제안도 받아들이지 않고 '가슈타인 협약'을 찢었으며, 외교 관계 단절을 선언했다. 프로이센 왕 빌헬름 1세는 피할 수 없는 전쟁이라면 단호히 승리하라고 명령을 내렸다.

전쟁의 진행 과정은 여기서 언급할 필요가 없을 정도로 잘 알려져 있다. 몇 가지 중요한 국면만 짚어보기로 하자. 6월 17일에서 19일 사이에 프로이센 군대는 프로이센의 최후통첩을 하노버와 작센, 헤센 공국 정부가 거부하자 점령했다. 6월 28일에는 랑겐잘차Langensalza 에서 하노버 군대가 항복을 선언했다. 6월 26일에서 29일에 걸쳐 보헤미아에서 오스트리아를 상대로 벌인 전투에서 프로이센 군대는 첫 승리를 거두었다. 그다음 7월 3일 쾨니히그라츠의 전투는 몰트케의 천재적인 전술과 오스트리아 전장총보다 우월한 성능의 프로이센 격침발사총 덕분에 프로이센군의 압승으로 끝났다. 오스트리아 군대는 괴멸 수준으로 패배했다. 그러자 카이저 프란츠 요제프는 나폴레옹 3세에게 중재역을 맡겨 즉각 휴전 협상을 제안했다.

쾨니히그라츠 전투가 벌어지던 날 프로이센은 새로운 의회 선거를 치렀다. 아직 전쟁 결과가 알려지지 않았지만 보수는 자부해도 좋을 결과(28석에서 142석)를 얻어냈다. 반면 진보당과 좌파중앙당은 의석이 크게 줄었다(253석에서 148석). 이것으로 헌법을 둘러싼 갈등은 잠재워질 수 있었다. 하지만 그보다 먼저 평화 협상 체결이 시급했다.

쾨니히그라츠 전투 이후 비스마르크는 유럽 강대국들의 간섭을 막기 위해 되도록 빨리 전쟁을 종결짓는 것이 절대적으로 필요하다고 보았다. 7월 9일 그는 요하나에게 이런 편지를 썼다. "나폴레옹의 장난에도 우리는 잘 지내고 있소. 우리가 요구를 너무 부풀리지 않는다면, 세계를 정복했다고 우쭐하지 않는다면, 우리는 그동안의 수고를 보상해줄 평화를 얻을 거요. 그러나 우리가 너무 빨리 취했다가는 쓰라림을 맛보게 될 거요. 나는 지금 넘쳐나는 와인에 물을 붓고, 우리가 유럽에서 홀로 사는 게 아니라, 우리를 미워하고 질시하는 세 강대국들과 더불어 살아야만 한다는 점을 일깨워주어야 하는 달갑지 않은 과제를 처리해야 합니다."[40]

비스마르크는 오스트리아를 배려해주는 협상이 반드시 필요하다고 보고 먼저 프로이센 왕을 설득하려 했다. 그리고 왕을 설득하는 것은 정말 어려웠다. 빌헬름 1세가 빈에 입성해 벌이는 행진을 절정으로 프로이센의 승리를 장식하고 싶어 했기 때문이다. 비스마르크는 상대의 자존심을 살려주는 협상이 왜 필요한지 극적으로 묘사해가며 왕과 입씨름을 벌이다 녹초가 됐다. 결국 왕세자의 지원 덕분에 비스마르크는 간신히 왕의 마음을 돌리는 데 성공했다. 평화협상은 미쿨로프 성(Mikulov Castle, 프로이센 군대의 사령부가 위치한 곳)과 빈과 파리, 이렇게 세 곳에서 동시에 이루어졌다. 협상에 담겨야 하는 조항은 프랑스 황제의 동의가 필요했기 때문이다. 전쟁을 오래 끌게 하고 적절한

때 개입해 보상 요구를 하려던 나폴레옹 3세의 계산은 프로이센의 빠른 승리로 김이 빠지기는 했지만, 프로이센은 그의 요구를 깨끗이 무시할 수는 없었다. 그의 요구는 실제로 비스마르크가 중시하는 두 가지 핵심과 부합할 수 있었다. 두 가지 핵심은 독일 북부에서 프로이센의 권력 위상을 다지는 것, 그리고 오스트리아가 독일연방에서 빠지는 것이다. 이렇게 해서 비교적 빠르게 프로이센과 오스트리아 사이의 평화협정이 미쿨로프 성에서 체결됐다(7월 26일). 프로이센은 오스트리아에게 영토를 요구하지 않는 조건으로 카이저 프란츠 요제프에게 독일연방의 해체를 인정해줄 것을 요구했다. 카이저의 동의는 "오스트리아 황제 국가가 참여하지 않는 새로운 독일의 탄생"에 기여한다고 했다. 오스트리아 정부는 소독일 중심의 통일을 인정하고, 프로이센이 마인강 북부에 새롭게 다질 국가에 일절 간섭하지 않으며, 프로이센에게 슐레스비히와 홀슈타인 공국의 소유권을 양도하기로 약속했다. 프라하에서 이뤄진 최종 회담은 이런 조항들을 확인했다(1866년 8월 23일).

패배한 합스부르크 왕조를 너그럽게 대했음에도, 프로이센은 승전으로 영토를 상당히 넓히는 성과를 거두었다. 하노버, 헤센 공국, 나사우, 슐레스비히홀슈타인, 그리고 자유도시 프랑크푸르트 등을 전면 합병함으로써 프로이센 국토는 예전보다 상당히 커졌다. 세 곳의 정통 선제후選帝侯 가문들이 영토를 잃게 된 것은 빌헬름 1세에게 적잖은 충격이었다. 러시아의 차르 역시 이런 혁명적인 변화를 '왕조의 연대'를 공격하는 행위라며 못마땅하게 여겼다. 하지만 비스마르크는 프로이센과 긴밀히 맞물리는 영토, 예전 면적보다 5분의 1이 늘어난 영토를 안정적으로 확보할 수만 있다면 그런 염려는 불식해도 좋았다. 이로써 독일의 주도권 다툼은 끝났다. 1866년이 유럽 중부 역사를 결정한 해라는 말은 조금도 과언이 아니다. "1870~1871년의 제국 건설보다도 훨씬 더 심오한 의미를 가지는 사건, 이미 오래전에 기초를 다져왔던 것을 현실로 만든 사건이 1866년에 일어났다."[41]

비스마르크는 1866년 8월의 몇 주 동안 평화조약 체결로 인생에서 가장 힘든 시절을 보냈다. 오스트리아와의 평화협상, 독일 남부 국가들과의 화평 조약, 북독일 연맹의 창설, 합병된 지역들을 포함한 행정구역 재편성, 헌법 갈등의 종식 등 무엇 하나 소홀히 할 수 없는 일정이 모든 힘을 쏟아부어야 하는 극도의 긴장을 요구했다. 더욱이 프랑스 대사 베네데티Benedetti가 8월 5일에 비스마르크와 만나 요구한 프랑스의 보상 문제는 해결책을 찾기 어려운 난제였다. 프랑스는 라인강 서쪽 지역을 넘길 것과, 룩셈부르크와 벨기에를 단독으로 다스릴 수 있게 해달라고 요구했다. 비스마르크는 시간을 끄는 노련한 진술로 일단 결정을 유예해가며, 프랑스의 지나친 요구를 함께 막자고 설득하면서 8월에 바이에른과 뷔르템베르크, 바덴과 보호 및 방어동맹을 맺었다.

독일의 지배권을 둘러싼 투쟁에서 승리를 거둔 비스마르크는 국내의 평화를 이뤄내야 한다는 다짐을 새겼다. 이는 곧 헌법 갈등에 마침표를 찍어야 함을 뜻했다. 비스마르크는 여러 장관과 보수당 정치가들의 반대를 무릅쓰고, 새로운 의회의 개회식에서 왕이 지난 몇 년 동안의 국가 재정 지출이 법적 근거를 가지지 못했다고 연설하도록 했다. 다시 말해 의회는 그동안 승인 없이 지출된 예산을 추후 승인하고 정부에 '면책특권(처벌받지 않음)'을 부여하는 안건을 처리해달라는 부탁을 받았다. 9월 3일 의회가 면책특권 안건을 압도적인 찬성표 (230 대 75)로 처리했다. 이 안건에는 여당인 보수는 물론이고 야당도 찬성표를 던졌다. 의회의 이런 태도 변화는 향후 어떤 것을 중시하는 정치가 펼쳐질지 가늠하게 해준다. 이후 자유주의 진영은 한편으로는 비스마르크의 정책을 지지하는 민족적 자유주의 운동으로, 다른 한편으로는 비타협적이고 강경한 좌파로 분열했다. 오스트리아를 상대로 거둔 승리 이후 국내 정치의 평화적 전환은 의심할 바 없이 비스마르크가 이루어낸 또 하나의 위대한 성공이다.

왕의 제청으로 의회는 비스마르크에게 40만 탈러의 위로금 지급을 의결했다. 그동안의 수고를 위로한다는 이 특별 상여금으로 비스마르크는 1867년 봄에 힌터포메른의 영지 바르친Varzin(슈톨프Stolp[42]에서 남쪽으로 30킬로미터 떨어진 지점)을 사들였다. 5천5백 헥타르 넓이로 일곱 개의 마을을 품은 이 영지는 거의 절반가량이 숲이었으며, 이후 추가 구매를 통해 2천5백 헥타르가 더 확장됐다. 이곳에 비스마르크는 마음 놓고 쉴 수 있는 안식처를 마련했다.

1866년 9월 20일에 승리의 감격에 취한 프로이센 정치 지도자들은 백성의 열렬한 환호를 받으며 브란덴부르크 문을 통과해 수도 베를린을 행진했다. 왕이 탄 마차 앞 늠름한 말 위에 올라탄 세 명의 '팔라딘Paladin'[43], 몰트케와 론과 비스마르크가 한껏 위용을 과시했다. 비스마르크는 쾨니히그라츠의 전쟁터에서 왕이 그에게 하사한 육군 소장의 제복을 입었다. 며칠 뒤 비스마르크는 비교적 긴 휴가를 위해 베를린을 떠났다. 그는 지난 몇 달 동안 거세게 저항하는 모든 세력을 상대로 자신의 뜻을 펼치느라 겪은 고생으로 완전히 탈진 상태였기 때문이다. 비스마르크 자신은 "신경의 파산"[44]이라는 표현을 썼다. 사촌의 포메른 영지에서 잠깐 머무른 뒤 비스마르크는 뤼겐Rügen섬의 제후 푸트부스Putbus의 영지에서 손님으로 몇 주 묵으며 새 힘을 충전했다. 비스마르크는 섬에 머물며 어느 정도 기운을 회복하자, 북독일연방을 위한 헌법 초안을 준비했다.

1866년 8월 중순 프로이센은 전쟁에서 오스트리아 편에 서지 않은 북부와 중부의 독일 공국들과 공식적으로 헌법 동맹을 결성했다. 이 동맹에는 나중에 작센과 헤센(마인강 북쪽 지역)도 가입했다. 22개의 회원국은 1년 내에 새로운 연방을 창설한다는 의무 조항에 동의했다. 비스마르크는 후일 독일 남부의 국가들이 쉽게 가입할 수 있도록 연방의 중앙집권적 성격을 덜어내고자 했다. 이른바 '푸트부스 초안'에서 비스마르크는 헌법의 골격을 잡았으며, 자신의 핵심 구상을 이렇게 정리했다.[45] "형식에 있어 연방 국가라는 성격을 고수해야 한다. 하지만 유동적이며 겉으로는 잘 드러나지 않지만, 폭넓은 권한을 가진 연방 국가가 되도록 하는 것이 중요하다. 그러므로 중앙기관으로는 내각이 아니라, 연방의회가 적절하다." 그의 지시에 따라 부하 관료들이 작성한 초안을 비스마르크는 꼼꼼히 살피고 일부 수정했다. 12월에 프로이센 정부와 추밀원에 제출되고, 그다음 '연합 정부'의 대표자들에게 제시된 헌법 초안은 전적으로 비스마르크의 필적이다. 연방 헌법은 비스마르크의 창작품이다.

파울스키르헤 선거법을 가볍게 변형한 선거법으로 1867년 2월 12일 북독일연방의 제헌 제국 의회 선거가 실시됐다. 이 선거에서 민족주의 성향의 자유주의자들은 좋은 성과를, 진보당은 초라한 성적을 각각 올렸다. 3월 11일 의회에서 헌법 초안을 다룬 연설을 하면서 비스마르크는 저 유명한 구절을 외쳤다. "독일을 안장에 앉히자! 이제 멋지게 달릴 수 있다!"[46] 비스마르크는 회의에서 정해진 기한(1867년 8월 18일)을 강조하며 속도를 내도록 부추겼다. 실제로 헌법은 7주 만에 완성될 수 있었다. 4월 16일 헌법은 압도적 찬성(230 대 53)으로 통과됐다. 헌법은 1867년 7월 1일 자로 효력을 발휘했다.

비스마르크는 연방 조직이 엄격한 지위를 갖도록 한 헌법을 입안했다(개별 회원국 헌법이 이미 보장한 기본권 부분은 빠졌다). 연방 상임위는 프로이센 국왕이 포괄적 권능으로 대표한다. 제국 의회는 정부 조직에 비견하는 구조를 가지며, 의회를 견제할 대항마로 '연방 상원'이 들어선다(프로이센은 북독일연방 인구의 80퍼센트를 차지함에도 43표의 의결권 가운데 17표만 행사한다). 제국 의회가 책임을 물을 수 있는 내각은 설치하지 않는다.

　이 초안은 그 근본 구조가 그대로 유지됐지만, 이후 숙의를 거치는 과정에서 일련의 변화를 겪었다. 비스마르크는 몇 가지 점에서 의견을 굽히지 않았지만(이를테면 의원에게 주는 세비는 거부했다), 대부분 규정은 그대로 받아들였다. 이렇게 해서 제국 의회와 그 의원들의 위상을 정확히 규정하고, 연방의 권한을 확장했으며(형법, 국적법, 소송법, 채권법이 연방의 입법 권한으로 확정됨), 연방의 수입과 지출을 확정하는 예산 회계법규가 정해졌다. 연방 수상을 필두로 한 연방 내각을 설립하자는 안건을 두고는 격렬한 토론이 벌어졌다. 과반 이상은 비스마르크의 총체적 거부 의사를 따랐다. 반대로 베닝젠Alexander Levin von Bennigsen(1809~1893)[47]이 상정한 안건, 곧 연방 상임위가 의결하는 모든 법령은 연방 수상의 서명을 의무화함으로써, '수상의 책임'을 강조하는 안건은 통과됐다.[48] 이로써 내각은 두지 않고 다수당의 대표가 맡는 수상직은 그때까지 볼 수 없던 새로운 차원으로 올라섰다. 수상은 더는 지시를 내리거나 받는 관료가 아니라, 홀로 모든 책임을 지는 연방의 유일한 장관이다. 논의가 이렇게 진행되자 비스마르크는 애초 자신의 고사 의사를 접고 수상을 직접 맡기로 했다. 1867년 7월 14일 그는 연방 수상으로 임명됐다.

　이 시기에 비스마르크는 자주 병을 앓았다. 왕을 알현하고 프로이센 내각회의를 주재하며, 세 곳의 의회(프로이센 의회, 제국 의회, 관세 의회) 활동과, 22개 회원국의 외교 책임자들과 협상하며 현안들을 처리하는 일은 그야말로 진을 빼놓았으며, 신경을 녹초로 만들었다. 비스마르크의 집을 자주 드나들었던 남작 부인 슈피쳄베르크Baronin Hildegard von Spitzemberg(1843~1914)[49]는 1867년 4월의 일기장에 이렇게 썼다. "비스마르크는 더는 견딜 수 없다고 할 정도로 아픔에 시달린다."[50] 비스마르크는 1868년 3월에 이런 말을 했다. "내가 1865년 12월 초부터 시달리고 있는 상태는 만성질환이라고밖에는 달리 표현할 말이 없다. 그때그때 바뀌는 몸의 증상을 빚어내는 바탕은 신경쇠약이다. 내 몸상태는 오래 지속되는 정신활동을 어렵게 하거나 아예 못하게 만든다."[51] 그럼에도 국내외 정치 무대를 두 눈 부릅뜨고 주시하면서, 정부와 의회의 활동을 주도적으로 통제하는 등 엄청난 업무를 소화했다는 사실은 높게 평가할 만한 역량이다. 비스마르크가 그 가운데서도 가장 중시한 것은 북독일연방의 기틀을 공고히 다지는 일이었다.

통일로 가는 길

1867년 8월 31일에 선출된 초대 제국 의회(이 의회의 세력 분포는 제헌 제국 의회와 대략 비슷했다)는, 비스마르크의 표현을 빌리자면, "의회라는 인쇄기"[52]처럼 법안을 통과시켰다. 숱한 법안들은 근대 산업사회의 형성과 통일적 법체계 공간의 창조를 신속하게 밀어붙이려는 노력의 산물이었다. 연방 내 거주이전의자유, '결혼장애(Ehehindernis)'[53]와 채무 구류의 철폐, 측정 단위와 계량형의 통일화, 교통의 장려, 직업선택의자유라는 원칙을 바탕으로 구성된 상공업 조례가 인정하는 노동자 단결권, 북독일연방을 위한 통일된 상법과 형법 의결, 상업 전담 고등법원의 설립(라이프치히), 사전에 국가의 인가를 받지 않고 주식회사를 설립할 자유 등 법 제도의 근대적인 정비가 속속 이루어졌다. 비스마르크가 이런 인상적인 개혁의 물꼬를 텄다는 점은 주목해야 할 역사의 변곡점이다. 그는 개혁에 따른 제반 문제의 해결 방안 모색과 실천은 연방수상청 청장 루돌프 폰 델브뤼크Rudolf von Delbrück (1817~1903)[54]에게 일임했다. 비스마르크는 이 걸출한 실력의 관료를 프랑크푸르트 시절부터 알고 지내며 높이 평가하다가, 1867년 청장으로 발탁했다. 북독일연방이 최단 시간 만에 당시 유럽에서 최신 경제 제도와 사회 제도를 정비할 수 있었던 것은 비스마르크뿐만 아니라 델브뤼크의 공로이기도 하다.

　제헌 제국 의회가 헌법 제정에 매달리던 그 주간에 관세동맹의 재조직(관세동맹에는 독일 남부 국가들도 속했다) 문제를 다룬 협상도 진행됐다. 이 협상은 1867년 6월에 완결됐다. 관세동맹은 연방 관세 상원과 관세 의회라는 두 기구를 갖춘 관세 연방 국가로 탈바꿈했다. 관세 의회는 관세와 관련한 사안들을 처리하기 위해 소집된 것이다. 이 의회는 북독일제국 의회의 의원 297명과 남독일 국가들을 대표하는 85명의 의원으로 이루어졌다. 의원들은 1868년 2월 제국 의회 선거법에 따라 선출됐다. 이 선거에서 선거 구호로 북독일 연맹의 가입을 내세운 바이에른과 뷔르템베르크의 많은 후보가 참패했다. 비스마르크는 이런 참패를 지켜보며 이 국가들이 연방에 가입할 만큼 시점이 '무르익지' 않았다는 생각을 굳혔다.

남부에서 다수의 유권자가 북독일연방의 가입에 반대 의사를 표시한 관세 의회 선거 결과는, 비스마르크로 하여금 통일 과정을 장기적 안목으로 설계하게 만든 동기 중 하나다. 또 다른 동기는 국제 정세, 특히 프로이센이 마인강 라인을 넘어서는 것을 용납하지 않으려는 프랑스의 태도였다. 프랑스와의 관계에서 일종의 전환점을 마련해준 것은 1867년 초, 곧 북독일제국 의회에서 헌법 논의가 한창 열을 올릴 때 벌어진 룩셈부르크 위기다. 이 위기는 무엇 때문에 빚어졌을까?

1866년 8월 프랑스의 지나친 보상 요구가 소득 없이 무산되고 나서 나폴레옹 3세와 그의 내각은 룩셈부르크를 자국 영토로 확보하는 일에 집중했다. 네덜란드와 동군연합으로 결합했던 대공국 룩셈부르크는 독일연방 소속(관세동맹도 마찬가지)이었다. 룩셈부르크시는 프로이센 군대가 주둔한 독일연방의 요새였다. 독일연방의 해체와 더불어 대공국은 독립 소국가가 되면서 프로이센 주둔군의 위상이 애매해졌다. 비스마르크는 1866~1867년 겨울 룩셈부르크를 차지하고자 하는 프랑스의 야심에 원칙적으로 부정적 태도는 취하지 않았지만, 프랑스가 예의를 갖춰 신중하게 접근해주기를 바랐다. 비스마르크는 이 문제로 독일 민족 감정이 들끓어 오르는 것은 피하고 싶었기 때문이다(대공국 국민 대다수는 독일 방언을 썼다). 그렇지만 나폴레옹 3세와 그의 내각은 배려를 전혀 보이지 않았다. 1867년 3월 프랑스 정부는 네덜란드 왕 빌럼 3세Willem III와 비밀 협상을 시작했다. 빌럼 3세는 5백만 굴덴을 준다면 룩셈부르크를 프랑스에 양도할 용의가 있다면서, 다만 거래 조건으로 프로이센 왕의 동의를 내세웠다. 이런 사실이 알려지면서 독일 여론은 벌집을 쑤신 것처럼 들끓었다. 비스마르크의 입장은 난처하기만 했다. 그는 남독일 국가 보호와 방어동맹 협약의 조문을 공개하며 프로이센의 국익이 침해된다면 전쟁도 불사하겠다고 으름장을 놓기는 했지만, 위기를 평화적으로 풀어보려는 노력을 아끼지 않았다. 반면 군부는 싸우자는 의지를 불태웠다. 비스마르크는 자신의 수하 관료 코이델에게 이렇게 말했다. "명예롭게 피할 수 있다면 전쟁은 하지 않는 게 좋아. 승리의 기회가 보이는 유리한 순간이 대전을 치를 정당한 근거는 아닐세."[55] 그리고 친구 블랑켄부르크는 비스마르크의 의중을 이렇게 확인했다. "이 전쟁은 할 수만 있다면 피할 거야. 한번 불붙으면 절대 꺼지지 않을 걸 알거든."[56]

위기는 평화적인 해결 방법을 찾았다. 독일 여론의 격분에 놀란 네덜란드 왕은 완성된 협상 계약에 서명하지 않았다. 룩셈부르크의 프랑스 양도는 취소됐다. 5월 초 런던에서 열린 국제 다자 회담, 영국과 프랑스와 프로이센과 이탈리아와 러시아가 참여한 회담은 룩셈부르크의 중립성을 보장하기로 결정했다. 프로이센 주둔군은 철수했으며, 요새는 철거됐다. 룩셈부르크 위기의 이런 봉합 탓에, 나폴레옹 3세와 그의 정부는 비스마르크에게 농락당했다고 흥분하며 프로이센과의 정면충돌 노선을 걸었다. 이제 북독일 연맹은 남독일 국가들과 힘을 합해야만 프랑스에 대등하게 맞설 수 있음을 명확히 깨달았다.

독일 민족운동이 1866~1867년의 성취를 일종의 과도기로 보았으며, 전쟁을 불사하고서라도 독일통일을 완성해야 한다고 요구한 반면, 비스마르크는 주도면밀한 신중함을 잃지 않았다. 그 역시 북독일 연맹을 단순한 과도 체제로 여겨 어떤 대가를 치러서라도 빠르게 소독일 국가로 전환해야 한다고 본 것은 결코 아니다. 그가 무엇보다도 중시한 것은 연방의 내적 구조를 튼튼히 다지는 일이었다. 그래서 비스마르크는 남부 독일 국가들을 상대로 신중한 유화정책을 펼쳤다. 일단은 보호와 방어동맹 그리고 관세동맹을 맺은 것만으로도 충분하다고 보았다. 이 두 가지 동맹이야말로 마인강을 이어주는 두 개의 든든한 다리이기 때문이다. 로타르 갈은 비스마르크가 중시한 것을 이렇게 정리했다. "양쪽의 결속, 구조적으로 서로 영향을 주고받는 군대 제도와 상업과 관세정책, 위기 시 자동적으로 기능할 동맹이 전역에 걸쳐 동일한 효과를 갖도록 법제화에 신경 썼다."[57] 이런 방식으로 차근차근 다진 조직은 갈수록 촘촘해졌다. 결국 독일의 모든 왕조와 정부는 자국 이익과 국력 제고라는 목적으로 북독일 연맹에 가입했다. 민족주의 세력은 남부 독일 국가들에 압력을 행사하는 것을 비스마르크가 거부했다는 점, 심지어 연방 가입 운동을 촉발하는 것을 반대했다는 점을 비난거리로 삼았다. 사실 1866~1867년 승전으로 고취된 통일의 기대감에 비춰볼 때 비스마르크의 신중한 행보는 위험 요소를 안고 있기는 했다. 그렇지만 그는 일관되게 자신의 노선을 견지하면서, 필요할 때마다 거듭 정제된 표현으로 입장을 밝히며 노선을 방어했다. 비스마르크의 속내를 보여주는 숱한 발언들이 있는데, 그 가운데 세 가지만 인용해보자.

"남부 독일을 몰아세우지 않으려는, 개별 국가들에 직접적이든 간접적이든 압력을 행사하지 않으려는 우리의 시스템은, 우리가 믿듯이 충분히 성공적이다. 그리고 나는 어쨌거나 아직은 이런 시스템을 바꿀 순간이 찾아오지 않았다고 본다."(1867년 11월)

"우리는 모두, 민족 통일을 심장 안에 담고 살아간다. 그러나 현실을 고려할 수밖에 없는 정치가는 가장 먼저 반드시 해야만 하는 것을, 그런 다음에 희망해도 좋은 것을 유념해야만 한다. 그러니까 먼저 집부터 짓고, 그다음에 확장해야 한다. 독일이 19세기 안에 그 민족적 목표를 이룰 수만 있다면, 그것만으로도 위대하겠지만, 10년 또는 심지어 5년 만에 이룰 수 있다면 그건 정말이지 특별한 선물, 전혀 예상하지 못하다가 신으로부터 받는 뜻밖의 은혜로운 선물이다."(1868년 5월)

"나도 독일통일을 힘을 동원해 촉진할 수 있다고 생각한다. 하지만 무력으로 문제를 해결하려는 자세는 바람직하지 않다. 정치가라는 직업은 올바른 시점을 선택하는 책임을 져야 한다. 자의적으로, 주관적인 이유에서 역사의 흐름에 간섭하는 일은 언제나 설익은 과일만 따는 결과를 빚어냈다. 내 눈에 지금 독일통일은 성숙한 과일이 아니다…시계를 떠올려보자. 서두른다고 시간이 더 빨리 가는 것은 아니다. 상황이 무르익기까지 기다릴 줄 아는 자세야말로 실질적 정치의 선제 조건이다."(1869년 2월)

통일 과정이 1868년에서 1870년까지 답보 상태였다는 주장이 틀렸다고 볼 수는 없다. 그러나 2년 남짓한 짧은 시간을 두고 답보라고 하는 지적은 무엇을 뜻할까? 비스마르크는 남부 독일 국가들의 연방 가입을 빠른 속도로 일거에 추진하려 하지 않았다. 그래서 1870년 초에 시간 압박에 시달리거나, 자신의 독일 정책이 막다른 골목에 내몰렸다고 느끼지 않았다. 누구보다도 로타르 갈이 강조한, 대다수 역사학자의 견해와 다른 이런 역사 해석은, 비스마르크가 새로운 1870년대의 시작과 더불어 한시라도 빠르게 나아가야 한다는 강박관념을 가지지 않았다는 것을 확인해준다는 점에서 중요하다. 이를테면 오토 플란체는 이런 주장을 했었다. "독일통일이라는 사안은 막다른 골목에 내몰린 나머지 이로부터 빠져나올 유일한 탈출구가 위기 조장이나 프랑스와의 전쟁뿐인 것처럼 보였다."[58]

이제 1870년 전쟁 전야의 시기에 도달했다. 이 전쟁은 피할 수 없었을까? 전쟁이 결국 터지고 만 것에 누가 주된 책임을 져야 할까? 이 문제들을 두고 예나 지금이나 견해들은 서로 엇갈린다. 의심할 바 없이 1867년부터 유럽의 정세를 뒤흔든 핵심 요소는 프랑스와 프로이센의 반목이다. 다시 말해 유럽을 지배하는 위치가 위협받는다고 여긴 프랑스는 급부상하는 독일의 지배 권력 프로이센을 견제하며 갈등을 빚었다. 그러나 이 문제를 전쟁만으로 해결할 수 있었다는 전제에서 출발하는 관점은, 갈등의 원인으로 반목을 지적하는 순환 논리일 뿐이다. 이런 관점이 적절하지 않다는 점은 당시 유럽의 각국 정부가 프랑스 황제의 열악한 건강 상태를 알고 있었다는 사실(나폴레옹 3세는 1873년 1월 초에 사망했다)이 보여준다. 보나파르트 체제의 구조로 볼 때 나폴레옹 3세가 권좌를 잃을 경우 프랑스 국내 정세가 어떤 형태로 바뀔지 예측하는 일은 간단한 게 아니었다. 유럽의 평화를 지키는 일에 유리할지 불리할지 하는 물음의 답은 이 예측 결과에 따라 그때그때 달라졌다. 이렇게 볼 때 시간을 버는 일은 당시 상황과 맞아떨어지는 정치적 계산법이다. 독일과 프랑스 사이의 긴장 완화는 단기적으로는 불가능해 보일지라도, 중장기적으로는 얼마든지 이뤄질 수 있었기 때문이다. 비스마르크도 늘 이런 견해를 거듭 피력하곤 했다. 1870년 6월 초 그는 런던 주재 프로이센 대사에게 이런 편지를 썼다. "프랑스의 정세, 기존 질서를 지키면서 안정을 추구하는 프랑스 국민의 열망, 또 프랑스 황제의 사고방식에 비춰 정치적 계산이 허락하는 한, 되도록 염려를 미뤄두고 싶을 뿐이오. 나는 프랑스가 전쟁을 원한다는 생각에 동의할 수 없소. 물론 유럽의 정세가 예측이 불가능하다는 점, 그래서 국방력을 줄이는 것이 현명하지 않다는 점은 나도 인정합니다. 그러나 상황이 어떻게 변하든 신의 도움으로 충분히 막을 수 있다고 확신합니다. 1866년부터 지금까지의 상황 변화에 비춰 오늘날에 돌발 변수가 일어날 가능성이 크다는 점을, 프랑스의 현재 상황에 비춰볼 때 인정할 수 없습니다."[59] 그럼에도 몇 주 뒤 프로이센의 독일은 프랑스와 전쟁에 돌입했다. 대체 어떻게 된 일일까?

프로이센과 프랑스의 전쟁

1870년 7월 숨 가쁘게 달아오른 위기의 출발점을 제공한 인물은 호엔촐레른 왕조 적통으로 스페인 왕의 후보에 오른 레오폴트 폰 호엔촐레른Leopold von Hohenzollern(1835~1905)이다.[60] 이 위기는 분명 유럽 역사상 최단 시간 만에 전쟁으로 이어진 사건이리라. 7월 3일 이른바 '터져버린 스페인 폭탄'에서 7월 14일 오후 파리 내각의 군 동원령 결정까지는 두 주가 채 걸리지 않았다. 호엔촐레른 출신의 왕 후보가 어떤 폭발력을 가졌던 걸까? 스페인은 1868년 9월에 국민 대다수가 지지한 군부 쿠데타를 겪었다. 군부는 복고적 성향의 정권을 무너뜨리고 여왕 이사벨 2세Isabel Ⅱ가 스페인을 떠나도록 강제했다. 이후 군부는 새로운 왕을 찾았다. 왕을 옹립하려는 시도가 여러 차례 빗나가자 스페인 정부 수반인 육군 원수 후안 프림Juan Prim은 1870년

2월 호엔촐레른 왕조의 왕자 레오폴트에게 스페인 왕관을 제안했다. 레오폴트는 가톨릭 신자였으며, 포르투갈 왕의 여동생과 결혼했고, 그의 친가 쪽과 외가 쪽 할머니들은 보나파르트 가문과 친척이었다. 게다가 레오폴트의 동생은 나폴레옹 3세의 지원을 받아 1866년 루마니아의 왕이 됐다.

비스마르크는 호엔촐레른 왕조에게 왕위를 받아들이라고 단호하게 충고했으며, 또 원수 프림이 원한 절대적인 비밀 유지, 곧 후보가 누구인지 궁정이 왕을 선출하기 직전까지 비밀을 지켜달라는 요청도 받아들였다. 그러나 암호로 작성된 전보를 잘못 해석하는 바람에 비밀 유지 전략은 좌초되고 말았다. 왕의 선출은 단기간에 이뤄질 수 없었다. 7월 2일 마드리드에서는 왕자 레오폴트를 원수 프림이 왕으로 옹립하려 한다는 소문이 날개를 달았다. 7월 3일 마드리드 주재 프랑스 대사는 파리로 이 소식을 담은 급전을 보냈다.[61]

역사학자들은 이 사건을 두고 무엇보다도 왜 비스마르크가 레오폴트를 왕 후보로 지지했는지, 심지어 그를 왕으로 옹립하려 밀어붙였는지 하는 물음에 관심을 가졌다. 이 물음의 답을 속 시원히 밝혀줄 원전이 없는 탓에 온갖 추측과 가설이 난무했다. 비스마르크는 프랑스와 이탈리아와 합스부르크 왕조 사이에 움트는 삼각동맹을 깨고 싶었던 걸까? 독일과 프랑스의 관계를 명확히 설정하고 싶었던 걸까? 또는 답보 상태인 독일통일의 활로를 뚫어 소독일 제국 창설을 완결 짓기 위해 나폴레옹 3세를 '함정'에 빠지도록 유도했던 걸까? 역사서들에 관련 추정과 가설은 차고도 넘쳐난다. 이런 이론들의 공통점은 비스마르크를 폭넓고도 치밀하게 전략을 구사할 줄 아는 책략가, 고도로 섬세한 계산에 능한 책사로 본다는 점이다. 원전을 신중하게 분석해볼 때 힘을 얻는 해석은 이렇다. 스페인의 제안을 받아들이도록 비스마르크가 힘을 쏟은 동기는 그가 상황 판단을 위해 즐겨 쓰던 표현을 빌리자면 '전체 정세'를 읽는 안목에서 비롯됐다. 분명 호엔촐레른의 후손을 스페인 왕 후보로 세운다는 것은 프랑스에게 우호적인 행동은 아니다. 그러나 나폴레옹 3세가 유럽에서 차지하는 프로이센의 위상을 깎아내리려 수단과 방법을 가리지 않았다는 점에 비춰, 프로이센의 상황을 더 낫게 만드는 일은 비스마르크의 의무였다. 스페인 왕 후보 문제는 때마침 주어진 위상 제고의 적절한 기회처럼 보였다. 호엔촐레른 왕손에게 프랑스가 반감을 가지도록 자극할 수 있는 한, 비스마르크는 자신이 구사할 수 있는 정치 수단의 폭이 넓어진다고 확신했던 게 분명하다. 더욱이 왕의 옹립이라는 문제는 왕조의 사안, 곧 호엔촐레른 가문과 관련한 것일 뿐, 국가 프로이센과는 상관이 없는 탓에 파리 내각이 프로이센 정부를 공격할 수는 없으리라. 비스마르크의 이런 판단이 오판이었다는 사실은 7월 초 상황이 확인해주었다.

스페인 차기 국왕이 누구인지 알려지고 나서 프랑스 정부가 호엔촐레른 출신의 스페인 왕을 막을 시간은 넉 주였다. 프랑스 정부는 스페인에게 후보 지명을 철회하게 강제할 수 있었다. 또는 레오폴트에게 영향력을 행사해 물러나게 할 수도 있었다. 그도 아니라면 호엔촐레른 왕가의 수장인 프로이센 왕 빌헬름 1세에게 특사를 보내 양해를 구할 수도 있었다. 그러나 나폴레옹 3세와 그의 내각은 이 방법들 가운데 어느 것도 쓰지 않았다. 오히려 그 어떤 탐색도 하지 않고 곧장 전력을 다해 프로이센을 들이받았다. 목표는 단 하나, 유럽이 지켜보는 앞에서 프로이센에게 굴욕적인 패배를 안겨주는 것이었다. 프랑스 외무 장관 그라몽Gramont은 7월 6일 의회에서 내각이 만장일치로 의결한 공격적이고 노골적인 전쟁 위협으로 끝나는 성명을 낭독했다. 전의를 불사르는 이 요란한 북소리와 함께 프랑스 정부는 물론이고 프로이센 정부도 선택할 수 있는 정치적 행동의 공간은 극도로 협소해졌다. 그래서 7월 6일의 성명은 전쟁에 이르는 길을 확실히 다진 이정표로 평가된다.

이런 관점에 모든 역사학자가 동의하는 것은 아니다. 어떤 이들은 비스마르크가 프랑스 반응의 형식과 강도와 그 칼날의 방향을 예측했어야만 한다고 주장한다. 그러나 이 주장은 말도 되지 않는 헛소리다. 우선 프랑스가 보여준 반응과 그 전격적인 전의는 유례를 찾아볼 수 없는 것이다. 따라서 그런 반응은 예측할 수 있는 게 아니다. 유럽의 모든 정치 지도자는 이 성명의 공격적인 톤과 내용에 충격을 받았다. 비스마르크만 오판한 것이 아니었다.

7월 12일 레오폴트의 왕 후보 지명은 철회됐다. 이로써 프랑스는 호엔촐레른 출신의 스페인 왕을 막으려는 목적을 이루었으며, 어느 쪽으로 보나 당당한 외교적 성공을 맛보았다. 그러나 파리의 실권자들과 이들에게 자극받은 여론은 이 성공으로 만족해하지 않았다. 전쟁을 불사하겠다는 단호한 과시로 프로이센에게 굴욕적인 패배를 안기려던 목적은 빗나갔기 때문이다. 후보 지명 철회 선언 이후 프로이센은 이 문제에 전혀 관여하지 않았다고 밝혔다. 그래서 파리 내각은 이 선언이 발표되고 난 뒤 프로이센 왕이 사안에 개입했음을 공개적으로 드러내는 작업을 시작했다. 파리 주재 프로이센 대사는 빌헬름이 나폴레옹 3세에게 정중한 사과의 편지를 쓰도록 전해주었으면 좋겠다는 은근한 압박을 받았다. 프랑스 대사 베네데티는 프로이센 왕에게 호엔촐레른 왕자를 다시 후보로 내세우는 것을 허락하지 않겠다는, 구속력 있는 확약을 받으라는 지시를 받고 요양을 위해 바트엠스Bad Ems에 머물던 빌헬름을 찾아갔다. 7월 12일에서 13일로 넘어가던 밤에 외무 장관 그라몽은 자국 주재 각국 대사들에게 프랑스가 이런 요구를 했다고 알렸다. 이로써 프랑스 정부는 스스로 모든 퇴로를 끊어버렸다. 요구한 성명이 거부당한다면 파리 정부는 유럽 강대국들 눈에 패배자로 전락하고 말 것이며, 이렇게 된다면 파리에서 어떤 결정이 내려질지는 불 보듯 환한 일이다. 실제로 요구된 성명은 나오지 않았다.

베네데티는 7월 13일 바트엠스의 온천장으로 왕 빌헬름을 찾아가 파리 정부에게 유리한 발언을 얻어내려 했으나 원하는 답을 얻을 수는 없었다. 이날 빌헬름은 대사에게 부관을 통해 호엔촐레른 왕자가 후보를 포기했다는 소식을 들었다고 알리게 했다. 그리고 더는 아무 말도 하지 않았다. 비스마르크는 베네데티의 행동과 그에게 전해진 대답의 내용을 담은 전보를 받고 이런 지시를 내렸다. "베네데티가 새로운 요구를 했으며, 이를 거절한 사실을 우리의 외교 사절들과 언론에 알려라."[62] 이런 지시를 내리면서 비스마르크는 이른바 '엠스 급전(Emser Depesche)'[63]의 내용을 직접 좀 더 정교한 문장으로 다듬었다. 늘어진 문장은 간결하게, 결론 부분은 더 강한 표현으로 바꾸기는 했지만, 세간에서 흔히 주장하듯, '엠스 급전'이 '위조'되거나 '전쟁 도발'의 내용으로 편집된 것은 아니다. 주목해야 할 점은 프로이센으로 하여금 앞으로 스페인 왕 후보를 내지 않겠다는 보장 성명을 내라는 요구가 거부됨으로써, 프랑스 정부는 7월 15일 의회의 현안 질의응답에서 무어라 답해야 좋을지 곤혹스러운 상황에 빠지고 말았다는 사실이다. 군 동원령을 의결한 7월 14일의 내각회의에서 그 정확한 문장이 아직 알려지지 않은 '엠스 급전'은 사실 별다른 역할을 하지 않았다. 외려 보장 요구의 거부 탓에 나폴레옹 3세와 그의 각료들은 군 동원령과 선전포고를 통해서만 프랑스의 '명예'를 회복할 수 있다고 보았다. 7월 14일의 동원령 결의로 전쟁은 불가피해졌다. 그다음 7월 19일 베를린에 프랑스 정부의 공식적인 선전포고가 전달됐을 때, 이미 양측은 전선으로 군대를 속속 집결시켰다.

전쟁이 어떻게 진행됐는지는 잘 알려져 여기서 복기할 필요는 없다. 다만 몇 가지 측면만 언급하기로 하자. 프랑스 정부는 프로이센을 지속적으로 우리 안에 가둬놓고 소독일 민족국가를 세우려는 노력을 확실하게 막으려고 전쟁을 개시했다. 프랑스의 이런 노림수는 실패로 끝났다. 파리 정부는 합스부르크 왕조와 이탈리아가 즉각 프랑스 편을 들며 전쟁에 끼어들 것으로 희망했을 뿐만 아니라, 실제로 굳게 믿었음에도 이 강국들은 관망하는 자세만 취했다. 비스마르크는 전쟁을 '국지전'으로 만드는 데 성공했다. 이 성공은 전쟁을 프랑스와 독일의 싸움으로만 제한하려 했던 중요한 목표가 실현됐음을 뜻한다. 독일 북부와 남부의 군대들이 신속하게 기선 제압에 나선 것이 목표의 실현에 적지 않은 기여를 했다. 전쟁이 발발한 8월 초에는 바이센부르크Weißenburg와 뵈르트Wörth, 그리고 자르브뤼켄에서 가까운 스피헤렌Spicheren 고지에서 독일군은 프랑스군을 효과적으로 저지했다. 8월 중순에는 비록 많은 손실을 치르기는 했지만 독일군은 15만여 명이 넘는 병력의 프랑스 '라인 군대'를 메스Metz[64] 요새에 고립시키는 데 성공했다. 9월 1일에 벌어진 스당Sedan 전투에서 프랑스는 완패해 항복했다. 심지어 이 전투에서는 10만 명에 가까운 병사들과 나폴레옹 3세가 독일에 포로로 잡히기도 했다.

그러나 이런 승전이 전쟁을 결정짓지는 못했다. 몇몇 측근들로 이뤄진 '이동移動 외무부'를 이끌고 왕을 수행하며 전쟁터를 순찰했던 비스마르크는 스당 전투가 끝나고 난 뒤 평화 협상을 맺을 수 있기를 바랐다. 그러나 평화로 가는 길은 여전히 막혀 있었다. 9월 4일 파리에서 일어난 민중봉기로 섭정을 맡았던 왕비 외제니Eugenie는 권좌

에서 쫓겨나 피신해야만 했으며, 야당이었던 세력이 구성한 '국민방
위정부(Gouvernement de la défense national)'가 전쟁을 계속하려 했기
때문이다. 요새로 바뀌어버린 수도 파리는 9월 19일 독일군에게 포
위됐다. 독일의 사령부는 베르사유에 주둔했다. 비스마르크는 자신
의 부하들과 함께 '프로방스 거리(Rue de Provence)'라는 한적한 곳에
위치한 '빌라 제시Villa Jessé'를 거점으로 삼았다. 비스마르크는 무엇
보다도 유럽 강대국들이 개입하는 것을 막고자 되도록 빨리 전쟁을
끝내는 데 온 신경을 집중했다. 끊임없이 그를 괴롭힌 이런 염려는 근
거가 없는 게 아니었다. 그래서 비스마르크는 군 지휘부가 작전의 진
행 상황이 어떤지 충분하지 않은 정보를 준다고 불평했으며, 파리 점
령이 너무 지체된다고 보고 조바심을 냈다. 비스마르크(많은 다른 사람
도)가 강력하게 요구한 파리 포격을 군 참모부는 충분한 중화기가 확
보되지 않았다는 이유로 불가능하게 여겼다. 파리의 포격을 둘러싼
격론(결국 연말에 포격이 이루어졌다)으로 군 지휘부와 정치 지도자들 사
이의 갈등은 절정에 달했다. 1월에 들어서야 비로소 비스마르크는 이
갈등을 잠재울 수 있었다.

전쟁을 끝내는 문제는 몇 달을 끌며 쉽사리 해결되지 않았다. 비스
마르크는 협상 파트너를 찾았다. 그는 임시정부지만 사실상 유일한
프랑스 정부의 대표자들과 몇 차례 만났을 뿐만 아니라, 여전히 정통
성을 주장하는 섭정 권력과 평화조약을 맺는 가능성도 열어 두었다.
1871년 1월 말에 이르러서야 비로소 임시정부를 협상 파트너로 선택

하는 결정이 이루어졌다. 파리에서 식료품이 동이 나자 임시정부의 외무 장관 쥘 파브르Jules Favre가 베르사유로 비스마르크를 찾아와 종전 협상을 벌였다. 1871년 1월 28일의 휴전협정은 즉각 프랑스 국민의회를 선출해 이 기관을 프랑스 국가의 합법적 대표로 삼는다는 조항을 포함했다. 2월 5일에 선출된 국민의회는 아돌프 티에르를 '행정부 수반'으로 임명했다. 티에르와 파브르가 비스마르크와의 협상을 통해 끌어낸 '베르사유 잠정 평화조약'은 2월 26일에 양측이 서명을 했으며, 3월 1일에 국민의회의 비준을 받았다.

프랑스는 50억 프랑의 전쟁배상금 외에도 영토를 할양해야만 했다. 알자스 로렌의 일부 지역은 독일제국의 땅으로 합병됐다. 프랑스에게 영토 할양을 강제한 것을 두고, 비스마르크가 근본적으로 잘못된 결정을 내렸다는 평가는 오늘날에도 지배적이다. 역사를 돌아보는 눈길에는 실제 그렇게 평가해야만 하는 측면이 엄존한다. 그러나 전쟁 당시의 전체 상황을 고려한다면, 명확한 판단은 내리기 힘들다. 8월의 승리 직후만 해도 독일 북부와 남부의 여론은 최소한 알자스만이라도 '승리의 대가'로 요구해야만 한다고 목소리를 높였다. 프랑스가 아무 일도 없었다는 듯 보상 문제를 덮어서는 안 된다고 모든 정치진영은 한목소리를 냈다. 비스마르크는 이런 여론의 압력에 전혀 개의치 않고 8월 중순 프랑스의 영토 할양은 피할 수 없는 문제라고 보았다. 당시 지도층 역시 이 사안에서만큼은 의견이 일치했다. 독일 남부의 국경, 이 불안정한 이웃 국가와의 접경을 더 잘 보호했으면 좋겠다는 핵심적 동기 외에도 비스마르크는 1866년부터 자신이 직접 경험한 바를 함께 고려하지 않을 수 없었다. 비록 1866년 오스트리아와의 전쟁에 프랑스 병사는 단 한 명도 가담하지 않았으며, 그 종전 협상에 나폴레옹 3세가 원하는 바를 배려해줬을지라도, 프랑스는 당시 프로이센의 승리를 자국의 패배로 받아들였다.

프랑스 국민에게 "사도바Sadová[65]를 잊지 말고 복수하자!"는 구호는 대단한 인기를 누렸다. 이런 경험에 비춰볼 때 정작 프로이센에게 당한 이 혹독한 패배에 프랑스가 어떤 반응을 보일 수 있을까? "복수를 하려는 프랑스의 성향은 영토를 잃든 아니든, 변함이 없으리라."[66] 8월 25일 비스마르크가 한 표현이다. 이보다 며칠 전에는 이런 말도 했다. "이미 우리가 사도바에서 거둔 승리 탓에 프랑스는 속깨나 쓰려 했다. 지금 우리가 저들을 누르고 승리한 마당에는 오죽하랴! 메스의 복수, 뵈르트의 복수는 영토 할양이 없이도 사도바와 워털루의 복수보다 훨씬 더 오래 전쟁 구호로 남을 게 분명하다. 이런 정황 아래서 유일하게 올바른 정치는 진정한 친구가 될 수 없는 적을 최소한 조금이라도 더 무해하게 만들고, 이 적이 우리를 더는 위협하지 못하게 안전장치를 갖추는 것이다."[67] 1866년과 비교해 비스마르크는 그동안의 경험으로 프랑스 사람들은 좀체 화해라는 걸 할 줄 모르는 성격이라는 것을 깨닫고 이를 협상의 근본 원칙에 반영한 게 틀림없다. 비스마르크는 프랑스로부터 할양받는 영토가 다루기 까다로운 담보임을 명확히 알고 있었다. 그러나 이런 담보를 일종의 안전장치로 취하지 않고는 프랑스를 적절히 다룰 수는 없다고 확신했다. 당시 정계와 군 지도부, 그리고 독일 여론도 한목소리로 영토를 할양받아야 한다고 주장했다. 이런 배경 덕분에 비스마르크에게는 다른 선택지가 없었던 것도 사실이다. 좌파자유주의 정치가로 민족주의자가 아니며 프랑스와 그 국민을 아주 잘 알았던 루트비히 밤베르거가 1890년대 중반에 쓴 다음의 글을 읽어본 사람은 비스마르크의 결정에 고개를 끄덕일 수밖에 없다. "나는 승리를 구가하는 독일을 겨눈 증오와 복수 욕구는 단 한 뙈기의 땅을 요구하지 않았다 할지라도 여전히 강했으리라고 굳게 확신한다.…영토를 할양받는 걸 포기했다고 해서 독일에 감사해 할 프랑스 사람은 단언컨대 단 한 명도 없다. 독일이 승자였다는 사실 하나만으로 프랑스의 복수 욕구는 이글거리기만 했다."[68]

전쟁이 시작된 뒤 독일의 북부와 남부에서는 민족 감정이 한껏 고조됐다. 남이든 북이든 이 전쟁으로 통일 독일이 출현하리라는 점을 의심하는 사람은 거의 없었다. 그러나 이런 희망을 정치 현실로 만들어내는 일은 당시 사람들이 믿었던 것보다 훨씬 더 어려웠다. 비스마르크는 독일 남부의 정부들을 상대로 압력을 행사하지 않으려는 자신의 기조를 철저히 유지했다(이를테면 왕세자가 권유한 압력 수단을 비스마르크는 일절 쓰지 않았다). 그는 바이에른과 뷔르템베르크와 바덴과 헤센의 수상들과 길고도 힘든 협상을 했다. 마침내 비스마르크는 남독일 국가들의 정부가 북독일연방에 가입하겠다고 선언한 타협안을 도출해내는 데 성공했다. 남독일 정부들은 군대와 세금, 교통과 우편제도

분야에서 독자적인 지배권을 얻었다. 11월 15일에서 25일에 걸쳐 차례로 조인된 이른바 '11월 협약들Novemberverträge'로 북독일연방 헌법은 가벼운 수정을 거쳐 독일제국의 헌법이 됐다. 이로써 드디어 소독일 민족국가가 탄생했다. 바이에른과의 협약에 서명한 뒤 비스마르크는 자신의 부하 관료들을 돌아보며 감동한 목소리로 이렇게 말했다. "독일통일을 해냈소, 그리고 카이저 옹립도."[69]

그러나 통일까지 갈 길은 아직도 멀기만 했다. '11월 협약들'이 모든 의회의 비준을 받아야만 했다(바이에른 의회가 아슬아슬한 표 차이로 협약을 통과시켰을 뿐이다). 그리고 빌헬름 1세를 독일제국의 카이저로 옹립하는 일도 여전히 풀어야 할 숙제가 많았다. 이 모든 것은 대가의 경지에 오른 비스마르크의 외교술이 필요했다. 비스마르크가 바이에른의 왕 루트비히 2세Ludwig II를 어떻게 설득해 빌헬름 1세가 카이저로 즉위하는 것에 동의하게 만들었는지(이 설득을 위해 어떤 대가를 치렀는지)[70], 그리고 프로이센 왕위에 집착해 카이저가 되는 것을 별로 내키지 않아 하는 빌헬름 1세를 달래느라(그 와중에 적잖은 노여움을 샀다) 안간힘을 쓴 사실은 세상에 너무 잘 알려져 있다. 베르사유 궁전의 거울 홀에서 1871년 1월 18일 거행된 카이저 대관식은 당대는 물론이고 후대에게도 독일제국의 창설을 상징하는 순간이다. 독일제국의 법적 근거를 형성한 것은 3월에 선출된 초대 제국 의회가 1871년 4월 14일에 비준한 제국 헌법이다. 제국 수상으로 임명됨과 동시에 후손에게 대대로 물려줄 수 있는 제후라는 귀족 작위를 받음으로써 56세의 비스마르크는 정치가로서 그 경력의 정점에 올랐다. 이제 독일뿐만 아니라, 전 세계에서 유럽의 탁월한 정치 지도자로 인정받기에 이르렀다. 그는 이제 독일에 광활한 영토를 소유한 지주이기도 했다. 1871년 6월 빌헬름 1세는 비스마르크에게 라우엔부르크 공국의 왕령 슈바르첸베크Schwarzenbek, 전부 2만5천 모르겐Morgen[71]의 숲과 2천 모르겐의 농토로 이뤄진 왕령을 하사했다. 그곳의 작센발트라는 숲 지역 소도시 프리드리히스루Friedrichsruh는 이내 비스마르크 가족이 즐겨 찾는 주거지가 됐다.

제국의 안정화와 평화 수호

1871
—
1890

V

충분히 강한 힘을
갖추고서 예방전쟁을
거부하는 자세야말로
비스마르크의 평화
정책이 자랑하는 최고의
원칙이다.

제국 창설의 완수와 더불어 비스마르크의 정치 경력에서, 일각의 표현을 빌리자면 '영웅적 시기'는 끝났다. 이후 제국의 수상으로 보낸 20년의 세월은 하루도 마음 편히 쉴 날 없는 고됨의 연속이었다. 외교 목적이 유럽의 평화 수호에 맞춰져 있었다면, 국내 정치는 무엇보다도 신생 제국을 지속해서 안정화하는 일에 초점을 맞췄다. 비스마르크가 외교 정치의 주된 목표로 삼았던 것을 이루었다는 사실에는 논란의 여지가 없다. 반면 국내 정치에서만큼은 그가 구사한 방법뿐만 아니라, 그의 정치적 선택이 빚어놓은 결과를 두고는 논란이 끊이지 않았다. 비스마르크가 국내 정치 영역에서 그가 추구했던 많은 것을 이룩하지 못했다는 점은 의심할 수 없는 사실이다. 이제부터 이런 주제들을 차근차근 다루어가기로 하자. 그러나 먼저 살펴볼 물음은 오랜 세월 강력한 권력을 누린 남자의 일상생활에 관한 것이다.

비스마르크는 10년 가까이 안팎으로 정치적 대결을 벌이느라 극도의 긴장에 시달려 건강이 좋지 않았다. 갈수록 줄어드는 힘과 나쁜 건강 상태를 두고 그가 개인적인 불평을 늘어놓은 발언은 숱하게 많다. 이를테면 1872년 5월에는 이런 말을 했다. "내 연료는 바닥났나 봐, 더는 못하겠어."[1] "잠을 자도 쉰 거 같지가 않아, 잠이 들어서도 깨어 있을 때 생각했던 것을 꿈꿔. 얼마 전에는 꿈에서 독일 지도를 보았는데, 지도에 무슨 썩은 점 같은 게 나타나더니 차례로 번지면서 지도가 삭아서 부서지더군." 이런 우울한 표현들은 원전에서 숱하게 찾아볼 수 있다. 류머티즘, 안면 통증, 유행성 감기, 복통, 오래전에 다친 다리, 그리고 계속된 '신경증'이 비스마르크를 괴롭혔다. 최소한 이런 나쁜 건강 상태는 심신상관心身相關 탓에 빚어지기도 했다. 그러나 과도한 업무 부담 외에도 대단히 나쁜 생활방식이 건강을 무너뜨렸다. 수상의 집을 방문한 손님들은 비스마르크 가문의 식습관에 깜짝 놀라곤 했다. "이 집은 예나 지금이나 정말 엄청나게 먹어댄다."[2] 1880년 제국 수상의 수석 비서가 한 말이다. 아침상에는 로스트비프나 감자를 곁들인 비프스테이크, 차갑게 먹는 훈제 오리고기, 지빠귀 구이, 오븐에 구운 푸딩이 나왔다. 이 모든 음식은 적포도주, 샴페인, 맥주와 함께 입으로 직행했다. 젊은 시절 날씬한 몸매를 자랑했던 수상은 1870년대에 몸이 엄청 불었다. 1879년에 그의 체중은 124킬로그램이었다. 이런 비만에도 무너지지 않고 버티는 것이 신기할 정도였다. 무절제한 생활 방식은 1883년에 들어서야 비로소 종지부가 찍혔다. 닥터 에른스트 슈베닝거Ernst Schweninger(1850~1924)[3]가 비스마르크의 치료를 맡은 1883년에 수상은 이 젊은 바이에른 출신의 의사가 처방한 다이어트를 따르기로 결심했다. 당시 33세의 슈베닝거가 불면증으로 괴로워한 제국 수상의 마음을 어떻게 사로잡았는지, 오랜 세월이 흐른 뒤에 역사학자 카를 알렉산더 폰 뮐러Karl Alexander von Müller(1882~1964)[4]에게 이렇게 설명했다. "이제 오늘 밤 수상께서는 잠드실 수 있을 겁니다"[5]라고 말하자 비스마르크는 믿을 수 없다는 표정으로 "그래, 그럼 기다려보지" 하고 답했다. 슈베닝거는 촉촉한 수건으로 비스마르크의 몸을 감싼 다음, 쥐오줌풀에서 짜낸 기름 몇 방울을 수건에 뿌리며, 이 기름을 수면촉진제라고 말했다. 그다음 안락의자에 앉았던 비스마르크를 침대에 눕힌 뒤, 슈베닝거는 손으로 비스마르크의 손을 감싸주었다. "마치 불안해하는 아이를 엄마가 돌보듯" 하는 자세로 슈베닝거는 수상이 잠들 때까지 기다렸다. 다음 날 아침 깨어난 비스마르크는 의사가 여전히 자신의 옆을 지키는 것을 보고, 밤새 푹 잤으며 벌써 날이 밝았다는 것을 믿기 어려워했다. "그때부터 그는 저를 믿더군요." 슈베닝거가 쓴 방법은 확실하고도 지속적인 효과를 발휘했다. 비스마르크는 체중이 90킬로그램으로 줄었으며, 안면 통증은 드물어졌고, 잠을 잘 잤으며, 다른 아픔도 차츰 줄어드는 호전 상태를 보였다.

비스마르크는 나쁜 건강 상태 탓에 1870년대와 1880년대에 빈번하게 휴양하고 치료를 받을 수밖에 없었다. 그는 평균적으로 한 해의 절반 정도만 제국의 수도에서 보냈으며, 나머지 시간은 주로 영지 바르친과 프리드리히스루, 그리고 요양 온천, 특히 키싱겐Kissingen과 가슈타인을 찾았다. 하지만 비스마르크는 베를린이 아닌 바르친과 프리드리히스루, 키싱겐에 머무르는 동안 수상으로서 업무를 등한시하지 않았다. 오히려 철두철미하게 업무를 장악했다. 계속해서 그는 모든 중요한 사안의 정보를 수하 관료들로부터 얻었으며, 직접 작성하거나 측근에게 구술해준 서한으로 정치 사안의 추이에 결정적으로 관여했다. 그가 베를린을 비운 동안 벌인 일들은 제국 수상 시절의 기록을 모은 여러 권의 문집에 꼼꼼히 담겼다. 이 기록은 비스마르크가 이 시기에 업무를 처리할 능력이 없었다거나, 그저 쉬기만 한 게 아니라는 점을 분명하게 보여준다.

제국 수상으로서 한 치의 소홀함도 없었다는 점이 분명하게 확인될지라도, 갈수록 불안정해지는 몸과 마음의 상태 역시 부정할 수 없는 사실이었다. 비스마르크의 측근들은 '자극에 민감한 태도'를 매우 염려스럽게 보았다.[6] "모든 사소한 일로 갈등을 빚어내는 성향", 이를테면 대포로 삽을 쏘는 것처럼 작은 일에 크게 반응하는 성향은, 한편으로 갈수록 커지는 고립감을 키우는 동시에 비스마르크가 '마찰'이라 부른 불화를 빚어내기 일쑤였다.

비스마르크는 고립감과 관련해 1872년 그의 오랜 전우 알브레히트 폰 론에게 이런 말을 했다. "나이를 먹어가면서 이제는 살날이 얼마 남지 않았다는 군은 확신이 드네. 오랜 친구들을 비롯한 이 세상과 나를 연결해주는 모든 것의 상실은 정말이지 기운을 빼놓는군. 게다가 몇 달 전부터 아내도 건강이 좋지 않아 걱정하다 보니 온몸이 마비될 지경이야…"[7] 1년 후 론이 퇴임했을 때 비스마르크는 비탄에 젖어 외로움을 호소했다. "이 관직이라는 게 오래 하면 할수록 나를 포위하는 외로움이 더욱 커지는군. 옛 친구들은 죽거나 적이 되고, 새 친구는 더는 얻을 수 없네."[8] 수상은 가족하고 보내는 시간이 갈수록 더 많아졌다. 세 명의 자녀 가운데 아버지와 가장 가까웠던 쪽은 장남 헤르베르트Herbert였다. 그는 외교관이 되고자 아버지의 가르침을 받았으며, 결국 외무부 차관으로 승진했다.

1881년 비스마르크 집안에서 일어난 소동은 한 편의 가족 드라마라고 불러도 손색이 없을 정도였다(당시에는 외부로 알려지지 않았다). 헤르베르트는 아름답고 기품이 넘치는, 열 살 연상의 제후 부인 엘리자베트 폰 카롤라트Elisabeth von Carolath(1839~1914)[9]를 열렬히 사랑했다. 이 사랑으로 그녀는 이혼까지 했다. 그러나 가톨릭 신앙이 독실한 여자의 집안이 비스마르크라면 적대감을 불태우는 반대파에 속한 탓에, 수상은 결혼하겠다는 헤르베르트의 요청을 절대 안 된다고 거부했다. 아버지와 아들은 감정의 골이 깊어졌다. 심지어 비스마르크가 자살하겠다고 위협하는 지경까지 갔다. 결국 비스마르크는 헤르베르트가 결혼을 포기하게 만들었다. 그러나 장남은 이때의 쓰라린 경험으로 환멸만을 곱씹으며 매사에 냉혹하기만 한 남자가 되고 말았다.

비스마르크가 '마찰'이라 부른 것은 황실 쪽에서 끊임없이 그를 모함하고 음모를 꾸몄던 일이다. 그는 업무를 볼 수 없을 정도로 시달렸다. 1871년만 하더라도 프랑스를 누른 승리 후 몇 달 지나지 않은 시점에, 비스마르크는 형에게 자신의 관직이 겉으로는 화려해 보일지라도 가시밭길과 다름없다고 하소연했다. "이런 사정을 나 말고 누가 알겠어. 겉보기와 달리, 뒤에서 피 말리게 하는 화를 삭일 능력은 바닥이 난 거 같아. 이제는 관직을 수행할 힘이 없어."[10] 1년 뒤 론은 이런 편지를 받았다. "나는 점차 황실의 모든 구성원에게 미움을 받는 모양이네. 카이저가 나를 대하는 신뢰는 줄어들고 있어. 카이저는 나를 향한 모든 음모에 귀를 여는군."[11]

특히 비스마르크를 노린 쪽은 황후 아우구스타였다. 1848년의 혁명 이후 그녀는 비스마르크의 그야말로 철천지원수였다.

비스마르크가 수상으로 임명되는 것을 한사코 막으려 했으나 헛물만 켠 쓰라린 경험 탓에, 황후는 의도적으로 "비스마르크를 무너뜨릴 적과 경쟁자를 찾아…어느 진영 출신인지 상관하지 않고 모두"[12] 지원했다. 황후는 비스마르크에게 "그 어떤 외국 권력자와 국내의 적대적 정당"[13]보다도 더 무거운 짐을 안기려 혈안이 됐다고 그는 생애 말년에 회고했다. "황후를 상대하는 싸움은 다른 그 어떤 마찰보다도 나를 힘겹게 했다." 황후와 그 측근들의 음모에 비스마르크가 격분했던 사건이 있다. 1877년의 심각했던 '수상 위기'이다. 이때 비스마르크는 카이저에게 간곡하게 사임의 뜻을 밝혔다. 비스마르크의 사직서는 비스마르크 전집인 옛 '프리드리히스루 판본'의 편집자들조차 찾을 수 없었다. 모든 의혹은 우연히 이와 관련한 원문이 발견되면서 풀렸다. 이 기록에 따르면 비스마르크는 1877년 3월 27일 이른바 '성금요일'에 카이저 빌헬름 1세에게 사임했으면 좋겠다는 뜻을 밝혔다. "일단은 거의 드라마와 같은 대화가 오간 끝에 구두로 사임의 뜻을 밝혔다가, 4월 3일이나 7일에 다시금 서면으로 사직서를 제출했다. 1873년과 마찬가지로 비스마르크는 건강상 직을 더는 감당할 수 없다고 했다.…불과 며칠 사이에 세 번이나 (사직서를) 제출했다는 점을 강조한 것으로 미루어 이 사직서는 결국 진지하게 받아들여지지 않았던 모양이다."[14] 빌헬름 1세가 사직서를 단호한 태도로 "절대 안돼!"[15]라고 말했는지는 불투명하다. 카이저는 비스마르크가 대안으로 제시한 장기휴가를 받아들이고 4월 초에 재가했다. 그는 곧장 휴가에 들어갔다.

심상치 않은 분위기의 이 주간에 수상 비스마르크는 황후와 그 측근(유명 인사로는 외무 장관을 역임했으며, 당시에는 황실 장관[16]이었던 알렉산더 폰 슐라이니츠를 꼽을 수 있다)을 두고 강한 유감을 표시했다는 말이 전해진다. 이런 발언 가운데 적어도 하나는 세상에 널리 회자됐다. 자유보수당 소속의 제국 의회 의원인 남작 루시우스Robert Lucius von Ballhausen(훗날 장관을 지냄, 1835~1914)[17]는 4월 말 프리드리히스루로 비스마르크를 방문했다가 이런 말을 들었다고 한다. 아우구스타는 "남편의 사생활은 물론이고 외교 문제까지 일일이 간섭하는 통에 왕을 불편할 정도로 곤경에 빠뜨린다네. 심지어 남편을 대리한다는 구실로 직접 편지를 써서 외국 왕들에게 보내는 통에 정치를 엉망으로 만들곤 해.… 이런 음모는 국가를 반역하는 거잖아."[18]

그러나 이런 '마찰'을 두고 비스마르크는 측근에게만 분통을 터뜨린 게 아니라, 불만을 여론에 노골적으로 드러내기도 했다. 그는 자신의 부하 관료 로타르 부허Lothar Bucher(1817~1892)로 하여금 언론인 모리츠 부슈Moritz Busch(1821~1899)에게 관련 사안을 다룬 기사를 쓰게 했다. 부슈는 당시 많은 독자를 자랑하던 신문 《그렌츠보텐Grenz-boten》에 1877년 4월에서 6월까지 모두 일곱 편의 기사를 기고했다. 그는 기사를 통해 비스마르크가 물러나고자 하는 결정적 이유는 아우구스타 황후를 중심으로 한 궁정 세력의 이간질이라고 날카롭게 비난했다. 이 세력은 제국 수상의 통치를 어렵게 만드는 데 그치지 않고 아예 불가능하게 한다고 부슈는 강조했다.[19] 이 기사에 좌파자유주의 진영과 궁정 세력은 격분했다. 이 분노의 목소리는 에리히 아이크Erich Eyck(1878~1964)[20]의 비스마르크 전기를 연상시킨다. 아이크는 이 전기에서 "비스마르크의 저널리즘 하수인"[21]이라며 모리츠 부슈를 가혹할 정도로 심판한다. "황후를 상대로 새빨간 혁명당 소속의 남자가 이처럼 악의적인 비난을 늘어놓다니 참으로 부끄럽기 짝이 없는 일이다.…그리고 황후를 공격한 이 모든 독극물은 비스마르크의 약품 상자에서 나왔다."

제국 수상과 황후 사이의 반목은 비밀이 아니었다. 그러나 이런

'마찰'로 수상이 얼마나 시달렸는지, 무엇보다도 1870년대에 궁정 세력의 볼썽사나운 영향력을 무력하게 만들려 비스마르크가 힘을 낭비해야만 했던 사실을 대다수 동시대인은 잘 알지 못했다. 황실과 정부 사이의 이런 내막을 알 수 없는 것은 당연한 일이기도 했다. 카이저 제국의 지배 체계에서 비스마르크가 차지하는 권력 위상을 판단하는 데 적잖게 공헌한 비스마르크 관련 사료 편찬 작업도 이 문제는 별로 다루지 않았다.

비스마르크는 프랑스와의 전쟁 이후, 폴커 울리히Volker Ullrich[22]가 정확하게 확인했듯, "승리의 우쭐함 따위는 전혀 보이지 않았다."[23] 제국 수상은 대다수 동시대인보다 그처럼 성공적인 전쟁을 평화협정으로 끝내는 것이 얼마나 어려운 일인지 잘 알았다. 특히 유럽 강대국들의 정부가 유럽 한복판에 들어선 새로운 제국을, 불신과 염려의 눈길로 주시하고 있다는 사실을 비스마르크보다 잘 아는 사람은 없었다. 비스마르크는 독일제국이 새로운 전쟁을 벌여 봐야 더는 얻을 게 없을 정도로 '배부르다'고 굳게 확신했다. 이런 확신으로부터 자연스럽게 귀결되는 논리는 외교의 주목적이 이젠 유럽 강대국들 사이의 평화를 지키려 노력해야 한다는 것이었다.

1871년 이후 평화 수호는 비스마르크 외교정책의 최고 목표였다. 그래서 그는 '예방전쟁', 곧 적의 공격이 예상된다고 해서 가하는 선제공격을 1870년 이전과 마찬가지로 철저히 거부했다. 그는 기회가 있을 때마다 이런 견해를 피력했으며, 특히 1887년 1월 11일의 제국

의회 연설에서 힘주어 강조했다. "나중에 불가피해지지 않을까 해서 치르는 전쟁, 나중에 불리한 상황에서 싸워야 하는 것은 아닐까 염려해서 치르는 전쟁은 나와는 거리가 먼 생각이다. 그런 생각을 언제나 철저히 거부해왔다.…나는 '전쟁을 치러야만 하지 않을까' 하는 생각으로 전쟁을 하자는 충고는 절대 하지 않을 것이다."[24] 이런 맥락에서 그는 자신의 또 다른 확신을 강조하기도 했다. 전쟁이 터질 수 있다는 불안은 "전쟁이 쉬워 보일 때 커지며, 전쟁이 어려워 보인다면 사라진다. 우리의 힘이 강하면 강할수록, 그만큼 더 전쟁은 일어나기 어렵다." 비스마르크는 자신의 생각을 이런 표현에도 담아냈다. "언제라도 전쟁할 각오를 보일 때 우리는 평화를 지킨다. 칼을 뽑을 수 있게 칼집을 풀어둔 사람에게 공격은 쉽지 않다. 벽에 확실하게 걸어둔 연습용 칼을 무서워하는 사람은 없다."[25] 이런 이유에서 독일제국이 충분한 군사력을 갖추는 것은 비스마르크가 보기에 절대적으로 필요하다. 그러므로 제국이 충분히 강한 힘을 갖추고서 예방전쟁을 거부하는 자세야말로 비스마르크의 평화 정책이 자랑하는 최고의 원칙이다. 1871년 이후 유럽 평화는 한편으로는 프랑스의 독일에 대한 복수 욕구로, 다른 한편으로는 발칸반도에서 서로 충돌하는 러시아와 합스부르크 왕조의 이해관계로 위협을 받았다. 프랑스의 복수 의지와 관련 모든 유럽의 정치가를 비롯해 프랑스의 정치가 역시 명확히 간파했던 사실은, 프랑스가 홀로 독일제국을 누르려는 시도를 감행할 수는 없다는 점이다. 프랑스의 도전은 다른 강대국들과의 연합으로만 가능했다. 비스마르크는 그래서 다른 강대국들과 연합해 프랑스를 고립시키려는 정책에 집중했다. 그가 보기에 이런 정책은 프랑스가 다시 왕정으로 복귀하지 않고 공화국으로 남을 때에만 실현될 수 있었다. 그러나 파리 주재 프로이센 대사 해리 폰 아르님Harry von Arnim (1824~1881)[26]은 비스마르크의 이런 관점에 동의하지 않고 프랑스가 왕정을 회복할 수 있도록 돕는 기이한 행보를 보였다(이 문제로 빌헬름 1세를 설득하기까지 했다). 비스마르크의 명확한 지시마저 거부한 대사의 이런 행동은 날카로운 갈등을 빚었다. 반항적인 대사에게 비스마르크는 엄중히 경고했다. "우리에게 필요한 것은 프랑스에게 방해받지 않는 평안함이다. 프랑스가 평화를 깨려고 동맹을 찾는 일은 막아야만 한다. 프랑스는 동맹을 찾지 못하는 한, 우리에게 아무런 위협이 되지 않는다. 유럽의 주요한 왕조들이 단합하는 한, 공화국은 위험하지 않다. 반대로 프랑스 공화국은 우리를 상대로 싸우기 위한 왕조를 동맹으로 얻기는 매우 힘들다."[27] 비스마르크는 프랑스가 러시아나 합스부르크 왕조 같은 강대국을 등에 업지 못하도록 독일제국과 러시아와 오스트리아-헝가리 제국 사이의 동맹을 맺으려 분주히 노력했다. 이런 노력은 1873년 '삼제동맹'으로 결실을 맺었다. 이 동맹의 의미를 과대평가할 필요는 없지만, 동맹 덕에 발칸반도의 갈등이 어느 정도 풀렸으며, 러시아와 합스부르크 왕조 사이의 단절도 막을 수 있었다.

원전이 증명하듯, 비스마르크는 1871년의 평화협정 이후 일관되게 평화를 지키는 쪽으로 외교정책의 방향을 잡았다. 비스마르크가 유럽 중부의 기존 세력 판도는 큰 전쟁 없이는 변화할 수 없다는 점을 명확히 깨닫는데, 세간의 흔한 주장처럼 '전쟁이 임박했나?(Ist der Krieg in Sicht?)'같은 위기가 필요했던 것은 아니다.[28] 숱한 논란을 불러일으킨 이 위기는 비스마르크가 주도해서 언론에 흘린 게 아니다. 오히려 뜻하지 않게 여러 정황이 맞물리면서 이 위기설에 빠졌을 뿐이다. 이 위기설을 촉발한 도화선은 프랑스가 상비군 병력을 증강하기로 한 법안을 통과시킨 것에 보인 독일 언론의 반응이다. 비스마르크는 프랑스의 이런 재무장 움직임에 몹시 언짢아하기는 했지만, 최신 역사 연구가 확인해주듯 1875년 4월 9일 베를린의《포스트》에 게재된 경각심을 울리는 기사와 전혀 상관이 없다. '전쟁이 임박했나?'라는 제목으로 이 위기설의 이름이 되기도 한 기사에 사람들은 커다란 충격을 받았다. 유럽 외교계는 물론이고 국제 언론 역시 프랑스를 향한 이 전쟁 위협의 배후에 비스마르크가 있다고 보았다. 그러나 실제로 비스마르크는 독일 군부와는 다르게 프랑스를 상대로 군사행동을 취할 생각이 전혀 없었다. 그렇지만 영국과 러시아의 권력자들은 언론이 호들갑 떤 이 전쟁 위험을 절호의 기회로 삼았다. 그들은 독일제국을 견제하고자 프랑스 편을 들면서, 비스마르크에게 프랑스를 위협하는 것을 묵과하지 않겠다고 계속해서 을러댔다. 특히 러시아 외무 장관 고르차코프는 평화의 수호자를 자처하고 나섰다. 비스마르크는 오래전부터 잘 알고 지냈던 고르차코프의 이런 행동을 모욕으로 여겨 용서하지 않았다. 생각지도 못했던 이 위기설 탓에 비스마르크는 무척 힘들어했다. 세간에서는 제국 수상의 부끄러운 패배라고 입방아를 찧어댔다. 비스마르크는 나중에 여러 차례 이 위기설을 초기에 제대로 대응하지 못하는 바람에 전혀 의도하지 못한 결과가 나왔다고 무척 안타까워했다. 1887년 1월 11일 제국 의회에서 한 연설은 그의 분노를 고스란히 보여준다("잘못된 전쟁 경고, 한껏 부풀린 음모의 결과물"[29]).

비스마르크와 언론

이런 맥락에서 자주 논의되는 '비스마르크와 언론'이라는 주제와 관련해 몇 마디 언급해보기로 하자. 수상은 다른 모든 유럽 강대국 정부와 마찬가지로 적극적인 언론 정책을 펼쳤다. 언론을 다루는 방식과 영향력, 그리고 여론 형성에 어느 정도 영향을 미쳤는지 하는 문제와 관련해 이미 동시대인들조차 의견이 분분했으며, 상당히 과장된 주장이 적지 않았다(이런 주장은 정부의 공식적 사료 일부에 그대로 담기기도 했다). 이런 과장된 주장들에는 비스마르크 자신도 예민하게 반응하며 항상 방어적 태도를 취하곤 했다. 사실상 독일제국의 언론 풍경은 다채로웠고, 관련 법안도 비교적 상당히 큰 폭의 자유를 허용하는 터라 (1874년의 언론 법), 정부가 여론을 '조종'할 수 있다고 보기는 힘들었다.

적지 않은 신문들은 비스마르크와 그의 정치를 마음껏 날카롭게 공격해댔다.

외국 언론의 경우는 제외하고 말한다면, 비스마르크가 독일 내 여론 형성에 주로 쓴 방법은 몇몇 '친정부 성향' 신문에 보조금을 주고, 기자들이 정부 측에서 '영감'을 얻은 기사를 작성하게 하는 것(상응하는 사례금을 제공함)이었다. 대개 그런 기사는 비스마르크의 수하 관료가 준 정보로 작성됐으며, 때때로 수상 자신이 직접 표현을 다듬기도 했다. 수상으로 재임하는 동안 비스마르크는 언론 담당 부서와 그 직원들에게 상당히 많은 지시를 내리고 보도 자료를 주었다. 좌파자유주의 정당 '프라이진Freisinn(자유주의)'의 당수 오이겐 리히터Eugen Richter(1838~1906)[30]는 1885년 1월 8일 제국 의회 회의에서 부적절한 방식으로 언론에 영향력을 행사한다며 비스마르크를 비난했다. 비스마르크는 이런 말로 대응했다. "'제국 수상의 언론'이라는 건 없어요. 나는 그저 경우에 따라 백지인 신문을 가질 뿐이오. 벌써 수백 번도 넘게 이야기했듯, 달리 내 의중을 알릴 수 없을 때 신문을 통해 발언합니다. 하지만 그렇다고 나에게 모든 기사의 책임을 씌우는 일은 너무 나간 거 아닙니까."[31]

언론 홍보 활동을 위한 재원으로 정부는 벨프 가문의 재산을 압류해 조성한 기금을 활용했다. 벨프 가문의 재산이란 1866년 하노버 왕국의 게오르크 5세Georg V의 사적인 재산을 말한다. 게오르크 5세는 왕위를 빼앗긴 뒤 오스트리아로 망명해 프로이센에 대항해 싸웠으며, 심지어 800명의 '벨프 부대'로 프랑스와 독일의 전쟁 때 프랑스를 지원하기도 했다. 이 기금으로 얻는 이자 수익은 벨프 가문의 '저항운동'을 막는 데 쓰였으며, 나중에는 정부의 공식 회계에 반영되지 않는 비자금으로 활용됐다. 이런 형태의 비자금은 당시 유럽의 모든 강대국이 조성했던 것이다. 기금의 규모와 용처를 다룬 신뢰할 만한 정보가 극히 드물어서, 다음의 확인은 크게 틀리지 않으리라. "프랑스와 러시아 같은 유럽 강대국들이 기자들의 환심을 사기 위해 지불한 막대한 자금에 비춰 비스마르크의 비자금은 매우 조촐했으며, 세상의 이목을 끌지도 못했다."[32]

유럽의 중재자 비스마르크

'전쟁이 임박했나?' 위기가 끝난 뒤 얼마 지나지 않아 유럽 국가 지도자들의 시선은 다시금 발칸반도로 쏠렸다. 1875년 여름부터 보스니아헤르체고비나 등 오스만제국이 지배하는 지역에서 봉기가 일어났다. 몬테네그로, 세르비아, 불가리아 등이 속속 봉기에 합류했다. 이 저항운동을 오스만제국이 잔인하게 짓밟자 러시아는 1877년 4월 전쟁을 선포했다. 러시아 군대가 플레벤Pleven 요새를 함락시키고 빠른 속도로 콘스탄티노플로 진격하자 튀르크 군대는 속절없이 무너졌다. 러시아는 콘스탄티노플의 성문 앞에서 튀르크의 유럽 영토를 콘스탄티노플과 그 주변의 작은 지역으로 한정하는 조건으로 평화조약을 맺었다(산스테파노 조약, 1878년 3월 3일). 에게해 지역까지 포함해 불가리아 공국을 위성국가로 세우려는 러시아의 야심은, 영국이 지중해 동부에 가진 관심은 물론이고 오스트리아가 발칸반도에 가진 관심도 전혀 고려하지 않았다. 영국과 오스트리아는 러시아의 그런 팽창을 그저 팔짱 끼고 감수하려 하지 않았다. 유럽은 전운으로 뒤숭숭하기만 했다.

비스마르크는 불거지는 갈등이 갈수록 첨예하게 치닫는 과정을 예의 주시하면서도, 엄격한 중립성을 견지했다. 러시아와 튀르크 사이에 전쟁이 발발한 뒤 비스마르크는 키싱겐에서 요양하며 머무르다가 유럽의 정세에 대비하려는 자신의 구상을 아들 헤르베르트에게 받아쓰게 했다. '키싱겐 구술(Kissinger Diktat)'이라는 이름으로 유명해진 이 기록에서 비스마르크는 가능한 경우들 가운데 자신이 '최악'이라 여기는 것을 "코슈마르 드 코알리숑cauchemar des coalitions"[33], 곧 독일을 겨눈 유럽 강대국들의 "결탁이라는 악몽"이라고 부르면서, 자신이 가장 중시하는 외교정책의 원칙을 정리했다. 이 구술의 핵심 문장은 세간에서 늘 거듭 인용된다. 자신이 그리는 그림은 "그 어떤 영토의 확보가 아니라 전체적인 정치 상황, 프랑스를 제외한 다른 모든 강대국이 우리를 필요로 하는 정치 상황이며, 혹시라도 강대국들이 우리를 겨누고 결탁하는 일만큼은 막을 상황"을 염두에 두었다.

국제 갈등 상황이 산스테파노 평화조약으로 예봉이 꺾이고, 핵심 쟁점을 둘러싼 합의를 도출할 수 있었던 것은 베를린 회의 덕분이다. 1878년 6월 13일에서 7월 13일까지 제국 수상 관저에서 열린 이 회의는 비스마르크가 의장을 맡았으며, 유럽의 모든 강대국 정상이 참석했다. 회의가 열리기 전에 이미 실무 협상을 통해 핵심 쟁점을 둘러싼 합의는 이루어졌다. 이런 철저한 준비 덕에 회의는 매끄럽게 진행됐다. 첨예하게 대립하는 이해관계의 균형을 잡아주는 협상을 주도한 인물은 제국 수상이었다. 비스마르크는 이 회의에서 자신의 역할을 심판관으로 보지 않고 2월의 의회 연설에서 강조했듯, "거래를 간절히 성사시키고자 하는 중개인"[34]을 자처했다. 영국 수상 벤저민 디즈레일리Benjamin Disraeli(1876년부터 비콘스필드 백작)는 여왕 빅토리아에게 협상을 이끄는 비스마르크의 솜씨에 탄복했다며 기념비적인 명언을 했다. "그는 몽테뉴가 글을 쓰는 것처럼 말하더군요."[35] 비스마르크는 회의의 중재 역할을 통해 유럽이 독일제국과 그 정치 책임자를 바라보는 불신을 씻어낼 수 있었다. 이제 비스마르크는 유럽 정계에서 최고의 영향력과 신망을 자랑하는 그야말로 인생의 정점에 올라섰다.

회의의 앞선 타협 과정과 그 결과물로 러시아는 전쟁으로 얻은 영토 일부를 포기했다(불가리아 남부 지역 행정 자치구로, 튀르크로 들어가는 입구 노릇을 하는 동東루멜리아). 그러나 1856년 루마니아에게 잃었던 베사라비아 및 소아시아 지역은 자국 영토로 편입됐다고 주장했다. 세르비아와 몬테네그로와 루마니아는 완전한 독립을 얻었으며, 불가리아는 자율권을 가지기는 하지만 튀르크에 조세를 바쳐야 하는 공국이 됐다. 그리스는 이피로스와 테살리아의 일부를 얻었으며, 영국은 키프로스섬을, 오스트리아–헝가리 제국은 보스니아헤르체고비나를 점유할 권리를 각각 차지했다. 독일과 프랑스를 제외하고 유럽의 모든 강대국은 이 전쟁의 결과와 베를린 회의로부터 소기의 성과를 올렸다.

그렇지만 러시아에서는 실망의 목소리가 터져 나왔다. 회의에 참석했던 러시아 수상 고르차코프는 불만의 화살을 러시아 제2 대표 백작 표트르 슈발로프Pyotr Shuvalov와 비스마르크에게 돌렸다. 러시아가 희망한 사안을 충분히 지지해주지 않았다는 것이 비난의 이유였다(고르차코프는 벌써 몇 년 전부터 독일을 차르 제국의 한 수 아래 파트너로 취급해 비스마르크의 노여움을 샀다). 상트페테르부르크와 베를린 사이의 불화는 갈수록 심해졌으며, 1879년 8월 15일의 이른바 '따귀 편지(Ohrfeigen-brief)'로 정점을 찍었다. 이 편지에서 차르 알렉산드르 2세는 최후통첩 형식으로 카이저 빌헬름에게 독일 정책의 미래 노선이 어떤 방향을 취할지 구속력을 가지는 설명을 해달라고 요구하면서, 유례를 찾기 힘든 날카로움으로 독일제국 수상을 비판했다. 이 편지로 비스마르크는 뚜껑이 열리고 말았다. 내각회의를 주재한 자리에서 비스마르크는 이렇게 말했다. "러시아는 유일한 친구를 상대로 마치 신하에게 왜 빨리 계단을 올라오지 못하냐며 폭언을 일삼는 아시아 폭군처럼 군다.…차르의 태도와 편지는 주군이 노예를 다룰 때 하는 것과 마찬가지다."[36] 이제 그는 오랫동안 회피해왔던 것을 실행하기로 했다.

이 행보는 곧 차르 제국과 합스부르크 왕조 사이에 어느 한쪽을 선택해야만 하지 않을까 궁리해온 것이다. 결국 비스마르크는 러시아를 견제하기 위한 오스트리아-헝가리 제국과의 밀접한 동맹, 곧 '독오동맹'을 결성했다. 비스마르크는 오스트리아의 외무 장관 언드라시 줄러Andrássy Gyula를 신뢰할 만한 협상 파트너라 판단하고, 1879년 9월 말에 빈에서 그와 비밀 동맹 계약을 맺었다. 그러나 이 계약이 효력을 가지기 위해 넘어야 할 벽은 높기만 했다. 카이저 빌헬름은 '독오동맹'의 결성이 자신의 조카인 알렉산드르 2세를 배신하는 것이라 보고 극렬히 반대했기 때문이다.

카이저 빌헬름과 비스마르크는 이 주간에 서로 다른 곳이 있었던 터라, 왕과 수상 사이의 심각한 견해 차이는 숱한 편지를 쓰는 엄청난 수고를 통해서만 조정될 수 있었다. 비스마르크는 내각의 만장일치 의결부터 수상에서 물러나겠다는 으름장까지 모든 수단을 동원한 끝에 카이저의 마음을 바꿔 계약 비준을 받아냈다(1879년 10월 16일). '독오동맹'은 5년 기한으로 그 내용은 철저히 비밀에 부쳐진 방어동맹이었다. 가장 중요한 내용은 양국이 "가용할 수 있는 모든 군사력"[37]을 동원해 "두 제국 가운데 어느 한쪽이 러시아의 공격을 받을 때" 돕는다는 것이다. '독오동맹'을 체결했다고 해서 비스마르크는 상트페테르부르크와 연결된 선을 끊지는 않았다. 오히려 과시적으로 오스트리아와 어깨를 나란히 한 것은 애초부터 "러시아를 다시 독일 정치의 우군으로 끌어오려는"[38] 목적을 가졌다고 로타르 갈은 진단한다. "물론 차르 제국의 정치 지도부가 생각하는 것과는 전혀 다른 조건이 충족되어야 한다. 비스마르크는 자신이 '키싱겐 구술'에서 정리했던 '자유로운 손의 정치(Politik der freien Hand)'[39]라는 이상에 맞게 행동했다." 비스마르크의 기대가 온전히 충족된 것은 아니지만, '독오동맹'은 러시아의 태도를 바꾸는 데 성공했다. 이로써 1881년 6월 '삼제동맹'이 다시금 새롭게 체결될 수 있었다.

1878~1879년의 외교정책이 일종의 방향 전환을 이루었다면, 같은 시기의 국내 정치 전반에 걸쳐 이루어진 새로운 방향 정립은 훨씬 더 의미심장하다. 이제 이 방향 정립을 살펴보도록 하자.

비스마르크의 국내 정치를 보는 세간의 평가는 더할 수 없이 선명하다. 빌리 브란트Willy Brandt는 핵심을 아주 간결하게 짚었다. "비스마르크는 외부에서 보는 통일은 성공했다. 하지만 내부의 통일은 이루지 못했다."[40] 다른 연방 수상, 곧 콘라트 아데나워Konrad Adenauer 역시 비스마르크는 위대한 외교 정치를 펼쳤지만, 국내 정치는 매우 나빴다며 아주 비슷한 평가를 내렸다. "외교적으로 독일은 막강한 힘을 과시했다. 이는 분명 비스마르크의 공적이다. 하지만 그는 국내 정치의 실정으로 이 힘이 국가의 훌륭한 기초를 다지는 것을 막았다."[41]

비스마르크가 내적인 통일을 이루지 못했다는 점, 정적들을 공공연히 '제국의 적'이라고 몰아세우고 박해함으로써 민족을 분열시켰다는 점은 분명 세간의 지배적인 평가이다. 비스마르크의 국내 정치를 겨눈 이런 신랄한 비판은 과연 정확할까? 세상일이라는 게 항상 그렇듯 이 문제에서도 섣불리 판단하기에 앞서 전후 사정을 냉철하게 짚어보는 자세가 꼭 필요하다. 의심할 바 없이 제국 창설 이후 최우선 과제는 내적인 안정화를 꾀해 어렵사리 이룩한 통일의 내실을 다지고 굳히는 일이었다. 이런 관점에서 볼 때 비스마르크는 부분적으로는 성공했으나, 실패한 부분도 적지 않다.

먼저 성공한 부분부터 살피기로 하자. 사람들은 흔히 운이 좋아서 성공했다는 말을 한다. 이 부분부터 살펴야 하는 이유는 바로 운이 좋아서, 당연한 것처럼 여기는 통에 적절한 방식으로 그 진정한 가치를 평가하지 않기 때문이다. 1870년대는 신생 독일제국이 개혁에 몰두해야 하는 중요한 시기였다. 이 개혁 작업은 제국 수상, 그리고 제국 의회를 주도하는 민족자유주의 사이의 긴밀한 협력을 통해 "자유주의 정신으로 민족에게 새로운 국가라는 집을 살맛나는 곳으로 꾸며주는 일"[42]이었다.

북독일제국 의회가 의결한 통일적 제국 공간의 창출 관련 법안은 1871년부터 일사천리로 추진됐다. 화폐 법, 제국 은행 설립, 법인과 주식회사 설립의 자유화, 상공업 조례, 제국 언론 법, 제국 관청들의 설립, 사법부 정비와 라이프치히에 제국 법정 설치, 프로이센의 자유 행정 법안과 행정재판소 법(이 지방자치 법안으로 1872년 비스마르크는 프로이센의 구舊보수파와 갈등을 겪었다) 등이 속속 정비됐다. 화폐 법과 은행 법안으로 독일에서는 일곱 개의 서로 다른 통화 지역과 33곳의 화폐 발행 은행이 사라졌다. 제국 전체의 통일 화폐는 이제 마르크가 됐으며, 각 공국이 발행하던 동전은 그 효력을 1878년까지만 인정해주기로 했다. 제국의 화폐 주조권은 제국 은행에 귀속됐다.

토마스 니퍼다이Thomas Nipperdey(1927~1992)[43]는 사람들이 이 시절의 개혁이 가지는 의미를 과소평가하는 경향을 보인다고 촌평한다. 오늘날의 관점에 이런 개혁은 너무나도 당연하게만 보이기 때문이다. 그러나 이런 개혁의 성과는 실로 막중한 의미를 가진다. "시민사회의 출현. 거대 시장 개방, 자유경쟁, 자본주의, 거주이전의자유, 신분적이고 관료적인 제한을 완화한 실력 위주의 평가 등이 이 개혁으로 이루어졌다. 계급사회의 재편도 마찬가지다. 이 모든 것은 근대화로 나아간 중요한 행보다."[44] 독일 근대화를 위한 입법 작업을 위해 비스마르크는 의회의 다수 의석이 필요했다. 모든 입법과 제국 살림살이는 의회의 동의를 받아야만 한다고 헌법이 규정했기 때문이다. 헌법의 이런 규정에 비춰 기회가 있을 때마다 거론되는 '수상 독재'는 사실 말이 되지 않는 이야기다(비스마르크 권력의 또 다른 한계는 앞서 여러 차례 언급했던 황실의 견제와 간섭이다). 정부가 추진하는 정책을 위해 의회의 다수결 동의를 얻어내는 일은, 입헌군주제인 독일제국에서 수상의 예술 경지에 오른 통치력을 요구했다. 그래서 정부는 정당들과 긴밀히 협조하지 않을 수 없었다. 그러나 정당에 의존하는 일만큼은 비스마르크의 의지가 허락하지 않았다. 비스마르크는 이런 속내를 다음과 같이 드러낸 바 있다. "정부는 정책 추진을 위해 다수결 동의가 필요하다. 정부에게 이런 다수 동의를 만들어주는 사람과 정부는 반드시 이해 공동체로 들어서게 마련이다."[45]

1870년대 말 수상은 제국 의회를 지배하는 민족자유주의자와 자유보수파의 협력을 그리 어렵지 않게 확보했다. 군대 예산과 같은 까다로운 사안에서도 타협점은 찾아졌다(1847년의 '7년기한법'[46]). 1880년대의 통치 행위는 비스마르크가 더는 명확한 의회 다수 그룹의 지지를 얻을 수 없게 되어 훨씬 어려워졌다. 의회에 상정된 매 법안마다 찬반 투쟁은 치열하기만 했다. 수상은 동원할 수 있는 모든 종류의 압력 수단을 결코 꺼리지 않았다. 그럼에도 정부는 항상 성공을 거둘 수는 없었다. 정부의 많은 정책이 의회 동의를 얻지 못해 법안으로 결실을 맺지 못했으며, 의회의 난상 토론을 통해 수정되거나 완전히 바뀌었다는 점은 일반적으로 비스마르크 평가에서 간과되기 일쑤다. 입법은 정부와 의회의 타협이라는 길을 걸을 수밖에 없다.

경제 위기와 문화투쟁

1870년대의 독일 근대화에 정부와 의회 다수파가 상당히 기여한 사실은 한편으로는 문화투쟁으로, 다른 한편으로는 이른바 '창설공황(Gründerkrach, Panic of 1873)'[47]이라고 역사에 기록된 경제 위기로 그늘질 수밖에 없었다. 문화투쟁 이야기는 뒤에서 자세히 다루기로 하고, 먼저 경제 위기부터 살펴보자. 전쟁이 끝나고 독일은 경제가 활황

단계에 접어들었다. 이런 번영에는 프랑스가 전쟁배상금으로 지불한 50억 금프랑(환산하면 약 42억 마르크)이 결정적 역할을 했다.

프리츠 슈테른Fritz Stern (1926~2016)[48]은 당시 상황을 이렇게 요약했다. "3년 만에 제철소, 용광로, 기계 제작 공장은 지난 70년 동안 세워진 것만큼이나 많이 들어섰다. 새롭게 설립된 주식회사들의 창립 자본금을 합친 액수는 28억 마르크에 달했다. 이런 액수는 지난 44년 동안 세워진 모든 주식회사의 자본금과 맞먹는다."[49] 독일의 산업 생산량은 1870년에서 1872년 사이에 3분의 1이나 증가했으며, 무쇠는 40퍼센트 이상이, 철강은 심지어 80퍼센트나 생산이 증가했다.

경제 부흥으로 활력을 얻은 주식회사의 설립은 거리낌 없는 주식 투기의 위장에 불과한 경우가 많았다. 그리고 이 투기에는 귀족이든 아니든 사회 상층부의 많은 사람이 앞다투어 참여했다. 별 수고를 들이지 않고 빠르게 부자가 되기 위해 사람들은 전력을 다해 주가를 끌어올렸다. 주가의 이런 급격한 상승은 이에 상응하는 폭락을 부를 수밖에 없었다. 주가가 무너지면서 사람들은 공포에 가까운 반응을 보였다. 1873년 5월에 시작된 주가 폭락은 오스트리아를 필두로, 이탈리아, 러시아, 그리고 미국을 휩쓸었으며 가을에는 독일을 강타했다. 불과 몇 달 만에 은행과 기업은 줄줄이 도산했다. "1874년 초 61곳의 은행, 116개의 산업 기업과 네 곳의 철도 회사가 파산했다." 막대한 자본이 이 위기로 신기루처럼 사라졌으며, 무수히 많은 사람의 생존 기반이 무너졌다. 사회의 모든 계층이 위기에 똑같이 고통받지는 않았을지라도, "위기를 전혀 감지하지 못하는 사람도 적지 않았는데"[50], 신문을 장식하는 파산 기사들은 위기의 분위기를 한껏 달구었다. 이로써 빚어진 결과는 심각했으며, 지속적인 후유증을 남겼다. 많은 유대인 금융 종사자가 주식시장에서 활동한 탓에, 주식시장 붕괴가 빚은 심리적 충격은 "독일에서 근대 반유대인주의가 탄생한 순간"[51]의 배경이 됐다.

　주식 폭락에 비스마르크는 경제적 충격과 암울한 분위기의 여파는 물론이고, 수족처럼 가까이 지내던 부하 관료 한 명을 잃는 아픔까지 맛보았다. 당시 상당한 영향력을 자랑하던 의원 에두아르트 라스커Eduard Lasker는 프로이센 의회에서 장장 세 시간에 걸친 연설로, 비스마르크의 측근 헤르만 바게너를 '포메른 중앙철도(Pommersche Centralbahn)'의 설립에 특혜를 주었다며 맹렬히 공격했다. 특별 인쇄로 두 주 만에 4쇄가 찍혀 배포된 이 연설은 여론을 충격에 빠뜨렸으며, 장관들을 곤혹스럽게 만들었다. 통상 장관 이첸플리츠Itzenplitz가 사임했으며, 바게너는 조기 퇴직을 신청했다. 비스마르크는 바게너에게 1년 전 이런 편지를 썼다. "당신은 내가 거리낌이 없이 마음을 솔직하게 털어놓을 수 있는 유일한 사람이오. 더는 당신에게 내 속내를 털어놓을 수 없다면, 나는 분노로 질식할 거요."[52] 비스마르크는 바게너를 몰아세워 퇴임을 강제한 라스커를 절대 용서할 수 없었다.

　호황의 갑작스러운 끝은 성장 둔화의 시기로 이어졌다. 이 시기는 몇몇 단기적인 회복세가 없는 것은 아니었지만 1890년대까지 지속됐다. 이제 비스마르크는 경제 문제에 집중하면서, 그동안 델브뤼크에게 맡겼던 경제의 중요한 사안을 직접 챙겼다. 이렇게 해서 경제 위기는 상업과 조세 정책의 방향을 새롭게 잡아나갈 동인으로 작용했다. 이처럼 새로워진 경제정책은 1879년의 관세율에 고스란히 반영됐다.

활황과 위기를 반복하는 경제 문제 외에 국내 정치의 또 다른 주요 문제는 좌파자유주의자인 루돌프 피르호Rudolf Virchow(1821~1902)[53]가 '문화투쟁'이라는 개념으로 집약해 표현한 것이다. 한쪽에는 비스마르크 정부와 자유주의가, 그 반대편에는 가톨릭교회와 이를 대변하는 정당인 중앙당(Zentrum)이 서로 문화의 주도권을 놓고 치열하게 다툰 싸움이 '문화투쟁'이다. 새롭게 설립된 제국의 인구는 2천5백만여 명의 개신교도와 약 1천5백만여 명의 가톨릭교도로 구성됐다. 가톨릭교도들을 '소수파'라고 말하는 사람은 이 소수가 개신교의 '다수'와 비교해 작은 세력이 결코 아니라는 것을 유념해야만 한다. 자유주의를 신봉하는 개신교도 시민들은 독일 가톨릭이 내세우는 '교황 지상주의'를 반근대적이며 진보에 적대적이고, 민족적 색채를 허용하지 않는 것이라고 보고 거부했다. 이런 반감은 특히 교황 비오 9세Pius IX가 '실라부스 에로룸Syllabus errorum[54](1864)'을 공표하며 자유주의가 주장하는 정치, 문화, 경제의 원칙들은 가톨릭 신앙과 부합할 수 없다고 비난하면서, 제1차 바티칸 공의회(1870)에서 교황은 오류를 저지르지 않는다는 '무오류설'로 교황권의 확장을 시도했을 때 일어났다. 이런 반反가톨릭 감정은 무엇보다도 로마 교회의 전투적 태도를 앞장서서 대변하는 예수회 수사들을 공격 목표로 삼았다.

1870년 12월 가톨릭을 믿는 의원들이 베를린에서 회합을 하고 종파를 전면에 내세운 정당을 설립하기로 뜻을 모았을 때, 로마를 구심점으로 삼는 가톨릭 세력은 독일에서 무시할 수 없는 영향력을 자랑하는 정파로 발돋움했다. 중앙당은 이미 1871년 3월의 초대 제국 의회 선거에 후보를 내고 63명을 당선시키는 기염을 토했다. 이로써 중앙당은 제국 의회에서 두 번째로 의석이 많은 정당이 됐다(제1당은 민족자유주의 정당).

비스마르크가 왜 1871년 제국 창설 이후 중앙당과 가톨릭교회를 상대로 투쟁을 시작했는지, 그 동기는 역사가들로 하여금 골치를 앓게 만든 문제다. 국가관의 근본적인 차이 때문에? 비스마르크는 가톨릭 정파가 제국의 안정을 위협한다고 보았던 걸까? 독일제국을 반대하는 가톨릭 국가들이 결탁('검은 국제조직schwarze Internationale')해 독일에 그 다섯 번째 지부로 중앙당을 설치해 반역을 꾀하고 있다고 염려했던 걸까? 혹시 비스마르크는 문화와 종교 갈등을 부추겨 자유주의 정당을 자신의 편으로 끌어들인 다음 권력 다툼에 이용하려 했던 걸까? 당시 기록들을 아무리 살펴도 명확한 답은 얻을 수 없다. 그래서 이 문제에는 아예 다양한 동기가 다발로 묶여 결정적으로 작용했다고 보는 가정도 크게 빗나가지는 않는다. 이 가운데 특히 주목해야 할 것은 두 가지 동기다.

우선 주목해야 하는 동기는 비스마르크가 애초부터 종파 정당의 결성을 매우 꺼렸다는 점이다. 가톨릭을 전면에 내세운 정당은 그 의회 활동의 출발점과 목표점을 로마 교황청의 이해관계로 삼을 것이 분명했기 때문이며, 실제로도 그랬다. 제국 의회에서 중앙당이 상정한 첫 두 가지 안건은 정확히 이런 방향성을 보여주었다. 카이저의 개회 연설 뒤에 이어진 안건 상정에서 중앙당은 제국 의회가 '로마의 문제'에 관심을 가져야 한다고 강조했다. 돌려 말할 거 없이 확실한 속내는 이렇다. 교황이 세속의 지배권을 회복할 수 있게 도와줄 것! 왕국 이탈리아보다 교황청을 우선시할 것. 헌법 문제를 둘러싼 토론에서 중앙당은 프로이센 헌법이 보장하는 기본권, 곧 교회하고만 관련된 기본권을 제국 헌법에도 채택해 달라고 요구했다. 중앙당에 호감을 가진 역사학자들조차 이 두 안건은 "파국적인 행동"[55]이라고 평가한다. 이 안건들로 미루어볼 때 중앙당이 교회의 이해관계에만 충실하다는 점은 분명히 드러난다. 다시 말해서 문화투쟁이 촉발된 데에는 중앙당의 책임도 크다.

두 번째로 살펴야 하는 동기는 폴란드와 관련한 것이다. 예전부터 비스마르크를 항상 사로잡았던 근심은 프로이센의 동쪽 국경이 폴란드 민족운동으로 위협받지 않을까 하는 것이었다. 더욱이 동쪽 지방에서는 폴란드어가 독일어 대신 쓰이는 경우가 갈수록 늘어났다. 비스마르크는 포젠Posen(폴란드어 포즈난Poznań)과 프로이센 서부의 일부 지역들, 그리고 슐레지엔의 폴란드 출신 성직자들을 '폴란드화'

를 획책하는 요원으로 의심했다. 이 성직자들은 초등학교에서 장학관으로 활동하면서 폴란드어를 장려했기 때문이다. 이렇게 볼 때 비스마르크가 문화투쟁의 첫 공격 상대로 가톨릭 정치 세력을 고른 것은 우연이라고 볼 수 없다. 문화부 내 산하 부서로 1841년에 세워진 '가톨릭 부서'는 1871년 7월 해체됐다. 부서장이 프로이센 동쪽 지역에서 성직자들이 폴란드화를 꾀하는 경향을 지원했다는 것이 이유였다. 오랜 세월 비스마르크는 기회가 있을 때마다 문화투쟁의 뿌리는 폴란드 문제에 있다고 강조하곤 했다. 이 발언은 진지하게 받아들여야 한다.

비스마르크가 가톨릭을 보는 선입견에서 자유로웠던 것은 아니다. 이미 프랑크푸르트 시절에도 비스마르크는 (바덴에서 벌어졌던 교회 논쟁을 계기로) "교황 지상주의를 표방하는 정당은 절대 화합할 수 없는, 우리의 가장 위험한 적"[56]이라고 보았다. 하지만 수상은 자유주의자들처럼 "가톨릭교회와의 투쟁은 필수적이다"[57]라고까지 보지는 않았다. 토마스 니퍼다이는 비스마르크가 가톨릭과의 싸움을 일종의 이데올로기처럼 여긴 자유주의와는 입장을 달리했다고 평가한다. 자유주의와 비스마르크가 가톨릭을 상대로 싸운 동기와 목적은 서로 일치하지 않는다. 비스마르크에게 중요한 것은 이데올로기가 아니라 정치, 곧 문화투쟁이 제국을 안정화하기 위한 예방전쟁의 수단이었다는 점이다. 그가 보기에 중앙당은 제국의 건설과 그 체제의 안정화를 위협했다. 중앙당을 정당으로서 배제하는 것, 교회로 하여금 중앙당을 포기하게 만드는 것이 그의 목표였다. 문화투쟁에서 자유주의자들이 비스마르크를 강력하게 지원해준 것은 오히려 자유주의를 자신의 통제 아래 두려는 비스마르크의 전략이 성공했음을 보여주는 방증이다. "그러나 이것은 어디까지나 부수적인 효과였지, 원래 목표는 아니다."

문화투쟁의 본격적인 시발점은 1872년 1월 30일 프로이센 의회에서 행한 비스마르크의 연설이다. 이 연설에서 그는 중앙당의 설립을 "국가에 반하는 정파의 책동"[58]으로밖에 달리 볼 수 없다고 강조했다. 이후 얼마 뒤 제국 의회에서는 저 유명한 발언이 나왔다. "우리는 몸이든 정신이든 카노사로 가지 않는다."[59] 비스마르크는 1873년 귀족원에서 선포했듯, 정부는 "위기에 처한 국가를 수호하려는 정당방어正當防禦"[60]를 강요받았다고 보았다.

정부와 의회 다수파의 법적인 대책과 이에 맞서는 중앙당과 주교단, 로마교황청 특사, 그리고 가톨릭 신자들 사이의 갈등은 1872년부터 갈수록 첨예해지면서 제어하기 어려워졌다. 이 갈등을 상세히 추적하는 일은 따로 한 권의 책을 써야 할 정도로 방대해서, 그저 몇 가지만 확인하겠다. 투쟁은 제국과 연방 회원국들이라는 두 가지 차원에서 전개됐다. 특히 프로이센에서 투쟁은 치열하기만 했다. 제국 의회는 1871년 말 바이에른 정부의 주도로 이른바 '성직자 조항(성직자의 권한 남용 방지)'을 담은 법안을, 1872년 6월에는 예수회 법안(예수회 수사들을 독일에서 추방함)을, 1875년 2월에는 '결혼 의무를 정한 법안

(Zivilehe, 프로이센은 이미 1874년에 도입함)'[61]을 각각 통과시켰다. 1872년 부터 투쟁은 더는 제국이 아니라, 프로이센을 중심으로 이루어졌다. 투쟁을 위한 법안을 준비하고 이를 실행에 옮기는 일의 책임을 '추밀원의 자유주의 고문관'이기도 한 프로이센의 문화 장관 아달베르트 팔크Adalbert Falk가 담당했기 때문이다. 1872년 3월에 프로이센 의회와 귀족원은 학교의 감독 권한을 국가가 독점하는 학교 감독 법안을 통과시켰다. 이 법안은 분명, 비스마르크가 보기에도, 가장 중요한 문화투쟁 법률이다("지역과 군의 장학관 임명은…오로지 국가에게만 허용된 권한이다"[62]). 1873년의 '5월 법령'은 교회를 감독할 국가의 권한을 강화했으며, 성직자와 일반 신도를 상대로 가톨릭교회가 행사하는 징계권을 대폭 축소했다. 이로써 교회에서 탈퇴하는 일은 한결 쉬워졌다. 1874년 7월 가톨릭 신앙을 가진 어떤 노동자가 비스마르크를 암살하려 한 시도(그는 가벼운 부상만 입었다)로 문화투쟁은 더욱 달아올랐다.[63] 교황 비오 9세가 교서를 내려 이런 일련의 교회 관련법들을 무효로 선언하고, 이 법의 실행에 가담하는 사람들을 파문하겠다고 위협했을 때(1875년 2월 5일), 프로이센은 1875년 5월에 새로운 법안들을 속속 선보이는 대응책을 구사했다('빵바구니법', 수도원 법).[64] 문화투쟁은 이제 절정으로 치달았다. 여러 명의 주교와 다수의 성직자가 직을 잃거나, 심지어 벌금형이나 금고형을 선고받았다. 한때는 프로이센의 전체 주교들이 자리를 잃었으며, 가톨릭 교구의 4분의 1이 신부를 찾지 못했다. 그렇지만 중앙당이 법적으로 공격받지 않았다는 사

실 역시 주목해야만 한다. 중앙당은 선거에서도 계속해서 좋은 성과를 거두며 멀쩡하게 활동했다.

이처럼 완전히 꼬여버린 상황에서 빠져나올 탈출구는 어떻게 찾아야 좋을까? 1875년 이후 비스마르크는 점차 적의 저항력을 과소평가했음을 깨닫기 시작했다. 문화 장관 팔크가 가톨릭교회를 상대로 일련의 소송까지 감행하고 비스마르크의 의도가 일부 반영된 이대결에서 누가 봐도 확연한 승리란 쟁취될 수 없었다. 노선 변경을 꾀하는 일은 대다수 자유주의자보다는 비스마르크에게 훨씬 더 쉬웠다. 그는 이 싸움을 정치적 목적을 가지고 수행했을 뿐, 세계관 전쟁으로는 보지 않았기 때문이다. 격정으로 숱한 명언을 구사해가며 싸우기는 했어도 비스마르크는 "가톨릭을 반드시 눌러야 한다는 사명 의식"[65] 같은 것은 몰랐다고 토마스 니퍼다이는 진단한다. 비스마르크는 '베드로좌(Stuhl Petri)'[66]의 주인이 바뀌면서 열린 기회를 놓치지 않고 잡았다. 1878년 2월 비스마르크에게 강경한 태도로 일관해 문화투쟁의 상징과도 같았던 교황 비오 9세가 사망했다. 그의 후계자 레오 13세Leo XIII는 타협을 염두에 두었다. 사실 유럽의 거의 모든 대국에서 교황청 특사가 갈등에 휘말리는 통에 교황은 달리 도리가 없었다.

1879년 5월 3일 비스마르크는 중앙당 당수 루트비히 빈트토르스트Ludwig Windthorst와 독대하며 대담을 나누었다. 의회 전술의 대가이면서 타고난 웅변가로 제국 의회에서 수상의 맞상대로 활약한 빈트토르스트와 비스마르크는 서로 한 치의 양보도 없이 말의 결투를 벌였다. 비스마르크는 중앙당 당수에게 가진 깊은 개인적 혐오를 노골적으로 드러내기도 했다. 빈트토르스트를 보는 반감이 얼마나 컸는지는 문화투쟁이 한창일 때 비스마르크가 측근에게 한 발언이 고스란히 증명한다. "나의 생명력을 지켜주고 내 인생을 살아볼 만한 것으로 만드는 건 두 가지야. 내 아내 그리고 빈트토르스트. 한쪽은 사랑을 위해, 다른 쪽은 증오를 위해."[67] 그렇지만 1879년 5월에 비스마르크는 중앙당 당수와 소통의 길을 모색했다. 몇 주 뒤 문화 장관 팔크는 직을 내려놓겠다고 사임 요청을 했다. 그리고 의회에서 열린 '맥주의 밤' 행사에서 수상은 이렇게 선포했다. "문화투쟁은 끝났다. 우리는 이 싸움을 더는 지속하지 않고, 무기를 내려놓기로 했다. 하지만 무기에 기름칠은 잘해두자."[68]

비스마르크가 문화투쟁을 종식하기로 한 결정은 1878~1879년에 걸쳐 국내 정치의 방향을 새롭게 정립하려는 노력과 맞물려 내려졌다(새로운 방향 정립은 곧 자세히 다루겠다). 특히 비스마르크가 관심을 가진 것은 새로운 경제정책과 금융정책을 중앙당이 의회에서 지지해줄 수 있다는 점이었다. 문화투쟁은 1880년대에 여러 법을 '완화하는 조치', 곧 그동안 서슬이 시퍼렇던 투쟁 법들을 약화하는 경로를 통해 점차 종식해가는 순서를 밟았다. 1882년에는 1872년에 단절됐던 바티칸과의 외교 관계가 복원됐으며, 개신교 신도로는 최초로 비스마르크는 교황에게서 다이아몬드로 장식된 '그리스도 최고

훈장'을 받았다.

　문화투쟁의 이런 결말은 어떻게 평가되어야 좋을까? 중앙당과 가톨릭교회는 주목할 만한 '방어 승리'를 이루기는 했지만, 1871년의 원상을 고스란히 회복하지는 못했다. 학교 감독 법안, 성직자 법안, 예수회 법안, 결혼 의무 조항 도입, 가톨릭 출교를 쉽게 정한 법안 등은 여전히 효력을 유지했다. 이런 법들이 그대로 유지됐다는 점은 정부의 승리로 평가할 수 있는 부분이다. 종합적으로 볼 때 문화투쟁은, 온건하게 표현하자면 비스마르크 정치 이력에서 빛을 발하는 화려한 지점은 아니다. 비스마르크가 이 투쟁에서 쓴 방법과 그의 행보를 겨눈 비판은 예나 지금이나 정당하다. 그렇지만 문화투쟁이 더 깊은 갈등의 골로 떨어지지 않고 어느 정도 균형을 유지하며 갈무리될 수 있었던 것은, 다시금 수상의 대가다운 외교 솜씨가 발휘한 덕분이다.

제국의 안정화

1878~1879년에는 국내 정치의 극적인 사건들이 봇물 터지듯 일어나면서 정치와 의회의 세력 관계에 결정적인 변화를 불러일으켰다. 민족자유주의자들은 더는 비스마르크가 의회를 장악하는 기둥 노릇을 하지 못했으며, 보수가 다시금 힘을 얻었고, 중앙당과의 협력이 가능해졌다. 사회민주주의자들은 이들을 노린 예외적인 특별법으로 탄

압받았다.

비스마르크는 과연 의도적이고 정밀한 계획으로 정세 변화를 이끌어 제국이 두 번째로 '내적' 전환하는데 시동을 걸었을까? 계획적으로 정치 상황을 연출했다는 해석은 한때 상당한 인기를 끌었다. 하지만 그동안 거의 잊혔으며 간헐적으로만 고개를 들고 있다. 원전을 충실하게 보면, 1875년 이후부터 1878~1879년의 국내 정치 재정비 결정에 이르기까지 변화해온 사태 추이는 확정된 계획을 실현에 옮긴 것이 아니다. 제2차 제국 건설이라는 계획의 체계적인 추진이라는 논제는 설득력이 떨어진다. 오히려 정세의 변화는 "어느 방향으로 나아갈지 아주 애매했으며, 출발점에서 본 것과는 전혀 다른 방향으로 나아갈 가능성이 크기도 했다."[69]

새로운 방향 정립의 출발점은 비스마르크가 교역과 관세정책에서 시도한 노선 변화이다. 주식 폭락과 경제 위기 발발 이후 제국이 실행했던 자유주의 기조의 자유무역정책은 십자포화에 시달렸다. 그때까지 별 영향력을 가지지 못했던 보호관세 추종자들이 이제 강력한 목소리를 냈으며, 여론의 분위기도 보호주의 쪽으로 기울었다. 비스마르크의 재산을 관리해주던 은행가 블라이히뢰더Gerson von Bleichröder(1822~1891)[70]는 1875년 11월에 수상에게 "독일의 산업이 무너지지 않으려면"[71], 교역 정책을 바꿔야만 한다고 강변했다. 비스마르크는 독일 경제를 직접 챙겨야겠다고 마음을 굳혔다. 그는 그때까지 루돌프 폰 델브뤼크에게 맡겨두었던 교역과 관세정책의 조종간을 손수 잡기로 했다. 비스마르크는 보호관세의 도입으로 경제가 상당히 좋아질 것으로 굳게 확신했다. 기업가뿐만 아니라 노동자를 위해서도, 대지주뿐만 아니라 중소 규모 농부들에게도 고루 혜택을 줄 수 있는 특허 처방은 관세였다. 게다가 관세 수입과 더불어 간접세 인상으로 비스마르크는 그동안 추구해온 국내 정치의 주목표인 재무 개혁에 근접할 수 있다고 보았다. 재무 개혁이란 제국 정부가 재정적으로 독립하는 것을 뜻한다. 다시 말해 연방 회원국들의 분담액에 의존하지 않고 중앙정부가 독자적인 힘으로 필요한 예산을 확보하는 것이 비스마르크가 추구해온 목표이다. 이런 목표는 복잡하기는 하지만 대단히 실용적이며, 권력관계의 계산만으로는 나올 수 없는 발상이다. 경제와 재무 정책에서 새로운 노선을 추구한 결정적 배경은 독일제국의 안정적 운영 때문이다.

이 노선은 1876년 자유무역에 방향을 맞춘 경제정책, 정부 차원에서 자유주의 경제를 대표한 인물인 델브뤼크가 퇴임하면서 본격적으로 시작됐다. 그런데 자유주의 무역을 신봉하는 정치가들이 주류를 이룬 민족자유주의 진영이 보호관세로 넘어가는 과정을 순순히 따라 와줄까?

비스마르크가 이 노선을 추진하면서 얼마나 신중했는지는, 1877년 말 민족자유주의 진영의 지도자 루돌프 폰 베니히젠Rudolf von Bennigsen을 프로이센 내각에 입각시키려 노력했다는 점에서 잘 드러난다. 그러나 이 진지한 노력은 수포로 돌아갔다. 민족자유당에서 우파

계열을 대표한 베니히젠이 내건 조건 때문이다. 당내 좌파에 속한 의원 두 명이 함께 장관이 되어야 한다는 조건이었다. 비스마르크는 이런 요구를 받아들이려 하지 않았다. 분명 카이저의 승인을 받아내기 어렵다는 점이 거부의 결정적 원인이었다.

관세율 문제가 본격적으로 불거지기 전에 국내 정치는 다른 논란거리로 몸살을 앓았다. 1878년 초여름 카이저 빌헬름 1세를 겨눈 두 번의 암살 시도가 벌어졌다. 첫 번째인 5월 11일에 카이저는 몸 성히 살아남았지만, 6월 2일의 두 번째 시도에서는 중상을 입었다. 오래전부터 사회민주주의가 국가와 사회의 질서를 심각하게 위협한다고 보았던 비스마르크는 이 기회를 이용해 사회민주주의에 일대 타격을 가하기로 결심했다. 관련 수사가 이뤄지기도 전에 비스마르크는 첫 번째 빗나간 암살 시도의 배후로 사회민주주의를 지목하고, 제국 의회에 비상조치 법안을 대단히 서둘러 마련해 상정했다. 의회는 이 법안을 압도적인 표 차이로 부결시켰다. 민족자유주의 정당 역시 반대표를 던졌다. 이날은 5월 24일이었다. 며칠 뒤 두 번째 암살 시도가 감행됐다. 81세의 카이저는 산탄에 맞아 얼굴과 목과 어깨와 팔에 다시 회복할 수 없을 지경으로 보이는 중상을 입었다. 황급히 황태자가 카이저의 자리를 대신해야만 했을 때, 비스마르크는 단 한순간도 머뭇거리지 않았다. 그는 제국 의회의 해산을 명령했다(베를린 회의가 개막하기 이틀 전이다!). 의회 해산은 일촉즉발의 감정으로 얼룩진 선거전에서 정당들, 특히 민족자유주의 정당에 압력을 가해 사회민주주의를 겨냥한 비상 법안을 통과시키려는 전술(그리고 보호관세의 도입을 위해 계획된 법안을 통과시키려는 전술)이었다. 이 전술은 성공했다.

1878년 10월 제국 의회는 찬성 221표 대 반대 149표로 "사회민주주의가 공동체를 위협하는 행위를 방지하는 법안"[72]을 통과시켰다. 찬성표는 보수적 정당들과 민족자유주의 정당의 대다수 의원이, 반대표는 몇 안 되는 사회민주주의 의원들과 중앙당, 그리고 좌파자유주의의 진보 정당이 각각 던졌다. 이 법안(처음에는 3년 동안 유효했으며, 이후 세 번 연장된 법안)은 "사회민주주의가 추구하는 목표를 드러내는" 단체, 집회, 언론 기사 등을 금고형과 벌금형으로 처벌한다고 규정했다. 더 나아가 이 법안으로 관청은 "공공의 안녕과 질서를 위협하는 것으로 의심되는 인물"을 관할구역과 지방에서 추방할 권리를 얻었다. 다분히 자의적인 법 조항은 권력의 입맛대로 해석하고 실행할 행동 공간을 활짝 열어두었다. 사회민주주의에게 합법적으로 허락된 유일한 활동은 제국 의회와 지방의회 선거에 참여하는 것뿐이었다.

사회주의 법을 통과시키고 난 뒤 재정과 임금 개혁을 놓고 투쟁의 불이 붙었다. 이 논란은 의회 안팎에서 몇 달을 두고 지속됐다. 1879년 7월 12일 제국 의회는 반대보다 1백여 표가 더 많은 찬성표로 농산물과 공산물에 높은 관세를 부과하는 법안을 통과시켰다. 이 법안에는 보수파와 중앙당 외에도 민족자유주의 정당의 많은 의원이 찬성했다. 이로써 민족자유주의 정당은 거의 붕괴할 정도로 심각한 분열을 겪었다(1880년 당내 좌파는 '분당'을 시도했다). 이 법안이 다수결로 통과될 수 있도록 비스마르크는 정부 안의 일부가 삭제당하는 것을 감수해야 했으며, 제국 정부로서는 감당하기 힘든 불쾌함도 참아야만 했다. 중앙당은 비스마르크에게 이른바 '프랑켄슈타인 조항(Franckensteinsche Klausel)'[73]으로 매년 1억3천만 마르크가 넘는 초과 관세 수입을 연방 회원국들에 나누어줄 것을 강요했기 때문이다.

비스마르크는 비록 자신이 구상한 모든 것을 이루지는 못했지만, 특히 재정 개혁과 관련한 자신의 의지를 일정 부분 포기해야만 했지만, 자유 교역에서 보호관세 정책으로 넘어가는 일만큼은 완결지은 것에 만족해했다. 하지만 이에 치른 대가는 만만치 않았다. 너무나 뼈 아팠던 점은 이제부터 비스마르크가 의회의 안정적 다수를 기대할 수 없게 됐다는 사실이다. 이런 수세는 1881년의 제국 의회 선거에서 야당들이 약진함으로써 더욱 분명해졌다. 이제 수상은 야당들이 다수를 차지한 의회를 상대해야만 했다. 총 397개 의석 가운데 206석은 중앙당과 진보당, 그리고 '분열파(민족자유주의 정당을 탈당한 좌파자유주의자들)'가 차지했다. 그 밖에도 벨프당, 폴란드당, 알자스로렌당, 사회민주주의당은 모두 합쳐 50석을 가져갔다.[74] 1884년 선거에서도 의회의 이런 구도는 크게 변하지 않았으며, 정부를 반대하는 야당들이 다수를 차지했다. 물론 이런 다수는 부정적인, 곧 비동질적인 야당이었다. 다시 말해 수상은 야당끼리 서로 반목하도록 조장하는 쪽으로 전술을 구사할 여지가 충분했다. 몇몇 정책은 야당끼리 싸우도록 기다려주는 것만으로 충분히 통했다. 하지만 분명 이런 상황이 만족스러운 것은 아니었다. 당시 수상을 겨눈 널리 퍼진 불신의 분위기를 테오도어 폰타네는 1881년 이렇게 묘사했다. "국민 사이에 비스마르크를 보는 거부감은 점차 먹구름처럼 몰려왔다. 사회 상층부는 이미 오래전부터 비스마르크에게 등을 돌렸다. 그를 무너뜨리는 것은 그가 쓰는 정책적 수단이 아니라, 자신과 의견이 다른 사람들을 바라보는 의심이었다. 그는 자신이 높은 인기를 누린다고 착각했다. 한때 인기는 대단했지만, 이제 그런 인기를 사라지고 없다는 점을 그 자신만 몰랐다. 매일 수백 명이, 아니 수천 명이 그에게 등을 돌렸다."[75]

제국 의회의 발목 잡는 행태는 수상을 도발해 수상이 정당과 의회를 향한 비방을 폭죽 터지듯 쏟아놓게 했다. 비스마르크는 "의회라는 코미디 무대"[76], "소모적인 계파 환자들"[77], "의회 지배 권력이라는 망상"[78]을 상대로 마지막 숨을 쉬는 그 순간까지 싸우겠노라 다짐했다. 1880년대 초반 비스마르크는 정당과 의회를 약화하려고 정부 기관이 아닌 것처럼 보이는 일련의 위원회를 차례로 만드는 수고를 아끼지 않았다. 1881년에 세워진 '프로이센국민경제위원회'가 그 좋은 예이다. 이 위원회는 사실 제국 의회에 대항마로 키우려 계획한 '제국국민경제위원회'를 위한 초석을 깔려던 것이다. 그러나 결국 '제국국민경제위원회'는 탄생하지 못했다. '프로이센국민경제위원회'는 몇 차례 회합을 가졌으나, 소리 소문도 없이 문을 닫았다. 정부의 이런 노력은 물거품이 됐으며, 의회와 정당들은 여전히 세를 떨쳤다.

복지국가의 초석을 다지다

의회의 까다로운 세력 관계 탓에 비스마르크 정부가 1880년대에 국내 정치의 가장 중요한 과제로 삼았던 것은 입법 과정이다. 특히 사회복지 법안은 오래 걸렸으며, 숱한 난제를 극복해야만 했다. 질병, 사고, 상해, 노년 등에 따른 생활고를 덜어주고자 전국 차원에서 도입하기로 한 첫 번째 사회보장제도는 독일제국을 "전 세계에서 사회보장의 최신 체계를 발전시킨 선구 국가"[79]로 만들어주었다고 게르하르트 리터Gerhard Ritter(1929~2015)[80]는 평가한다. 사회복지 법안의 입법이야말로 비스마르크가 국내 정치에서 이룩한 가장 중요한 성과라는 평가는 틀린 게 아니다. 그가 이 법안을 책임지고 주도했다는 것은 논란의 여지가 없는 사실이다. 1880년 9월 비스마르크는 사회정책을 담당하는 프로이센 통상부 업무를 직접 전결 처리했으며, 1881년 11월에는 와병 중인 카이저를 대신해 새로운 제국 의회 개회식에서 "최고 존엄의 메시지"를 낭독하면서 사회보장법의 입법을 예고했다. 카이저의 친서 형식인 이 연설문은 사실 비스마르크가 직접 손본 원고이다. 이런 발의를 두고 세간에서는 사회민주주의를 겨냥한 양면 전략이라고 보는 평가가 우세하다. 한편으로는 비상 긴급 조치로 사회민주주의를 압박하면서, 다른 한편으로는 사회보장으로 사회민주주의를 달래려 들었다는 주장이다. 노골적으로 표현해서 "채찍과 당근을 쓰는 권위의식에 절은 가부장"[81]이 바로 비스마르크라고 일각에서는 비아냥거림이 그칠 줄 몰랐다. 완전히 틀린 말은 아니지만, 그렇다고 완전히 맞는 말도 아니다. 노동자를 생활의 기본적인 위험 요소로부터 보호해줌으로써 노동자 계층이 왕조 국가에 호감을 느끼도록 유도한 것은 부정할 수 없는 사실이다. 그러나 최신 연구는 사회주의 법과 사회보장 정치의 시작 사이에는 직접적인 연관이 없음을 확인했다. 사회민주주의와는 별개로 사회보장 정치는 비스마르크가 그 중요성을 의식하고 추진한 것이다. 비스마르크는 포괄적인 노동자 보호법의 제정에 반대하기는 했지만(특히 일요일 노동 금지법을 반대했다), 산업자본주의가 만들어내는 사회적 폐해의 심각성을 간파하고, 노동자의 사회적이고 경제적인 위치를 정부 대책으로 개선해줄 필연성을 깨달았다. 이미 1871년 비스마르크는 "입법과 행정으로 노동자 계층의 희망을, 보편적 국익과 부합하는 한에서 돌봐주어야 한다"[82]고 입장을 천명한 바 있다.

비스마르크가 1881년에 중점적으로 관심을 가졌던 사안은 산업재해보험이다. 산업재해보험이란 근무 중에 일어난 사고를 고용주가 충분히 보상해주지 않으려 한 탓에 도입하기로 한 것이다(일을 하다가 다쳤다는 점을 증명해야 하는 부담은 사고를 당한 노동자가 직접 해야 해서 무수한 소송이 불가피했다). 이 안건은 그 입법 과정이 대단히 복잡하고 힘들었기 때문에 이 책에서 자세히 다룰 수 없는 문제다. 대략 큰 줄기만 짚자면 의회에서 격론이 벌어지고 난 뒤, 산업재해보험의 세 번째 안이 1884년 6월에 보수와 중앙당과 민족자유주의 정당의 찬성표로 받아들여지기까지 헤아릴 수 없을 정도로 숱한 입법 시도가 이루어졌다. 반대표는 사회민주주의당 외에 독일자유주의 정당(진보당과 분당파가 연합한 정당)이 던졌다. 좌파자유주의 성향의 '독일자유주의 정당'은 모든 사회보장법을 거부했다. 이 정당은 사회보장법을 새로운 형태의 국가 통제라고 보았기 때문이다. 이 정당의 당수로 국가 주도형이 아닌 민간 보험 제도를 찬성한 루트비히 밤베르거는 "국가가 사회보장이라는 변덕을 부린다"[83]는 발언까지 서슴지 않았다. 산업재해보험법안 이전에 제국 의회는 의료보험의 의무 가입을 정한 법안을 통과시켰다. 이 법안에 비스마르크는 거의 관여하지 않았다. 법안이 준비되는 동안 그는 아팠기 때문이다. 노년 연금보험과 상해보험을 다룬 법안도 1887년부터 제국 의회와 각종 위원회를 거치며 지루한 협상을 거쳐야만 했다. 1889년 5월 18일 비스마르크의 제국 의회 연설(마지막 연설)은 이 법이 결국 근소한 차이로 통과되는 데 결정적으로 기여했다. 비스마르크는 사회보장을 위한 세 가지 법안, 산업재해와 노년 연금과 상해보상의 법안이 의회를 통과할 수 있도록 통 크게 양보를 해야만 했다. 의회의 다수 의원이 세금으로 사회보장의 재원을 마련하려는 수상의 의중을 거부했기 때문이다. 결국 비스마르크는 노년 연금과 상해보상의 경우에만 (조촐한) 국가보조금을 지급하는 안을 관철시켰다. 산업재해보험은 고용주만이 보험료를 내며, 의료보험의 경우에는 고용주가 3분의 1, 그리고 피보험자가 3분의 2를 부담하기로 했다. 어쨌거나 비스마르크가 쟁취해낸 성과는 민간 보험의 배제와 보험의 의무 가입과 사회보장의 공익적 성격이다.

비스마르크의 국내 정치 성과를 총평해보자면, 몇몇 성공에도 "그 자신과 독일을 위해 설정한 목표"[84]를 이루지는 못했다는 오토 플란체의 진단은 정확하다. 그가 특히 간절히 원했던 재정 개혁은 이뤄지지 않았다. 중앙당은 문화투쟁을, 사회민주주의 정당은 사회주의 법을 각각 이겨냈다. 비스마르크는 제국 의회의 힘을 제한하지도 못했고, 정부를 위한 안정적인 다수 확보도 실패했다. 1879년 관세 문제에서는 대기업과 농업의 이해관계를 하나로 묶는 데 성공했지만, 자신이 계획한 다른 분야들의 주요 쟁점에서 비스마르크는 이런 성과를 끌어내지 못했다. 그래서 전체적인 총평은 기껏해야 성공도 아니요, 그렇다고 실패도 아니라는 애매한 것일 뿐이다.

말년의 외교

국내 정치에서 제국 의회 다수파가 협력할 자세를 보여주느냐 여부에 의존해야만 했던 것과 달리, 비스마르크는 외교 정치에서 자신이 옳다고 여긴 노선을 의회의 영향을 받지 않고 견지할 수 있었다. 1880년대 전반부에 풀어야만 할 외교 문제는 그리 많지 않았다. 이 시절은 동맹 체계를 세우고 다지는 것을 주된 목표로 삼았다. 일차적으로 전쟁 발발을 막는 데 비스마르크는 치중했으며, 이차적으로는 혹 전쟁이 터진다고 하더라도 독일이 홀로 싸우지 않도록 사전 정지 작업을 벌였다. 우선 그는 1881년 6월에, 오랫동안 뻗대는 오스트리아의 지연전술을 무릅쓰고 삼제동맹을 새롭게 맺었다. 엄격하게 비밀에 부쳐진 협약, 1884년에 기한이 3년 더 연장된 협약은 수상이 발칸반도에서 러시아와 오스트리아가 벌이는 경쟁을 어느 정도 통제할 수 있게 해주었다. 1883년 10월 22일 비스마르크는 카이저의 승인을 받을 것으로 확신하고 올린 직소直訴에서, 부단히 노력하면 된다는 단서 아래 자신의 생각을 다음과 같이 정리했다. "우리의 두 이웃 제국들이 동쪽에 가지는 관심을 서로 조정할 수 있도록 난제와 입장 차이를 중개해줌으로써 러시아와 오스트리아 사이의 평화는 보존되고 공고해질 수 있습니다. 이런 방향으로 나아간다면 저는 성공을 의심하지 않습니다. 빈에서도 러시아와의 전쟁은 바라지 않으며 되도록 피하고자 하는 심리가 존재한다고 관측되기 때문입니다."[85]

또 다른 행보는 1882년 5월 '독오동맹'에 이탈리아가 가입함으로써 '삼국동맹'으로 확장한 일이다. 이탈리아는 프랑스가 튀니스를 합병(1881)한 사건으로 속았으며 고립됐다고 느꼈기 때문에 동맹에 가담하기로 했다. 1년 뒤에는 루마니아도 동맹에 합세했다. 스페인과 튀르크는 이 '동맹 체계'에 느슨하게 기대는 모양새를 취했다. 이로써 당시 비스마르크는 최고조에 달한 국제적 권위를 자랑하게 됐다. 베를린 주재 영국 대사는 1880년에 이런 말을 했다. "상트페테르부르크에서 그의 말은 파리와 로마에서와 마찬가지로 복음이다. 그의 발언은 경외심을 가지게 만들며, 그의 침묵은 두려움을 자아내게 한다."[86] 2년 뒤 비스마르크는 주치의에게 이런 말을 했다. "외교 정치때문에 잠 못 이루는 일은 전혀 없네.…프랑스와 영국은 독일의 충고를 구하며, 오스트리아는 사전에 문의하지 않고는 어떤 일도 벌이지 않고, 이탈리아는 공손히 환심을 사며, 이제 러시아조차 화답하는군."[87] 중앙당 당수 빈트토르스트가 1885년 1월 10일 제국 의회에서 격앙된 목소리로 독일은 적들에 둘러싸여 있다고 하자, 비스마르크는 (자신이 믿는 것보다도 더 단호하게) 대답했다. "우리는 유럽의 친구들로 둘러싸여 있다."[88]

비스마르크는 독일이 상대적으로 외교에서 운신의 폭이 자유로웠을 때 오래가지는 않았지만 식민지 정책에 집중했다. 그는 1884~1885년에 남서아프리카, 토고, 카메룬, 동아프리카 및 뉴기니, 그리고 몇몇 남태평양 섬들에 상인과 식민지 개척자들이 독일 국기를 꽂자 독일제국의 보호 아래 두었다. 수상이 무엇을 노리고 이런 행보를 보이게 됐는지 그 동기를 놓고 사람들은 무수한 추정과 해석을 내놓았다(동시대인들보다는 역사학자들이 더 열을 올렸다). 다양하고도 폭넓은 설명 가운데 국내 정치의 요구를 그 동기로 보는 해석이 얼마 동안은 유명세를 누렸다(여론을 제국주의 기치 아래 호도함으로써, 사회의 제반 문제로부터 시선을 돌려 권력을 다지려 한 것이 결정적 동기라는 해석이다). 그러나 이런 해석은 오래가지 못하고 설득력을 잃었다. 곧 카이저가 바뀔 거라는 예상 아래 영국에 우호적인 황태자 부부를 겨냥, 영국이 못마땅하게 보는 식민지 확보에 나서 부부를 자극하려 했다는 추정도 반짝 나타났다가 사라졌다. 무엇보다도 지나치게 꾸며내 억지로 꿰맞췄다는 인상을 지우기 힘들었기 때문이다. 비스마르크가 기회가 있을 때마다 언급한 동기는 간단하고도 분명하다. 그는 1885년 1월 10일 제국의회 연설에서 식민지 문제를 언급하며 이렇게 덧붙였다. "그 땅들을 나는 차라리 이렇게 부르고 싶다. 무역을 하느라 부수적으로 얻어진 우리의 해외 거주지는 마땅히 우리가 보호해야 하는 지역이다."[89] 또 눈에 띄는 발언에는 이런 것이 있다. 식민지를 확보하고자 하는 노력은 "제국을 보호하자는 의도로, 장차 사태의 추이로 미루어볼 때 이 보호의 정당성을 인정하게 될 날이 머지않아 올 수 있다는 가능성을 염두에 두었다."[90] 그리고 속내를 간결하고도 정확하게 드러낸 발언은 이런 것이다. "다른 나라의 예를 따르려는 게 아니라, 우리의 무역상, 우리가 마땅히 보호해야 하는 무역상과 이들이 개척한 영토가 문제이다. 보호는 우리의 원칙이다."[91] 아마도 수상은 '보호구역'을 일종의 비공식적인 지배로 다스릴 수 있다고 생각한 모양이다. 그러나 이런 생각이 얼마나 비현실적인지는 곧바로 증명됐다. 보호구역은 본격적인 식민지가 됐다.

비스마르크에게서 항상 볼 수 있듯, 여러 동기가 맞물려 식민지 정책을 밀어붙인 정황도 분명 보인다. 특히 비스마르크가 이중의 고민을 했다고 보여주는 방증은 많기만 하다. 우선 강대국으로 발돋움한 제국이 지구상 마지막으로 남은 '자유로운 영토'를 차지하려는 경쟁을 방관할 이유는 없다. 더욱이 다른 강대국들과 맞서기 위해서라도 행동에 나설 필요는 충분했다. 다른 한편으로 보호구역의 획득은 제국이 외교 관계에서 비교적 안정과 평안을 누리는 단계에서 큰 위험 요소 없이 이룰 수 있었다. 이런 안정적 외교 관계가 보호구역 확보의 꼭 필요한 조건이었다는 점은, 1885년 이후 유럽의 상황이 급변하면서 독일 외교정책이 동쪽이든 서쪽이든 위기에 직면하게 되자, 식민지 정책을 비스마르크가 돌연 끝냈다는 사실이 잘 확인해준다.

프랑스에서는 1885년 3월 말에 쥘 페리Jules Ferry(1832~1893)[92] 내각이 무너졌다. 쥘 페리와 비스마르크는 무엇보다도 식민지 문제로 서로 협력했던 터라, 몇 년 동안 독일과 프랑스의 관계는 더없이 부드러웠다. 페리의 후임은 이런 노선을 과감히 버렸다. 1886년 1월에 취임한 전쟁 장관 조르주 불랑제Georges Boulanger(1837~1891)[93] 장군도 대중의 인기에 영합하고자 독일을 겨눈 복수의 분위기를 달구며 전쟁도 불사하겠다는 자세를 보였다("싸움은 불가피하다, 군대는 준비됐다."[94]). 민족주의의 공격적 선동은 러시아와 동맹을 맺으려는 노력과 함께 이루어졌다. 프랑스 정부는 그런 동맹으로만 독일과의 전쟁을 감행할 수 있다는 점을 명확히 의식했기 때문이다. 프랑스의 복수 선동은 쿠데타라도 불사하려는 저돌적인 불랑제가 장관직을 잃으면서(1887년 5월) 점차 수그러들었으나, 상황은 계속해서 불안하기만 했다. 동쪽에서도 위험한 불씨가 언제라도 비화할 것처럼 매캐한 연기를 지폈기 때문이다. 1886~1887년은 심각한 '이중 위기'의 시절이었다.

발칸반도에서 무르익어가는 대결 분위기는 비스마르크를 혹독한 시험대 위에 세웠다. 러시아와 오스트리아가 서로 이해충돌을 빚으면서 저마다 독일의 지원을 요구했기 때문이다. 이 갈등의 출발점은 1885년 9월 동東루멜리아에서 일어난 봉기였다. 1878년 협상에서 튀르크에 남았던 이 불가리아 남부에서 일어난 봉기는 매우 성공적이었으며, 튀르크의 관리들을 몰아냈다. 이후 동루멜리아와 불가리아 공국은 통합을 선언했다. 동루멜리아의 지배권 역시 곧바로 불가리아 군주 알렉산더 폰 바텐베르크Alexander von Battenberg가 접수했다. 그는 러시아 차르의 조카 아들이지만, 영국 왕가와 사돈을 맺기도 했다. 러시아의 지원으로 바텐베르크는 1879년 불가리아의 선제후로 선출됐다. 하지만 1881년 3월 13일에 암살당한 아버지 알렉산드르 2세의 뒤를 이은 차르 알렉산드르 3세는 어린 시절 바텐베르크에게 품었던 적대감으로 동루멜리아와 불가리아 공국의 통합을 반대했다. 특히 까다로웠던 것은 차르가 증오한 바텐베르크 가문이 독일 황태자의 딸 빅토리아Victoria, 곧 카이저 빌헬름 1세와 영국 여왕 빅토리아의 손녀딸과 결혼하려 했다는 사실이다. 공주와 그 어머니가 유리하게 여긴 이런 결합을 비스마르크와 카이저 빌헬름 1세는 절대 안 된다고 거부했다.

동루멜리아와 불가리아의 통합 이후 러시아 정부는 베를린 회의에서 합의한 사항을 준수할 것을 요구했다. 러시아는 삼제동맹의 이면 합의에 불가리아와 동루멜리아가 통합될 시 거부하지 않겠다는 조항이 있었지만 몽니를 부렸다. 그러나 합스부르크 왕조는 이 이면 합의를 준수해 상트페테르부르크의 노여움을 샀다. 상황은 이루 말할 수 없이 복잡했다. 차르가 바텐베르크 가문의 몰락을 밀어붙이는 마당에, 세르비아와 불가리아 사이에도 전운이 맴돌았다. 비록 1886년 4월에 서로 체면을 지켜주는 범위에서 가까스로 합의가 이뤄지기는 했다. 합의 내용은 불가리아 군주를 동루멜리아의 튀르크 총독으로 임명하는 것이었다. 그래도 분에 못 이긴 차르는 몇 달 뒤 바텐베르크에게 사임을 강제했다. 아무튼 러시아 정부와 여론은 위기 경과와 결말을 보며 더할 수 없는 모멸을 당했다며 흥분했다. 그리고 이 패배의 원인을 독일의 부족한 지원으로 돌렸다.

비스마르크는 처음부터 중개자를 자처하며 상황 정리를 통해 서로 이해관계가 충돌하지 않도록 노력했다. 그는 친오스트리아 성향의 작센-코부르크Sachsen-Coburg 공국 왕자를 새로운 불가리아 선제후로 선출한 것(1887년 7월)을 인정하지 않고 합스부르크 왕조의 간섭 정책을 비판했다. 그러나 다른 한편으로 비스마르크는 러시아 정부가 불가리아를 강점해서는 안 된다며 경고했다. 그는 오스트리아와 러시아가 노골적인 전쟁으로 치닫는 것을 막고자 진력했다. 결국 이런 노력은 소기의 성과를 거두었다. 하지만 러시아와 오스트리아의 관계가 단절되는 것만큼은 막지 못했다. 차르는 삼제동맹이 사망했다고 선포했다.

1887년에 만료되는 삼제동맹을 다시금 연장하는 일은 불가능했지만, 비스마르크는 어떤 경우에도 상트페테르부르크와 연결된 끈은 살려놓고 싶었다. 그래서 그는 1887년 6월 러시아와 비밀리에 '재보장조약'을 맺었다. 이 조약으로 러시아는 프랑스가 도발해 독일을 공격할 경우 중립을 지키며, 독일제국은 합스부르크 왕조가 차르 제국을 도발해 공격할 때 중립을 견지한다는 의무를 이행하기로 했다. 이 조약이 제국의 다른 동맹들과 합치할 수 있느냐 하는 문제를 놓고 숱한 논란이 빚어졌다. 러시아에 대한 적개심이 대단했던 프리드리히 폰 홀슈타인Friedrich von Holstein(1837~1909)[95]은 재보장조약을 "정치적 이중 결혼"[96]이라고 비난했다. 조약의 상대적 가치만 인정했던 비스마르크는 "양심에 거리낄 게 조금도 없다"고 맞받았다.[97] 그는 이 조약이 전쟁을 피하고 평화를 지키려는 선의, 즉 동맹 의무에 저촉하지 않는다는 점에서 국제법적으로 전혀 모순되지 않는다고 주장했다. 비스마르크의 입장에서 '독오동맹'과 재보장조약은 '평화를 위한 전제 조건'이다. 러시아든 오스트리아든 공격당한 쪽은 독일의 중립이라는 선의를 기대할 수 있지 않은가.

1886년 말 독일의 제국 의회에서는 새로운 국방 법안이 의제로 상정됐다. 정부는 다시금 7년 기한의 군사 예산을 요구했다. 그 밖에도 상비군 증강을 위한 추가 부담도 의제로 올라왔다. 비스마르크는 이 안건이 통과하지 못할 거라고 처음부터 의식했던 것이 분명하다. 그는 사사건건 시비만 거는 제국 의회를 해산할 명분을 쌓기 위해 통과되지 않을 줄 알면서도 시도한 게 틀림없다. 의회를 해산시킨 뒤 국가가 전쟁의 위협을 받는다며 민족 감정에 호소하는 선거전을 치르려는 것이 비스마르크의 복안이었다. 실제 그의 의도대로 됐다. 국방 예산안을 거부한 뒤 제국 의회는 1887년 1월 14일 해산됐다. 2월에 열린 선거에서는 '카르텔'을 이룬 보수파와 민족자유주의 정당이 전체 397석 가운데 220석을 차지해 절대다수를 확보했다. 이런 구도는 비스마르크가 오래도록 희망해온 것이다. 3월에 이 카르텔 다수는 국방 예산안을 통과시켰다.

오스트리아와 러시아의 대결 양상은 1887년에도 계속됐다. 심지어 더 첨예해지면서 급박한 전쟁 위협으로까지 비화했다. 오스트리아의 군사 참모부만 차르 제국과의 예방전쟁이 반드시 필요하다고 강변한 게 아니다. 독일에서도 예방전쟁을 주장하는 목소리는 갈수록 커졌다. 군대와 외교관만 이런 주장을 한 게 아니라, 거의 모든 정파 지도자도 한목소리였다. 비스마르크의 수하 관료 홀슈타인은 1888년 초 이런 말을 했다. "아무튼 세상 사람들 모두 전쟁을 외친다. 거의 유일하게 예외적인 목소리를 내는 사람은 비스마르크 수상뿐이다. 수상은 평화를 지키기 위해 할 수 있는 모든 수고를 아끼지 않는다."[98] 실제로 비스마르크는 전력을 다해 예방전쟁의 책동을 막았다. 이 책동을 밀어붙인 가장 위험한 주역은 백작 발더제Alfred von Waldersee (1832~1904)[99]였다. 독일군 참모부 소속으로 몰트케의 후계자로 지목받던 발더제는 '정치 성향이 강한 장군'으로 나름대로 외교에 밝았으며, 권력의지가 대단한 인물이었다. 발더제는 몰트케를 설득해 예방전쟁의 필요성을 강조했으며, 오스트리아 참모부와 무리한 협상을 강행하며, 독일 무관(오스트리아 주재 독일 대사관에 주재하던 무관)의 도움을 받아 비공식 외교까지 펼쳤다. 비스마르크는 발더제의 이런 책동을 단호히 반대했다. "우리 동맹의 방어적 성격을 바꿔야 한다"[100]는 주장에 비스마르크는 그때까지 기밀로 유지해오던 '독오동맹'의 내용을 공개하는 것으로 맞섰다. 이로써 한편으로 오스트리아 군대의 호전성을 약화하고, 다른 한편으로 오스트리아의 공격을 염려하는 러시아를 달래고자 했다. 그래서 그는 1879년 10월 7일에 맺은 '독오동맹'의 협약서를 1887년 5월부터 공개하자고 오스트리아의 동의를 구하려 노력했다. 그의 이런 선택은 '카수스 푀더리스casus foederis(조약 해당 사유)'를 만천하에 공개해, 러시아가 오스트리아의 도발이 없을 때 공격하는 경우에만 독일이 무장 지원을 해줄 의무가 있고, 오스트리아가 러시아를 상대로 예방전쟁을 벌이는 경우에는 해당 사항이 없다는 사실을 분명히 하려는 것이다. 12월에 결국 수상은 몰트케에게 재보장조약의 비밀 내용을 알려줌으로써, 독일과 오스트리아의 군사 회담에서 그가 미루는 태도를 가지게끔 하는 데 성공했다. 1887년에서 1888년으로 해가 바뀌던 시기, 위기의 가장 위험한 단계는 넘어섰다는 분위기가 지배했다. 이처럼 위기를 벗어나는 과정은 전쟁의 '불가피성'이라는 상투적 표현이 얼마나 위험한 것인지를 잘 보여준다. 많은 사람, 특히 독일 군대가 '불가피'하다고 주장(발더제만 이런 주장을 한 게 아니다)했던 전쟁은 일어나지 않았다. 1888년 2월 3일 베를린과 빈과 부다페스트의 관영 공보지에는 '독오동맹'의 조약 전문이 공개됐다. 이로써 '카수스 푀더리스'의 내용은 만천하에 분명하게 드러났다.

사흘 뒤 비스마르크는 제국 의회에서 매우 인상 깊은 연설을 했다. 이 연설에서 그는 독일의 군사력을 믿고 예방전쟁을 벌이는 일은 자신과는 거리가 먼 것이라고 강조했다. 특히 이 연설은 결론 부분의 탁월한 명언으로 역사에 남았다. "우리 독일인은 신을 두려워한다. 그러나 신 외에 세상에서 두려운 것은 없다." 그러나 곧이어 덧붙인 말은 예나 지금이나 사람들이 거의 주목하지 않는다. "그리고 신을 바라보는 경외심이야말로 우리로 하여금 평화를 사랑하고 가꾸게 한다."[101]

세 명의 카이저

제국 의회에서 위대한 연설을 행한 지 몇 주 후, 비스마르크는 91세에 다다른 카이저가 죽어가는 병상 곁을 지켰다. 3월 9일 제국 의회에서 그는 빌헬름 1세의 사망을 공표하면서 깊은 충격에 눈물을 감추지 못했다. 비스마르크와 더불어 독일 국민 대다수는 국가의 상징이 된 '늙은 카이저'를 추모했다. 오랜 세월 진을 빼는 기다림 끝에 권좌를 물려받은 프리드리히 빌헬름, 자신을 카이저 프리드리히 3세라 부르게 한 빌헬름은 위독한 병을 앓는 환자였다. 그는 말기 후두암을 앓았으며, 치유될 희망이 없었다. 아버지의 사망 소식에 리비에라에서 황급히 베를린으로 돌아온 프리드리히 3세는 생애 마지막 주간을 황후와 함께 샤를로텐부르크 성에서 외부와 절연한 채 지냈다. 비스마르크는 예전에 권좌의 주인이 바뀌면 혹시 독일의 '글래드스턴 내각', 자유주의 색채가 짙은 내각에 권력을 잃는 건 아닌가 걱정했던 때가 있다. 또 좌파자유주의는 이런 상황을 희망하기도 했었다.[102] 그러나 세 명의 카이저가 연달아 권좌를 바꾼 1888년에 그런 일은 전혀 일어나지 않았다. 수상은 여전히 부동의 권위를 자랑했으며, 당연한 것처럼 직을 그대로 유지했다. 다만 세 명의 카이저가 연달아 바뀌는 동안 몇몇 상징적인 인사 조치와 포상만이 있었다. 자유주의 진영이 특히 미워한 프로이센의 내무 장관 로베르트 폰 푸트카머Robert von Puttkamer가 해임당했고, 두어 명의 좌파자유주의자들이 훈장을 받았다. 프리드리히 3세가 통치한 99일 동안 일반적인 분위기는, 언제 그의 통치가 끝나나 기다리는 것뿐이었다. 6월 15일 프리드리히 3세가 마지막 숨을 거두자, 그의 장남인 29세의 황태자 빌헬름이 프로이센 왕이자 독일제국 카이저가 됐다.

예정된 권좌 교체를 바라보는 비스마르크의 속내는 착잡하기만 했다. 1887년 말 프리드리히 빌헬름이 불치병을 앓는다는 이야기를 들었을 때, 비스마르크는 지인에게 "정말 불행한 일"[103]이라고 안타까워했다. 비스마르크는 프리드리히 3세의 아들인 왕세자 빌헬름이 "성미가 급해 입을 다물어야 할 때 다물 줄 모르며, 아첨에 귀가 얇아 짐작하지도 원하지도 않는 가운데 독일을 전쟁에 빠뜨릴 수 있다"고

걱정했다. 프리드리히 3세의 장례를 치르고 몇 시간 뒤, 비스마르크는 젊은 카이저를 예방하면서 이제 전혀 다른 바람이 불어온다는 것을 실감해야만 했다. 만남을 지켜본 유일한 목격자는 이 장면을 절대 잊을 수 없었다. 빌헬름은 고개를 뒤로 젖히고 당당한 자세로 서서 73세의 수상에게 충성의 맹세로 자신의 손에 입을 맞추라고 했다. "손을 워낙 낮게 든 탓에 비스마르크는 입술이 손에 닿도록 허리를 깊숙이 숙여야만 했다."[104]

빌헬름 2세만큼 많은 글이 쏟아져 나온 카이저는 찾기 힘들다. 빌헬름 2세는 태어나면서부터 왼팔을 다쳐 불구가 된 탓에 자라면서 마음고생을 심하게 했다. 토마스 니퍼다이는 빌헬름 2세의 성격을 이렇게 묘사한다. "재능 있고, 상황 파악이 빨라 놀라울 때가 많으며, 기술, 산업, 과학 따위에서 최신 감각을 갖추기는 했지만, 깊게 파지는 못해 피상적이고, 성급하며 침착함과 여유라는 것을 모른다. 진지함을 찾아보기 힘들 정도이면서, 열심히 일해 성과를 얻어낼 줄 모른다. 냉정한 판단 능력이 부족하며, 절제와 한계를 모르고, 현실과 실제 문제를 감당하지 못하며, 충동적이라 뭘 진득하게 배우지 못하고, 박수와 성공을 중독적일 정도로 좋아한다. 터무니없이 부푼 자존감으로 우쭐대는 성격이다."[105] 젊은 카이저는 무엇보다도 한 가지만큼은 확실하게 원했다. 국가는 자신이 통치해야 한다! 그래서 그는 '늙은이'를 떨쳐버리고 싶었다. 이로써 국가라는 배의 조종간을 손수 잡아 온 비스마르크와의 충돌은 피할 수 없고, 언제 터질지 모르는 불안하기만 한

시한폭탄이었다. 얼마나 빨리, 어떤 계기와 형식으로 대결이 이뤄질지 사람들은 흥미로우면서도 조바심을 감추지 못하는 눈길로 지켜보았다.

카이저와 수상 사이에 알력 조짐이 보이는 가운데 비스마르크는 자신의 능숙한 전술을 항상 보여주지 않았다. 이를테면 1889년 5월 말에서 1890년 1월 말까지 8개월 동안 단지 두 번에 걸쳐 며칠만 베를린에 머무르고, 카이저와의 연락은 차관인 아들 헤르베르트에게 떠넘긴 것은 현명한 선택이 아니었다. 비스마르크는 되도록 젊은 카이저와 마찰이 일어날 소지를 최대한 줄이고, '늙은이'의 보살핌을 받는다고 느끼게 하지 않으려 자리를 비우는 선택을 했던 모양이다. 그러나 그의 오랜 부재는 정적들이 빌헬름 2세의 귀를 파고들 공간을 만들어주는 결과를 빚어내고 말았다. 1889년부터 비스마르크는 여론의 지지도 체감할 정도로 잃었다. 그의 정적들은 늘어만 갔으며, "그는 정치에서 더는 행운의 손을 가지지 못한다"[106]는 험담이 세간을 떠돌았다. 중앙당 기관지 《게르마니아Germania》는 1889년 4월 28일 "더는 될 일이 없다"[107]는 의미심장한 제목의 사설로 사람들의 시선을 끌었다.

1889년부터 갈등의 주된 무대는 노동자 문제, 그리고 사회민주주의와의 대결이었다. 1889년 5월 루르 지역에서 시작된 광산 노동자 파업은 전국으로 번졌다. 14만여 명의 광산 노동자들이 파업에 참여했다. 사업주들이 몇몇 요구를 들어주고 나서야 파업은 5월 말에 끝났다. 하지만 이 파업이 보내는 신호는 묵과해서는 안 될 것이었다. 대중과 언론은 파업 노동자 편을 들었다. 정부는 기다리다 보면 수그러들겠지 하는 관망세를 취했다(비스마르크는 갈등을 누그러뜨리려 노력하기는 했다). 이런 와중에 카이저는 파업 노동자 대표들을 직접 만나겠다고 나섰다. 빌헬름 2세는 사회적 대타협을 위해 노력하는 카이저라는 이미지를 다지고 싶어 했다. 비스마르크는 카이저가 그런 이미지를 가지고 싶어 한다는 점을 충분히 계산에 넣지 못했다. 비스마르크가 당장 맞닥뜨려야 하는 문제는 사회주의자들과의 대결이었다.

비스마르크는 사회주의 법안이 1890년 가을에 법정 효력 기한이 끝나는 점을 염두에 두고, 1889년 10월 말에 이미 제국 의회에 새로운 사회주의 법안을 상정했다. 이 정부안을 놓고 벌이는 힘겨루기는 비스마르크와 정당 사이에서만 벌어진 게 아니라, 수상과 카이저 사이에서도 본격적인 막을 올렸다. 상정된 법 초안의 세 번째 검토가 이뤄진 뒤 결정 표결을 하기로 예정된 1890년 1월 25일 하루 전에, 카이저는 비스마르크에게 사전 통보도 없이 추밀원 회의를 소집했다. 비스마르크가 제출한 법안을 상당 부분 삭제한 안(사회민주주의 선동가들의 추방을 정한 조항의 삭제가 대표적이다)을 표결로 통과시키려는 것이 카이저의 의도였다. 수상은 자구 하나도 고쳐서는 안 된다고 강력하게 거부했다. 카이저와 수상은 흥분된 어조로 말싸움을 벌였다. 이 회의의 어떤 참석자는 당시 분위기를 이렇게 증언했다. "감정이 격해진 수상과 주군 사이에 복구할 수 없는 단절이 일어났다."[108] 다음 날 제국 의회는 비스마르크가 고쳐서는 안 된다고 한 법안을 반대 169표 대 찬성 98표로 부결시켰다. 같은 날 의원 임기가 종료됐다.

1890년 2월 말에 실시된 제국 의회 선거(2월 20일 총선거, 2월 28일 결선투표)는 카르텔 정당들의 참패로 끝나면서 비스마르크에게 좌절감을 맛보게 했다. 사회민주주의당은 140만 표(19.7퍼센트)를 획득해 독일에서 처음으로 가장 많은 표를 얻은 정당이 됐으며, 의석수를 세 배로 늘렸다(예전의 11석 대신 35석). 카르텔 정당들(민족자유주의 정당, 자유보수당, 보수당)은 이전 임기의 220석 대신 고작 135석을 얻는 데 그쳤다. 이로써 새로운 제국 의회에서 정부에 반대하는 야당 정파는 확실한 다수를 자랑했다.

1월 24일 추밀원 회의로 시작된 카이저와 수상 사이의 힘겨루기는 3월 18일 비스마르크의 강제 받다시피 한 사직청원으로 끝났다. 거의 두 달 가까이 끈 양측의 대결 과정과 설왕설래는 지금까지의 역사 연구가 세세한 부분까지 자세히 밝혔기 때문에 되풀이할 필요가 없다. 양측은 그야말로 기괴한 수단까지 동원해가며 싸웠다. 카이저는 비스마르크의 집에 드나드는 사람들까지 경찰이 일일이 감시하게 했다. 비스마르크는 카이저가 베를린에서 개최하기로 계획한 노동자 문제 국제회의를 좌초시키려 프랑스 대사관을 찾아 조력을 구했다. 1월 24일의 추밀원 회의가 있은 지 며칠 뒤 비스마르크의 아들 빌Bill[109]이 한 말은 사안의 핵심을 정확히 짚었다. "아버지는 예전의 한 방을 보여주지 못했다."

실제로 이 주간에 보인 비스마르크의 행동은 흔들린다는 인상과 함께 망설이는 황망함을 고스란히 드러냈다. 그만큼 비스마르크는 이 시기 딜레마에 시달렸다. 그는 인생 대부분을 프로이센 왕조의 위상을 안정적으로 다지며 높이 끌어올리느라 진력하지 않았던가. 그런데 이제 자신의 주군과 맞서야만 하는 곤혹스러운 지경에 빠졌다. 이 갈등은 타협한다고 잠재울 수 있는 의견 충돌이 아니었다. 치열한 권력투쟁의 불이 붙었는데, 답답한 속내를 드러낼 수도 없어 비스마르크는 그저 황망하기만 했다. 더욱이 이런 상황이 여론에 차츰 새어 나가는 통에 그는 더없이 곤혹스러웠다. 수상은 이 권력투쟁에서 이길 수 없다. 그는 이런 사실을 명확히 직시했어야 했다. 인물이 이루는 구도와 세력 관계를 현실적으로 평가하는 능력, 비스마르크 정치예술의 오랜 상표와도 같았던 능력은 어디로 갔을까? 이미 1889년 상황의 난맥상을 고스란히 읽을 수 있었을 때, 깔끔하게 퇴임했다면 좋지 않았을까? 완강하게 권력을 놓지 않으려 하는 대신, 아들 헤르베르트가 외교정책에 계속해서 주도적인 역할을 할 수 있도록 입지를 다져준 다음 물러났다면 모양새가 좋지 않았을까? 이런 물음들은 지울 수 없는 아쉬움을 남긴다.

앞으로 어찌해야 좋을까? 아니, 어떻게 했으면 좋겠다는 선택지가 남기는 했을까? 비스마르크가 쿠데타를 계획한다? 이런 가능성을 두고 역사학자들은 3월 2일 프로이센 내각회의에서 수상이 한 발언과 관련해 격론을 벌여왔다. 제국 의회 선거가 불리한 결과로 끝나고 며칠 뒤, 비스마르크는 선거의 참담한 성과를 기회로 삼아 각 공국 선제후들이 연방 협약을 탈퇴하게 하고 새로 제국을 세우면 어떨까 하는 속내를 내비쳤다. 이런 발언이 단순히 비스마르크가 속이 상한 나머지 털어놓은 푸념이었다는 점은, 제국 의회를 해산시킬 권한이 오로지 카이저에게만 있다는 사실만 유념해도 분명해진다. 빌헬름 2세가 자신이 버리고 싶어 하는 비스마르크의 권력 위상을 구해주려 제국 의회를 해산할까? 위상이 이미 많이 약해진 수상이 하는 말에 선제후들이 앞장서서 연방을 해체하는 도구 노릇을 감당할 리도 만무하다. 비스마르크의 그 말은 한낱 넋두리에 지나지 않은 것으로 보아야 마땅하다. 군 지도부의 태도는 더 말할 나위도 없다. 그동안 참모총장이 된 백작 발더제는 이미 오래전부터 수상을 몰아내려는 작업을 벌여 왔다. 그리고 장군 카프리비Leo von Caprivi(1831~1899)[110]는, 나중에 남작 부인 슈피쳄베르크에게 털어놓았듯, 이미 '1월 말(1890)'에 카이저가 은밀히 불러 밀담을 나누었다. 이 밀담에서 빌헬름 2세는 카프리비에게 "비스마르크를 더는 그 자리에 둘 수 없다"[111]며 그를 후임 수상으로 지목했다고 한다. 카프리비는 "놀라고 당황해서" 몸 둘 바를 모르겠다며 망설인 끝에 결국 이렇게 말했다. "군인으로서 복종하겠으며, 그가 낙마하는 거야 제가 신경 쓸 일이 아닙니다."

3월 12일 블라이히뢰더의 주선으로 비스마르크는 중앙당 당수 빈트토로스트와 수상 관저에서 만났다. 비스마르크는 새롭게 선출된 제국 의회의 분위기를 탐색하면서 혹시 중앙당이 자신을 지원해줄 수 있는지 그에게 물었다. 문제는 그 대가로 무엇을 지불하느냐 하는 것이었다. 회담은 아무 성과가 없이 끝났다. 빈트토르스트는 이때 이런 인상을 받았다고 술회했다. "나는 이 위대한 남자의 정치적 임종을 지켜보는 기분이었다."[112] 빈트토르스트는 상황을 정확히 파악했다. 비스마르크가 정치적으로 고립됐다는 것은 이제 분명한 사실이었으며, 그를 궁지로 몰아넣으려는 책동은 한창 박차를 가했다.

갈등은 3월 15일 마지막 정점을 찍었다. 카이저는 이른 아침 통보도 없이 외교부에 나타나 비스마르크를 격렬하게 힐난했다. 무엇보다도 왜 빈트토르스트와 만났는지, 어째서 러시아와의 관계를 그토록 우호적으로 꾸미는지 카이저는 따져 물었다. 당시 빌헬름 2세는 러시아가 곧 오스트리아를 선제공격할 거라고 믿었기 때문이다. 가뜩이나 여러 의견 차이로 갈등을 빚던 와중에 이제는 외교정책을 두고 심각한 분열이 빚어졌다. 젊은 카이저 주변을 맴도는 비공식 참모들, 이를테면 참모총장 백작 발더제, 카이저의 친구 백작 오일렌부르크, 추밀원 고문관 홀슈타인, 카이저의 삼촌 대공 프리드리히 폰 바덴은 하나 같이 비스마르크에게 등을 돌린 정적들이자 러시아에 반감을 품었다. 이들의 말에 홀린 카이저는 어떤 대가를 치러서라도, 1890년 6월로 기한이 끝나는 재보장조약의 연장, 러시아 쪽이 원하는 연장을 해줘서는 안 된다고 흥분했다(비스마르크가 실각한 뒤 이들은 실제로 연장을 막는 데 성공했으며, 이는 외교정책의 치명적인 실수였다!).

3월 15일의 격앙된 충돌은 카이저와 비스마르크를 찢어놓은 결정타이다. 3월 17일 군사 참의원의 의장은 비스마르크에게 즉각 사직원을 제출할 것이며 오후에 궁으로 와서 작별 인사를 하라는 빌헬름 2세의 요구를 전달했다. 비스마르크는 사직서를 쓸 시간을 달라고 하고는 다음 날 부하 관료에게 사직서를 받아쓰게 했다. 3월 18일에 카이저는 궁으로 오라는 명령을 받고 달려온 장군들 앞에서 수상과의 불화를 이야기했다. 수상은 "짐에게 종군을 거부했으며, 고개를 숙이지 않았다. 짐은 그런 장관을 필요로 하지 않는다. 장관들은 짐에게 복종해야만 한다.…제국 수상은 명령에 복종하지 않았다. 그는 물러나야만 한다!"[3] 3월 18일 저녁 비스마르크는 사직서를 보냈다. 사직서의 섬세하게 다듬어진 문장은 불화가 빚어진 모든 잘못이 카이저에게 있음을 은근하면서도 확실하게 밝혔다. 그래서 사직서의 내용은 공개되지 않았다. 3월 20일 비스마르크는 해임됐으며, 동시에 장군 카프리비가 제국과 프로이센의 새로운 수상으로 임명됐다. 한 시대가 막을 내렸다.

오늘날 당시를 돌이켜보며 인정하지 않을 수 없다. 사정이 그 지경으로 꼬여버린 마당에 비스마르크가 자신의 직에 더 오래 머무를 길은 실제로 없었다. 이 수상이 다스리던 시간은 끝났다. 그럼에도 아쉬운 점은 이 제국 창설자가 세운 공훈은 실제보다 더 품위 있고 존중받는 형태로 권력과 작별했어야 마땅할 정도로 컸다는 사실이다.

권좌에서 물러난
후

1890
—
1898

VI

수천 명의 군중은
독일 국가와 '라인강의
파수꾼'을 한목소리로
부르며 천천히
프리드리히스루를
향해 출발하는 열차를
배웅했다.

비스마르크가 퇴임했다는 소식에 독일과 외국은 사뭇 다른 반응을 보였다. 지난 몇 주 동안 갈수록 꼬여만 가는 사태를 지켜보며 어느 정도 짐작을 했던 독일 국민은 이 소식에 별다른 감흥을 보이지 않았다. 호외도, 주식시장의 예민한 반응도, 삼삼오오 몰려드는 군중도 없었다. 제국 의회 의장은 그저 건조한 말투로 수상의 퇴임을 알렸다. 프로이센 의회에는 얼음장 같은 침묵이 지배했다. 비스마르크의 실각을 원치 않았던 대다수 국민조차 "그가 없어도 국가는 굴러가는구나 하는 인상"[1]을 받은 것처럼 보였다. 역사학자 만프레트 한크Man-fred Hank는 당시 분위기를 이렇게 묘사했다. "사람들은 쉽게, 너무 쉽게 그와 헤어졌다. 마치 너무 오래 보아 싫증이 난 것처럼."[2] 테오도어 폰타네가 "우리가 그를 보내준 것은 행운이다"[3]고 표현한 문장은 당시의 주도적인 분위기를 상당히 정확하게 짚어냈다.

비스마르크의 퇴임을 독일 국민이 의아스러울 정도로 차분하게 받아들이는 데는 두 가지 정황이 거들었다.

우선 수상 비스마르크의 퇴임을 건강 문제에 따른 자발적 사직으로 보이게 만들려는 카이저와 황궁의 전략은 일단 성공적이었다. 한편으로 황궁은 3월 17일에 작성된 '사직서'의 내용을 비스마르크가 공개하지 못하도록 막으면서 수상이 3월 20일에 직을 내려놓기로 했음을 알리는 카이저가 손수 서명한 '최고 존엄의 칙령'[4]은 독일 일간지들에 일제히 게재하게 했다. 이로써 마치 비스마르크가 자발적으로 퇴임을 결정했으며, 카이저는 "말하자면 내키지 않지만 수상을 보내야만 하는 상황을 안타까워하는 모양새"[5]가 연출됐다. 예를 들어 평소 좋은 취재로 정확한 기사를 쓰던 《쾰른 신문》(Kölnische Zeitung)마저도 카이저의 농간에 놀아났다. "…그리고 독일의 가장 위대한 정치가가 28년째 끊임없이 국가를 위해 봉사하다가 자발적으로 퇴임하는 모습을 우리는 지켜보았다.…우리의 카이저는 검증된 실력의 책사와 작별해야만 하는 결정을…몹시 힘들어했다."[6]

둘째로 비스마르크는 3월 20일 이후의 나날을 겉으로는 평온하게 보이려 주의하면서 퇴임 일지를 썼다. 비스마르크는 카이저와 그의 어머니 프리드리히 황태후를 알현하고 퇴임 인사를 나눈 뒤, 장관과 차관을 위한 작별 만찬을 베풀었다.

비스마르크는 몇몇 소수의 인물에게만 답답한 속내를 내비쳤다.

그는 3월 23일 뷔르템베르크의 수상에게 편지를 써서, 자신은 "물러난 것"[7]이 아니며, 오히려 희망과 반대로 "이유도 알지 못한 채 해고당했다"고 털어놓았다. 베를린 주재 바이에른 사절 백작 레르헨펠트 Lerchenfeld에게는 자신은 전혀 물러나지 않으려 했으며, 카이저가 "내보낸 것"[8]이라고 강조했다. 백작 레르헨펠트는 3월 27일에 작성한 보고서에 이렇게 썼다. "자신의 주군에게 제후는 모든 신뢰를 남김없이 잃었다. 그는 카이저를 제국을 확실하게 망가뜨릴 위인으로 보았다."

비스마르크의 해임을 보는 외국의 반응은 독일과 사뭇 달랐다. 여론과 이를 이끄는 주요 신문들은 직에서 물러나는 수상에게 경의를 표하면서 장차 벌어질 일에 우려를 나타냈다. 이런 우려는 무엇보다도 이 사건이 가지는 특징, 곧 한 시대를 마감하고 다른 시대로 넘어가고 있다는 걱정의 표현이었다. 몇 가지 예만 봐도 이런 분위기는 분명히 드러난다. 런던에서 발행되는 《타임스Times》는 3월 19일 자 사설에서 영국 사람들은 제후 비스마르크의 퇴임 소식을 "유감과 두려움으로(with regret and anxiety[9])" 바라본다고 썼다. 유럽의 평화를 지키는 데 세운 그의 공적을 아는 사람은 누구나 이 사건을 "앞으로 벌어질 일에 거의 두려움에 가까운 심정(a feeling almost of dread as to what may follow)"으로 본다고도 했다. 《데일리 뉴스Daily News》는 "누가 제후 비스마르크가 없는 대륙을 다시 알아볼까?"[10] 하는 의문을 제기하면서 이렇게 확인했다. 지난 15년 동안 "수상은 유럽이 적대감으로 폭발하는 것을 막아왔다. 그는 자신이 책임져야 하는 거대한 건축물을 보호하려 노력하면서 파괴를 막고 안전하게 지키려 평생 명예롭게 일해 왔다. 잠시라도 그가 무대에서 사라지면 안전의 보루가 무너질 수 있다는 점은 부정할 수 없다."《데일리 텔레그래프Daily Telegraph》는 "19세기의 가장 강력하고 흥미로운 정치가의 퇴임"[11]은 "균열을 빚어낼 것이며, 카이저가 독일 국민이 만족할 수 있게 이 균열을 메우기는 매우 힘들 것이다" 하고 염려했다. 비스마르크의 퇴장을 완벽하게 담아낸 이미지는 존 테니얼이 풍자 잡지《펀치》에 3월 29일에 게재한 '배에서 내리는 항해사'라는 제목의 캐리커처이다. 침착하게 계단을 내려가는 강인한 수상을, 난간에 기대선 카이저는 짐짓 무표정한 얼굴로 무심하게 흘겨본다.

비스마르크의 퇴장에 더욱 큰 충격을 받은 쪽은 프랑스다. 무엇보다 국채 가격이 폭락했다. 주요 일간지들은 거의 한목소리로, "이 사건은 프랑스에게 결코 좋은 소식이라고 볼 수 없다.…일각에서는 마지못해 은밀하게, 또 다른 일각에서는 공개적으로"[12] 비스마르크의 업적을 기리며, "전임 수상의 평화 정책을 뒤늦게나마 인정한다"고 썼다며 파리 주재 독일 임시대리대사는 3월 25일 베를린에 올린 보고서에서 밝혔다. 실제로《토론 저널》(Journal des Débats)이라는 프랑스 일간지는 제후가 정상의 자리를 지키는 독일 정치야말로 "세계 평화의 보장"이었다고 썼다.《르 탕Le Temps》신문은 "제후 비스마르크는 이빨까지 무장한 유럽에서 전쟁, 전 세계가 예상하고 준비해온 끔

찍한 전쟁을 막은 걸출한 인물 가운데 한 명이다. 비스마르크 덕분에 세계는 전쟁의 비극적 가능성으로부터 멀어질 수 있었다"고 인정했다. 심지어 친불랑제 성향의 신문들조차 카이저의 주변 인물 가운데 비스마르크는 "평화의 보기 드문 추종자"라고 평가했다.

언론의 평가들을 살펴보는 일은 상트페테르부르크에서 발행되던 《노보예 브레먀Novoye Vremya》의 기사를 인용하는 것으로 마감해보자. "비스마르크의 독일은 그 힘을 명확히 규정할 수 있는 강국이었다. 비스마르크가 없는 독일은 두 눈 부릅뜨고 지켜보아야만 하는 문제다.…어떤 경우든 이제 카이저 빌헬름 1세는 결국 사망했으며, 뭔가 새로운 것이 시작된다고 우리는 말할 수 있다. 이 새로운 것은 분명 우리도 건드릴 게 분명하다."[13]

3월 29일 제후 비스마르크는 아내와 함께 '성대한 이임식'을 치르고 베를린을 떠났다. 엄청난 규모의 군중이 박수갈채를 보내는 가운데 부부를 태운 차량 행렬은 수상 관저를 출발해 '레르테 반호프 Lehrter Bahnhof'[14]로 갔다. 역 앞에서 프로이센군 근위 기병 전대가 도열해 예를 갖추었으며, 신임 수상 카프리비와 모든 장관과 외교관, 그리고 황실 사람들이 빠짐없이 환송식에 참석했다(카이저는 나타나지 않았다). 수천 명의 군중은 독일 국가와 '라인강의 파수꾼(Die Wacht am Rhein)'[15]을 한목소리로 부르며 천천히 프리드리히스루를 향해 출발하는 열차를 배웅했다.

며칠 뒤에는 헤르베르트도 프리드리히스루로 내려왔다. 그는 3월

23일에 사직서를 제출했으나, 카이저가 극구 만류했다. 여론에 비스마르크의 사임이 동의하에 이뤄진 것처럼 보이려는 게 카이저의 의도였다. 그러나 헤르베르트는 사퇴를 고집했으며, 3월 26일에 결국 재가를 받아냈다. 4월 10일 그는 베를린을 떠났다.

몇 차례 여행을 다녀온 것을 빼고 비스마르크는 생애의 마지막 8년을 프리드리히스루에서 보냈다. 비스마르크 집안에서는 카이저가 제후를 "문밖으로 내쫓았다"[16]거나 "계단으로 굴러 떨어뜨렸다"[17]거나, "부리던 하인처럼 몰아냈다"[18] 하는 표현들은 금기어에 속했다. 비스마르크는 '원로 정치인' 역할은 원하지 않았으며, 해임된 뒤로는 더더욱 그런 말을 들으려 하지 않았다. 하지만 75세의 비스마르크는 정치를 결코 손에서 놓을 수 없었다. 그는 어떤 방법을 썼을까? 해임되고 첫 몇 달을 그는 여러 기자, 특히 외국 통신원들과 인터뷰를 했다. 이런 인터뷰 기사들은 대중의 흥미를 자극했다. 이내 비스마르크는 여론 형성에 영향을 줄 더욱 적절한 방법을 찾아냈다. 《함부르크 뉴스》(Hamburger Nachrichten)의 사주는 전직 수상에게 정치면에 논평이나 해설, 또는 기사 편집의 기회를 주겠다고 제안했다. 그는 이 제안을 기꺼이 받아들였다. 공식적 책임을 감당하지 않으면서도 정부의 정책 노선을 비판할 좋은 기회라고 여겼기 때문이다. 《함부르크 뉴스》의 정치 국장 헤르만 호프만Hermann Hofmann은 주기적으로 프리드리히스루를 찾아와 비스마르크를 만나 정치면의 편집 방향을 두고 의견을 나누며 지시를 받았다. 비스마르크는 이름을 밝히지 않고 많은 기사를 직접 쓰기도 했다. 이로써 그는 은밀한 방식으로, 무수한 정치 현안을 두고 자신의 의견을 공개적으로 밝힐 수 있었다.

여론에 영향을 줄 다른 방법은 없었을까? 1891년 3월 비스마르크는 민족자유주의 정당의 공천 위원회가 제안한 하노버 북부 선거구의 후보 지명을 받아들였다. 전통적으로 민족자유주의 정당이 우세를 보이는 이 선거구에서 제국 의회 후보로 나서는 일은 승리할 전망이 대단히 높았다. 전임 수상은 선출되기는 했지만, 결선투표까지 치러야만 했다. 투표율이 낮은 선거에서 그는 10,544표로 사회민주주의 정당의 상대 후보가 얻은 5,486표를 확실하게 누르기는 했다. 하지만 이 선거구가 그동안 민족자유주의 정당이 지배해온 텃밭이라는 점을 유념할 때, 이 결과는 결코 화려한 승리라고 볼 수 없었다. 비스마르크는 의원직을 수락했다. 이제 베를린의 정치권은 충격에 빠져 이 문제를 어찌 대응해야 좋을지 몰라 골치를 앓았다. 그러나 비스마르크는 정작 의원 활동은 하지 않았다. 그는 제국 의회에 단 한 번도 모습을 드러내지 않았다. 의회에 나가면 대단히 곤혹스러운 상황과 맞닥뜨려야만 한다는 사실을, 그는 너무도 명확히 의식했기 때문이다. 그에 비하면 언론에 영향력을 행사하는 방법이 훨씬 효과적이고, 더욱 분명한 성공을 약속해주었다.

회고록 출간

비스마르크가 시급한 정치 현안에 글로써 정계를 질타한 것이 '새로운 시대'를 맞아 주로 벌인 활동이었다. 해임 이후 그는 후대를 위한 프로젝트에도 시동을 걸었다. 그가 염두에 둔 회고록은 말하자면 정치적 유언장과 같은 내용을 담을 예정이었다. 그는 1890년 7월 6일 '코타Cotta' 출판사의 출판인 알프레트 크뢰너Alfred Kröner와 회고록 출간 계약서를 썼다. 한 권당 10만 마르크의 계약금으로 '코타'는 모든 판본과 언어를 포괄하는 무제한적인 저작권을 확보했다. 그만큼 출판사는 이 회고록으로 엄청난 수익을 올릴 것으로 믿었으며, 실제로 그랬다. 비스마르크는 오래전부터 자신에게 충직하게 봉사해온 로타르 부허를 프리드리히스루로 불렀다. 부허는 속기를 할 줄 알았기 때문에 집필 작업에 적격인 인물이었다. 비스마르크는 부허에게 개인적 인생과 정치 역정 일화들과 그가 만났던 인물의 성격 묘사, 그리고 정치의 본질이 무엇인지 하는 성찰, 그동안 쌓은 정치 업적 등을 구술했다. 그저 생각나는 대로, 아무런 체계가 없이 불러주는 구술을 부허는 정리하고, 개별적 발언들의 내용을 검증하면서, 그저 심드렁하기만 한 비스마르크의 작업방식에 대단히 큰 불만을 가졌다. 부허는 역사에 길이 남을 대작을 구상한 반면, 실각한 비스마르크는 자신의 자화상에만 신경 쓰며, 빌헬름 2세와의 가차 없는 청산만을 염두에 두었다. 1892년 5월 회고록 초고가 완성됐다. 중병에 걸린 부허는 프리드리히스루를 떠나 다시는 돌아오지 않았다. 그해 10월 그는 스위스 레만호에서 홀로 외롭게 죽었다. 이후 회고록에는 아홉 개의 장이 덧붙여졌으며, 원고는 다시금 손을 보아 첨삭이 이루어졌다.

곧바로 출간하자는 크뢰너의 독촉에도 비스마르크는 고집을 꺾지 않았다. 그는 자신이 살아있는 동안 책이 출간되어서는 안 된다고 고집했다. 비스마르크가 사망하고 몇 달 뒤인 1898년 11월에 드디어 《회상록》의 첫 두 권이 출간됐다(빌헬름 2세를 중점적으로 다룬 제3권은 출간이 유보됐다가 1921년에서야 비로소 나왔다). 《회상록》은 독일 출판 역사상 최대 성공을 거둔 책들 가운데 하나다. 책은 상당한 고가였지만 출간되고 몇 주 지나지 않아 30만 부가 팔렸으며, 거듭 중쇄를 찍었고 외국어 번역이 차례로 이어졌다.

남작 부인 슈피쳄베르크는 1898년 12월 20일 자신의 일기에 이렇게 썼다. "'그젤리우스Gsellius 서점'의 주인 쉐링거Scheringer 씨는 나에게 요즘 고생이 이만저만이 아니라고 말했다. 이미 10만 부의 회고록이 동이 났는데, 고객들의 주문량을 '코타' 출판사가 근접하게라도 따라가지 못해 책을 구하지 못한 독자들의 항의가 극심하다고 했다. 정파와 종파를 막론하고 모든 교양 계층은 물론 명망 있는 수공업 장인, 제빵사, 푸주한이 집에 비스마르크의 책을 두고 싶다고 성화를 부린다는 거였다. 이들은 글을 읽는 일이 거의 없었을 뿐만 아니라, 읽어도 무슨 말인지 이해하지 못했다."[19]

《회상록》은 어쨌거나 철저한 검증을 거친 역사 원전이 아니라, "비

판적 안목으로 읽어야만 하는 일화 모음집이었음에도"[20], 사람들은
강렬한 힘을 자랑하는 언어, 밀도 높은 생각, 그리고 날카로운 관찰에
열광했다. 핵심에 있어 회고록 전체는 "역사의 바람직한 방향과 정치
적 이성이 저자의 편에 있다는 점을 보이고자 기록한 정치적 논쟁 서
적이었음에도…독자들은 이 책을 읽으며 같은 시대의 역사에 자신도
참여했음을 확인하고자 하는 열망을 느꼈다. 이것이 이 책의 인기를
예나 지금이나 설명할 수 있는 동기이다."[21] 로타르 갈의 촌평이다.

1890년대 초반으로 되돌아가 보자. 카이저와 궁정당은 실각한 수
상이 '새로운 시대'의 정치와 그 주역들을 거침없이 비판하는 것을 못
마땅하지만 지켜볼 수밖에 없었다. 비스마르크가 카이저만큼은 비판
하지 않았기 때문이다. 이 선만큼은 넘지 않으려 비스마르크가 주의
한 덕에 갈등이 공개적으로 불거지는 일은 피할 수 있었다. 쌍방이 최
소한의 예의를 갖추는 이런 모양새는, 1892년 여름 수상의 아들 헤르
베르트가 헝가리 백작 호요스Hoyos 가문의 딸과 결혼식을 올리면서
무너지고 말았다. 알려진 바에 따르면 제후는 6월에 치르기로 한 결
혼식에 참석하고자 빈으로 가려 했으며, 이 기회에 카이저 프란츠 요
제프를 예방하기로 했다. 이 소식에 베를린은 발칵 뒤집혔다. 특히 홀
슈타인은 혹시 비스마르크 가문이 다시 권력을 잡으려 시도하는 게
아닌가 하고 두려움(그리고 복수를 당할까 하는 두려움)에 떨었다. 그는 제
국 수상 카프리비와 (백작 오일렌부르크를 통해) 카이저에게 비스마르크
와 카이저 프란츠 요제프와의 만남이 성사되지 않도록 강력히 간섭

해야 한다고 부추겼다. 빌헬름 2세는 빈 주재 독일 대사에게 6월 9일 훈령을 내려 결혼식에 참석하지 못하게 막았다. 그리고 카이저 프란츠 요제프에게도 전갈을 보내 "불충한 신하"[22]를 만나서는 안 된다고 읍소했다. 빈 주재 독일 대사에게 보낸 카프리비 훈령(그 사본은 드레스덴, 뮌헨, 슈투트가르트, 바이마르, 카를스루에에 주재하는 프로이센 사절들도 각각 한 부씩 받았다)은 7월 7일 《독일제국 관보》에 공개됐다. 이로써 카이저와 궁정당이 비스마르크 가문의 결혼식을 훼방 놓으려 한 사실이 밝혀지면서 비스마르크는 격노했다. 그는 훈령을, 구약성경에 나오는 이야기에 빗대어 '우리아의 편지(Uriah's letter)'[23]라고 불렀다. 이 발언이 도화선으로 작용하면서 양측의 감정싸움은 본격적으로 폭발했다.

1892년 6월 비스마르크의 빈 여행은 유례를 찾아보기 힘든 개선 행렬이 됐다. 지나는 기차역마다 운집한 군중이 비스마르크의 이름을 열광적으로 외치며 그에게 존경과 감사의 마음을 표했다. 빈 여행이 끝나고 몇 주 동안 요양을 위해 들린 키싱겐에서도 몰려든 군중은 비스마르크를 연호했다. 귀향길에 비스마르크는 예나에 들러 두 번에 걸쳐 대중을 확 사로잡는 연설을 했다. 이 연설에서 그는 제국 의회의 강화야말로 "민족적 통일 감정을 북돋우는 불쏘시개"[24] 역할을 할 거라고 강조했다. 순회 여행의 성과는 분명했다. 권좌에서 물러나고 시간이 지나면 지날수록, 정부의 새로운 노선과 카이저의 행보를 겨눈 비판이 강력하면 할수록, 실각한 수상의 별은 그만큼 더 밝게 빛났다.

이런 사정을 빌헬름 2세는 계속해서 외면할 수만은 없었다. 비스마르크가 1893년 8월 말 키싱겐에서 요양하는 동안 생명이 위독할 정도로 병이 심해졌을 때(얼마 전 형 베른하르트가 사망했다), 카이저의 측근들은 빌헬름 2세에게 서둘러 화해를 시도하는 것이 필요하다고 직언했다. 프로이센의 참모총장으로 왕손인 알브레히트Albrecht는 빌헬름 2세에게 이렇게 경고했다. "폐하께서 사전에 화해를 시도하지 않은 채, 작센발트에서 노인이 갑자기 사망하면 독일 국민은 폐하를 절대 용서하지 않을 겁니다."[25] 그래서 카이저는 비스마르크가 치료를 받을 수 있도록 독일 중부의 성들, 황실 소유의 성들 가운데 한 곳에서 지내는 게 어떻겠냐고 제안했다. 이 제안은 거부당했다. 그러다가 1894년 1월에 극적으로 '화해'가 이루어졌다. 이 화해는 여론에 미칠 영향을 충분히 계산한 행보였다. 비스마르크는 베를린 궁을 방문해달라는 카이저의 초대를 받아들였다(베를린 시민들은 그를 열광적으로 환영했다). 석 주 뒤 빌헬름 2세는 답방을 위해 프리드리히스루를 찾았다. 두 번의 만남에서 카이저는 정치 이야기는 한사코 피했다. 그에게는 오로지 여론에 비치는 모습만 중요했다. 다시 말해 이 '화해'는 순전히 형식적인 겉보기 연출일 뿐이었다. 빌헬름 2세는 실각한 수상을 계속해서 불신했으며, 비스마르크는 이 젊은 카이저를 경멸하는 태도를 전혀 바꾸지 않았다.

말년

1894년 가을 비스마르크는 1890년의 해임보다 그의 개인적 인생에
더 깊은 좌절감을 안겨주는 심각한 타격을 받았다. 바르친에서 머무
르는 동안 1894년 11월 27일에 요하나가 사망했다. 그는 좋을 때나
궂을 때나 남편 곁을 충직하게 지켜온 아내를 잃었다. 요하나가 딸 마
리의 팔에 안겨 눈을 감았을 때, 비스마르크는 줄줄 흐르는 눈물을 참
지 못했다. 그는 여동생에게 이런 편지를 썼다. "나에게 남은 것은 요
하나였지. 매일 아내와 대화하고, 그녀가 평안한지 묻고, 지난 48년
동안 나를 돌보아준 그녀에게 감사의 마음을 전했어. 그런데 오늘 모
든 것이 황폐하고 공허하네."[26] 뷔르템베르크의 수상 미트나흐트에
게도 비스마르크는 요하나의 죽음과 함께 자신이 "더 살아야 할 목표
가 완전히 사라졌다"[27]고 털어놓았다. 요하나가 죽고 난 뒤 비스마르
크는 더는 프리드리히스루를 떠나지 않았다. 이제 딸 마리와 손주들
이 그를 돌보았다. 마리의 남편 쿠노 폰 란차우Kuno von Rantzau는 외
교관으로 활동하던 헤이그 주재 특사 자리를 포기하고 돌아와 장인
의 집을 보살피는 일에 전념했다.

어둠이 더 짙어지기 전에 비스마르크의 인생은 다시금 밝게 빛나
는 정점을 맛보았다. 1895년 4월 1일 그의 80번째 생일을 축하하는
분위기는 그때껏 볼 수 없었던 차원으로 올라섰다. 비록 제국 의회가
중앙당, 자유주의당, 사회민주주의당, 벨프당과 폴란드당의 반대표

로 장기 근속한 수상에게 공식적인 생일 축전을 보내자는 안건을 부결시키기는 했다. 하지만 각지에서 답지하는 축전과 선물로 표현되는 존경과 호감의 물결은 의회의 옹졸한 모욕을 충분히 보상하고도 남았다. 3월 31일 남작 부인 슈피쳄베르크는 자신의 일기에 이렇게 썼다. "베를린 전체가 온통 비스마르크 일색이다.…신문들은 오로지 수상을 다룬 기사만 실으며, 모든 상점의 진열장에는 비스마르크 초상화와 흉상과 책들이 진열됐고, 거리의 행상들은 저마다 비스마르크의 사진과 메달과 축시를 사라고 외쳐댔다."²⁸ 3월 26일 카이저는 화려한 군 의장대와 함께 프리드리히스루에 나타났다.

노 수상은 거의 1만여 통의 축전과 함께 수천 개가 넘는 소포와 45만여 장의 우편엽서와 편지를 받았다(프리드리히스루의 우체국은 이 물량을 소화하느라 28명의 인력을 추가 보강해야만 했다). 수상으로 재임한 30여 년이 넘는 세월 동안 취득한 45장의 명예시민증에 이제 450개가 더 늘어났다. 무수히 많은 지역과 각종 단체가 파견한 축하 대표단이 프리드리히스루를 찾는 바람에 이들을 영접하는 데만 몇 주가 걸렸다. 이런 행렬은 여름까지 계속됐다. 결국 총 50여 개의 대표단이 35편의 특별열차 편으로 프리드리히스루를 찾았다. 여든 살 노구의 수상은 일련의 성대한 행사를 늠름하게 소화해냈다. 그는 모든 대표단을 짧거나 긴 인사말로 맞이했다. 그때마다 그는 자신의 정치적 입장을 누누이 밝히곤 했다. 예를 들어 비스마르크는 4월 1일에 독일 전국의 대학교에서 프리드리히스루를 찾은 5천여 명의 대학생들을 상대로 "우리가 유럽 전역에서 자행되는 무력 공격의 시도들을 수고롭게…무산시키며 지켜온 평화"[29]를 위태롭게 해서는 안 된다고 경고했다.

1895년 마라톤처럼 이어진 행사를 치르고 난 후 늙은 제후는 다시금 정치적으로 세간의 이목을 끌었다. 1896년 10월에 비스마르크는 어떤 동기로 그랬든 간에, 《함부르크 뉴스》에 극비로 부쳐진 재보장 조약의 존재를 폭로했으며, 자신이 실각한 뒤 이 조약은 다시 갱신되지 않았다고 밝혔다. 이 기사는 국내외에 엄청난 반향을 불러일으켜, 제국 의회는 국정조사를 밀어붙이기까지 했다. 빌헬름 2세는 이 기사를 접하고 불같이 화를 내며 전임 수상을 내란죄와 반역죄로 '슈판다우 요새(Festung Spandau)'[30]에 구금하라고 펄펄 뛰었다. 1894년 10월부터 제국 수상을 맡은 제후 호헨로에Hohenlohe가 진땀을 흘리며 지금까지의 전술을 그대로 유지하게 하고, 프리드리히스루는 되도록 무시하라고 카이저를 설득해 소동은 간신히 가라앉았다.

당시 비스마르크의 건강은 너무 나빴다. 몸의 쇠락은 빠른 속도로 진행됐다. 그는 휠체어 신세를 져야 했지만, 정신만큼은 또렷했다. 하지만 모든 종류의 통증에 시달린 통에 더는 살고 싶지 않다고 하소연하면서 깊은 체념에 빠지고 말았다. 1897년 10월 주치의 슈베닝거는 수상의 왼쪽 발에 노인성 괴저가 일어나고 있음을 확인했다. "그렇지만 생각할 수 있는 모든 의술을 동원한 끝에 피부조직이 죽어가는 현상을 멈추어 괴저를 발의 복사뼈 아래로 제한하는데"[31] 의사는 성공했다. 외부에는 수상이 '통풍'을 앓는다고 알려졌다. 12월에 비스마르크는 다시금 잠깐 카이저와 만났다. 카이저는 킬에서 베를린으로 가던 길에 프리드리히스루에 들렀기 때문이다. 나중에 세간에서 냉소적으로 떠돈 풍문은 카이저가 "제후의 노인성 괴저가 어느 정도 진행됐는지, 그가 언제쯤 죽을지"[32] 직접 두 눈으로 확인하려 들렀다고 한다. 정신은 명료했던 비스마르크가 대화를 진지하게 끌어가려 시도했음에도, 빌헬름 2세는 모든 정치 주제를 회피하면서, 그저 몇몇 '썰렁한 농담'만 읊조렸다. 족히 한 시간 동안 불편하기 짝이 없는 대화 끝에 카이저는 수행원들과 함께 자리를 떴다.

1891년 91세의 나이로 빠르고 조용하게 세상을 하직한 몰트케와는 달리 비스마르크의 질병은 갖은 고통을 안기며 오래 끌었다. 비스마르크 생애의 마지막 몇 달은 도저히 참을 수 없는 아픔이 어떤 것인지 생생하게 보여주는 고통의 현장이었다. 비서이자 의사인 크리잔더Chrysander는 비스마르크가 이런 말을 했다고 전했다. "나는 아직 하루 정도 행복한 날을 누릴 거야. 그날은 내가 더는 깨어나지 않는 날이지."[33] 이날은 1898년 7월 30일이었다. 비스마르크는 자정을 얼마 앞두고 마지막 숨을 거두었다. 국가가 애도했다.

유언장에서 비스마르크는 프리드리히스루 귀족원 맞은편 작은 언덕에 자신이 묻혔으면 좋겠다고 밝혀두었다. 그런 탓에 자신의 숙적을 '베를린 돔Berliner Dom'[34] 지하에 마련된 "대리석의 웅장한 납골당"[35]에 호엔촐레른 왕조의 숱한 고인들과 나란히 눕히고자 했던 카이저의 의도는 수포로 돌아갔다. 베를린의 '카이저 빌헬름 기념 교회

(Kaiser-Wilhelm-Gedächtniskirche)'[36]에서 열린 추모 예배에서 평소 카이저와 그 가족만이 앉을 수 있는 특별석이지만, 비스마르크 가문의 사람들을 위해 예약된 자리는 텅 비어 있었다. 귀족원 근처에 영묘를 마련하고 난 뒤 제후 부부는 1899년 3월 16일 영원한 휴식을 위해 안장됐다. 비스마르크가 유서에 정한 비문, 조촐한 하얀 대리석 관에 쓰인 비문은 이렇다. "제후 폰 비스마르크, 1815년 4월 1일 생, 1898년 7월 30일 졸. 독일 카이저 빌헬름 1세의 충직한 신하."[37] 분명 죽은 비스마르크는 이 비문으로 빌헬름 2세에게 마지막으로 하고 싶은 말을 남겼으리라.

에필로그

논쟁의 대상
비스마르크

마침내 과거가
되어버린 지금이야말로
비스마르크를 정확히
역사적으로 평가해야 할
시점이다.

독일제국을 창설하는 데 성공한 남자는 19세기 독일 정치가 가운데
가장 중요한 인물이다. 그렇지만 그를 둘러싼 논란은 치열하기만 하
다. 동시대인들만 의견이 엇갈린 게 아니다. 역사적인 기억에서도 비
스마르크는 극과 극을 이루는 평가 대상이다. 20세기의 걸출한 정치
가들, 이를테면 콘라트 아데나워나 빌리 브란트는 한창 활동할 당시
마찬가지로 찬반양론에 휩싸였다. 하지만 세월이 흐르면서 이들을
되새기는 대중의 기억은 너그러워졌으며, 그 역사적 평가는 합의를
이루었다. 비스마르크의 경우는 다르다. 왜 오늘날까지도 사람들은
비스마르크를 두고 극명하게 의견이 갈릴까? 그 답은 두 가지 방향에
서 찾을 수 있다. 하나는 비스마르크가 남긴 '유산'을 평가하는 지점
이 저마다 다르기 때문이다. 다른 하나는 이른바 '비스마르크 신화'가

'현실' 비스마르크와 거의 아무런 관련이 없기 때문이다.

비스마르크가 독일이라는 국가에 어떤 '유산'을 남겼을까? 독일 국민의 압도적 다수는 본질적으로 비스마르크의 작품인 소독일 민족국가에 열광적으로 환영한다. 이후 20여 년에 걸친 일관된 평화 정책으로, 통일된 소독일이라는 민족국가는 유럽 권력 지형에 확실하게 뿌리를 내렸다. 그러나 20세기에 두 차례나 세계대전이라는 엄청난 파국을 경험한 이후 독일통일은 문제가 많은 작품으로 평가됐다. 통일 탓에 유럽의 균형이 안정을 잃고 말았기 때문이다. 하지만 통일 탓에 균형이 무너지고 말았다는 주장은 비스마르크의 제국이 극도로 불안정하며 단명한 작품이었다는 견해만큼이나 착각이다. 물론 독일의 왕조가 제1차 세계대전의 패배를 견디지 못하고 무너진 것은 확실한 사실이다. 하지만 제국은 살아남았다. 패배를 무릅쓰고 제국이 계속 존립한 것이야말로 "비스마르크의 정치력을 보여주는 증거"[1]라고 구스타프 슈트레제만Gustav Stresemann(1878~1929)[2]은 보았다. 독일 분단 시절 민족국가 독일은 이제 영원히 끝났다고 본 대다수 관점은, 그동안 수정이 필요하게 됐다. 1871년의 소독일 제국이 성립하지 않았다면, 1989~1990년 독일 국민이 통일을 생각할 수 있었을까? 독일 국민은 통일을 원했다. 또한 비스마르크가 창조했고, 그 존재를 첫 10년 동안 안전하게 이끌었다는 사실도 민족국가 독일의 생명력을 증명한다. 두 차례의 전쟁 패배를 겪으며 몇몇 지역을 절단당하기는 했지만 민족국가 독일은 살아남았다.

비스마르크의 국내 정치가 남긴 유산을 어떻게 볼 것인지 하는 문제는 더 어렵다. 제국의 수상은 민주주의자가 아니었다. 그는 자신이 민주주의자라고 주장한 적도 없다. 독일 민주주의는 비스마르크를 그 조상이나 후원자로 섬길 수 없다. 그가 보여준 국내 정치 행보는 문화투쟁, 보호관세 관철, 사회민주주의의 무자비한 탄압 등 거칠기만 한 저주로 점철됐다. 비록 그때마다 의회의 지지를 끌어냈다 할지라도 이런 일을 주도한 결정적 책임은 분명 그의 몫이다. 정치적 적수를 단호하고 잔혹하게 다룬 그의 방식은 많은 독일인의 의식에 깊은 흔적을 남겼다. 비스마르크의 정치적 투쟁 방식이 독일의 정치문화에 끼친 부정적 영향을 기록하는 일에 역사가들은 지치지도 않는다. 특히 적대 그룹, 비스마르크와 첨예하게 대립했던 자유주의좌파 진영, 사회민주주의자들, 가톨릭 성향 정당의 정신적 후손이랄 수 있는 역사가들이 그렇다. 물론 강력한 힘을 가졌다 할지라도 한 개인이 시대의 '정치 문화'를, 비스마르크가 그랬다고 흔히 평가하는 것처럼, 혼자서 전폭적으로 주무를 수 있었는지 하는 의혹은 충분히 제기할 수 있다.

비스마르크의 운신 폭을 다룬 평가를 두고도 비슷한 의혹은 제기된다. 그의 운신 폭은 세간의 해석처럼 제한이 없던 것이 결코 아니었다. 여러 원전을 세밀하게 분석해보면 그가 여러 선택지를 놓고 고민한 흔적이 여실히 드러난다. 그저 간단하게 총체적으로 싸잡아 평가하는 일은 언제나 쉬운 도피처이다. 비스마르크가 남긴 국내 정치의 유산을 비판적으로 검토해보아도, 그의 선택이 가진 양면성은 간과할 수 없다. 선명한 예는 세심한 계획에 따른 근대화 대책, 연방 정부 차원의 근대적 행정국가 수립, 사회보장의 도입으로 보여준 복지국가로 나아가는 첫 행보 등이다. 비스마르크가 창조해낸 내부 질서가 미래를 가지지 못한다는 평가에는 의문부호가 붙어야 마땅하다. 비스마르크 적대자들이 주장하는 이른바 '암흑의 전설', 곧 비스마르크가 창조한 독일의 미래가 암울하기만 하다는 전설은, 비스마르크를 황금 동상이라도 세워줄 것처럼 섬기는 추종자들 못지않게 근거 없는 잘못된 관점에 사로잡힌 결과라고 토마스 니퍼다이는 진단한다. 암흑의 전설은 또한 "1890년을 전후한 시점의 독일 사회와 정치가 보여준 밝은 미래 전망을 간과한다. 암흑의 전설은 그 정치 문화의 '특수 노선'에도 고려해야만 했던 유럽의 일반적 상식을 너무나 무시한다. 암흑의 전설은 유산이 어디서나 무거운 짐을 남긴다는 점을 간과한다."[3]

비스마르크를 "역사적으로 좀 더 여유를 가지고 관찰하자"는 제안에 요헨 티스Jochen Thies[4]는 흔쾌히 동의하면서, 그를 유럽의 다른 위인들, 이를테면 윈스턴 처칠과 샤를 드골과 비교하자고 제안한다. 처칠과 드골은 저마다 "자신의 조국에서 아버지로 섬겨지는 인물로, 새로운 시대를 열어간 가장 중요한 정치가로 추앙받고 있다." 이들과의 비교는 비스마르크를 둘러싼 많은 논란거리를 다른 조명 아래서 보게 만든다. 티스는 처칠이 생전에 국내 정치의 부정적 '레코드'를 경신했으며, 1930년대 내내 외교 정치에서도 격렬한 논란을 불렀다고 지적한다. 그리고 드골에 관해 1930년대에 쓴 기록을 보면 "대의제 민주주의 체제에 노골적인 불만을 드러내며, '군인의 덕목'을 중시하는 지도자 국가에 호감을 보인다." 그럼에도 "영국과 프랑스는 처칠과 드골의 '젊은 시절 죄'를 용서해주었으며, 리더로서 국내 정치를 이끌며 저지른 실수를 눈감아 주었다. 우리의 가장 중요한 두 이웃 국가가 그 '역사적 위인'에게 보여준 대접은 독일에서도 마땅히 이루어져야 한다." 티스는 계속해서 "긴장에서 벗어난 독일 민족은 비스마르크의 국내의 정치 결함을 넘어, 그가 지속적으로 작금의 유럽 상황에 끼치는 영향력을 의식해야만 한다"고 썼다. 그의 후계자 가운데 한 명인 헬무트 슈미트가 정리했듯, 중요한 문제는 "독일 역사의 '정체성을 담보해주는 인물 비스마르크'를 최소한 그 핵심에서만큼은 온갖 비난과 오명에서 구출해주는 것이다."

'신화 비스마르크'. 비스마르크가 수상 자리에서 물러난다는 뉴스가 달았던 이 제목이 맞았던지, 실각한 수상은 물러난 지 10년이 채 되기도 전에 가장 큰 인기를 누리는 정치가가 됐다. 보수주의와 민족자유주의 진영의 엘리트들은 비스마르크를 이상적 정치인으로 추켜세웠으며, 폭넓은 계층이 민족 영웅으로 섬겼다. 비스마르크라는 인물의 숭배는 그가 죽고 난 뒤 엄청나게 확장되면서, 이 남자와 그의 신화는 단 하나의 형태로 녹아들어, "결국 역사적 실제 인물 비스마르크의 면모는 거의 알아볼 수 없을 지경이 됐다."[5] 이런 신격화가 몰고 온 치명적 오류는 "섬세한 신경에 유연하며 항상 중도를 유념했던 외교관"[6]이 목이 긴 전투화를 신은 호전적인 '철혈재상'이라는 이미지에 묻혀버리면서, 과격한 민족주의의 아이콘이 되고 말았다는 점이다. 그가 생시에 한사코 멀리했던 민족주의가 사후에 비스마르크를 집어삼킨 셈이다. 무수히 많은 재향군인회, 함대 출신 해군 협회, 무장 축구 단체 등은 앞다투어 죽은 자 비스마르크를 독점적으로 차지했다고 호들갑을 떨었으며, 범독일 민족주의 연맹은 그 제국주의적 야심을 상징하는 인물로 비스마르크를 내세웠다. 이런 신격화는 이미 1914년 이전에 치명적 파괴력을 자랑했다.

1918년 이후 정치 우파가 비스마르크를 거리낌 없이 공화국과 민주주의를 반대하는 투쟁의 수단으로 편취하면서, 비스마르크 신화를 바이마르공화국의 정통성을 부인하는 수단으로 악용한 사례는 더 말할 것도 없다. 바이마르공화국의 책임자들은 비스마르크의 정치적 유산을 이처럼 국수적이고 민족주의적으로 왜곡하고 변조하는 일에 단호히 대처하지 못했다. 좌파자유주의자들, 사회민주주의자들, 그리고 가톨릭 성향의 정치가 대다수도 비스마르크의 인격과 업적을 비판적으로 평가하는 전래적 입장을 고수했을 뿐이다. 이런 경향을 막으려 진력한 사람은 구스타프 슈트레제만이다. 그는 1926년 슈투트가르트에서 행한 연설에서 이렇게 말했다. "오해로 얼룩진 비스마르크를 다룬 책을 한 권 썼으면 좋겠다. 이 책에서 나는 부족할 게 없는 권력을 누리면서도 권력을 쓰는 일에 가장 신중했던 비스마르크를 묘사하고 싶다. 그는 1866년과 1871년 원하는 것을 충분히 얻지 못해 불만을 가진 상대에게 어떻게 하면 자신의 뜻을 관철시킬 수 있는지 잘 보여주었다."[7] 슈트레제만은 로카르노 조약(1925)과 베를린 조약(1926)에서 자신의 '국가적 현실정치'를 아주 선명하게 담아내면서 드러내놓고 비스마르크라는 모범에 의존했다. 1924년 선거유세 연설에서 슈트레제만은 이렇게 선포했다. "비스마르크는 지금껏 존재해온 인물 가운데 가장 대담하며 최고로 냉철한 현실정치가이다. 만약 비스마르크라면 우리가 군대도 동맹도 없는 현재 그저 고함이나 질러대는 쪽을 택할까, 아니면 현실정치의 편에 설까? 나는 우파 진영에서 이 물음에 어떻게 답할지 궁금하다."[8] 하지만 비스마르크 유산과 바이마르공화국을 화해시키려는 슈트레제만의 노력은 그리 성공적이지 못했다. 정치 현장은 고루한 민족주의의 비스마르크 신화에 장악당했으며, 이런 상황은 '제3제국'의 시기를 넘어서까지 지속됐다. 차고 넘쳐나는 원전만 보았더라도 이런 신화적 왜곡과 변조에 여론이 사로잡히지 않게 막을 대안은 얼마든지 찾을 수 있었다.

반민주적인 비스마르크 신화는 제2차 세계대전이 끝나고 나서야 비로소 차츰 청소됐다.

오늘날 우리는 어디에 서 있는가? 1910년 에버하르트 고타인Eberhard Gothein(1853~1923)[9]이 쓴 다음 문장은 여전히 유효하다. "우리는 비스마르크는 물론이고 프리드리히 대왕과 괴테를 절대 잊을 수 없다. 이런 남자들은 저마다 자신의 독특한 전기를 쓴다."[10] 예나 지금이나 비스마르크는 빛과 더불어 그림자를 두루 보여주는 이루 말할 수 없이 복잡한 인물로 관심을 끌며 후손을 열광케 한다. 그러나 과거의 싸움이 더는 직접적인 자극을 주지 못하는 지금이야말로 비스마르크를 정확히 역사적으로 평가해야 할 시점이다. 그를 이데올로기의 도구로 쓰는 일은 물론이고, 전지전능한 초인으로 떠받들었다가, 다시금 악마로 만들어 이후 독일 역사가 걸은 잘못된 길의 책임을 그에게 떠넘기는 일은 거부되어야 마땅하다. 중요한 일은 원전에 충실하게, 선입견을 품지 않고 오토 폰 비스마르크라는 인물과 그의 업적을 인간적인 척도로 평가하는 것이다. 그럼으로써 제국의 창설자는 그 의미를 조금도 잃지 않는다.

신화와
계몽

눈을 크게 떠야 한다.
저 혹독한 겨울 같은 세상과 싸워 이기기 위해.
_프리드리히 횔덜린

독일은 묘한 나라다. 모두 16개의 주와 독립 도시들로 이뤄진 연방 국가의 국민은 자신을 어지간해서는 독일인이라고 하지 않는다. 어디까지나 프로이센, 바이에른 혹은 헤센 사람일 뿐이다. 신성로마제국 이후 많게는 500여 개까지 난립했던 공국들이 독일의 바탕이었다는 점을 고려하면 이들이 출신 지역에 품는 자부심은 충분히 수긍이 가고 남는다. 그래서 철저한 지방자치에 기초한 민주주의를 꽃피운 게 독일이다. 연방 정부가 내린 결정일지라도 주 정부는 얼마든지 거부할 권한을 가진다. 1990년 통일 이후 수도를 본에서 베를린으로 옮기는 문제를 놓고 각 주들이 충돌하며 벌인 논란은 정말이지 독일이 하나의 나라인지 의심하게 할 정도로 뜨거웠다. 거의 10년 동안 이 문제를 놓고 격론을 벌인 끝에 정부 기관 여섯 곳은 본에 그대로 남았다.

독일은 텔레비전을 켜면 거의 언제나 토론이 이어진다. 각종 현안을 놓고 벌이는 말씨름은 끝날 줄을 모른다. 드라마도 쇼도 거의 없다. 뮌헨 슈바빙에 10층 높이 백화점 건물이 들어섰을 때 벌어진 논란은 지금도 내 기억에 생생하다. 독일 도시들은 도시 중심에 교회부터 짓기 때문에 교회 첨탑보다 높은 건물을 세우지 않는 것이 불문율이다. 격론은 그래서 벌어졌다. 몇 년 넘게 이어진 논란은 백화점에 지하상가를 허가하는 대신, 건물을 반으로 잘라내기로 결론지었다. 놀라운 점은 일단 결정이 내려지면 모두 깨끗이 승복한다는 사실이다. 또 평소 프로이센, 바이에른, 헤센 출신을 자부하던 사람들은 대외적인 문제에서만큼은 독일 국민으로서 단결심을 과시한다. 각 지방끼리 서로 질세라 경쟁을 벌이면서도 밖으로는 자랑스러운 독일인으로 어깨를 나란히 한다.

지극히 이기적이면서도 공동체를 우선시하는 이런 태도의 뿌리는 무엇일까? 먼저 생각할 수 있는 것은 유럽의 심장이라 해도 좋을 독일의 지리적 위치다. 대륙의 한복판을 차지한 이런 입지는 바꿔 말하면 유럽의 동쪽과 서쪽이 충돌하며 빚어내는 갈등을 고스란히 감당해야 하는 운명을 뜻한다. 영토의 크기가 곧 국력이던 시절, 러시아와 오스트리아와 프랑스와 잉글랜드라는 열강에 포위된 독일 공국들은 각자도생하면서도 연대를 꾀할 수밖에 없었다. 올망졸망한 크기의 중소 공국들이 강대국 사이에서 살아남기 위해 서로 손을 잡는 연대는 피할 수 없는 선택이었다. 다음으로 생각해볼 측면은 게르만족의 열등감이다. 로마에서 중세를 거치는 동안 게르만은 내세울 만한 자랑거리가 별로 없는 야만족이었다. 북유럽의 동토에서 먹고 살기 위해 약탈을 일삼던 게르만족은 계속 남쪽으로 내려오며 살아남으려 분투했다.

내세울 게 없는 열등감을 극복하고자 독일은 프랑스가 이른바 '피의 혁명'을 벌이는 동안 '종이 위의 혁명', 곧 사상과 문화의 혁명을 이루어냈다. 철두철미 근본부터 따지며 원칙과 체계를 세우기에 골몰한 이 혁명은 무엇보다도 바람직한 공동체를 세우는 일에 매진했다. 이 노력을 집약해 표현하는 개념인 '계몽'은 온갖 신화와 전설에 목을 매는 세계관 대신 인간을 역사의 주체 자리에 놓으려는 시도다. 봉건 영주와 왕이 권력의 바탕으로 내세우던 신, 편의에 따라 지어낸 신의 허구성을 폭로하고 인간의 자율성을 회복하고자 하는 노력은 철학, 과학, 예술, 기술 등에 걸쳐 독보적인 업적을 이루어냈다. 이 과정에서 키워진 자부심은 민족을 위한 하나의 통일국가를 세우고자 하는 열망으로 집약되었다.

'힘에는 힘으로만 맞설 수 있다'는 냉엄한 현실 인식을 바탕으로 대국을 일구고자 통일 열망이 불타올랐다. 그러나 통일은 독일 북부 지역을 지배하는 프로이센과 남부를 장악한 오스트리아 사이의 주도권 다툼으로 숱한 난제를 풀어야만 했다. 통일 열망을 실현하고자 소집된 프랑크푸르트 국민회의는 프로이센과 오스트리아의 치열한 각축장이었다. 이 다툼에서 프로이센을 대변한 인물은 오토 폰 비스마르크이다. 1815년생으로 정계에 진출한 지 얼마 되지 않은 정치 신인은 프로이센 대표로 8년 동안 각 공국의 이해관계가 첨예하게 충돌하는 외교 무대에서 산전수전을 겪으며 균형을 잡을 줄 아는 정치 감각을 키웠다. 열강의 세력 관계 속에서 자신의 입지만 고집하지 않고 균형을 잡아가는 이런 감각이야말로 1871년 프랑스를 제압하고 베르사유 궁에서 열린 독일제국 카이저 대관식과 독일 통일을 이뤄낸 밑거름이다.

2015년은 비스마르크 탄생 200주기였다. 1815년에서 오늘에 이르기까지 200여 년을 훌쩍 넘기는 시간은 그야말로 숱한 우여곡절로 점철된 역사다. 이 세월 동안 인류는 횟수를 헤아리기도 힘들 정도로 많은 전쟁을 치렀으며, 부침을 거듭하는 경제로 울고 웃는, 말 그대로 희로애락의 세월을 살았다. 어제와 별 다를 바 없는 오늘을 사는 개인의 인생 시간에 비추어 시간 단위를 길게 잡는 역사는 이처럼 따라잡기도 벅찰 정도의 변화를 보여준다. 그런데 우리는 이 변화를 보며 발전을 말할 수 있을까?

그렇기도 하고 아니기도 하다. 일단 두 세기 동안 이룩된 과학과 기술의 성과는 눈부시기만 하다. 반면 18세기 말에 프랑스혁명이 기치로 내걸었던 자유와 평등과 박애라는 이상적 가치는 발전이라는 말을 무색하게 만든다. 과학과 기술만 하더라도 그 눈부신 발달이 외려 짙은 어둠의 그림자를 드리워 오늘날 자연환경을 심각하게 훼손했다.

분명히 말할 수 있는 점은, 발전이든 퇴보든 인류 역사는 그때그때 맞닥뜨리는 문제와 씨름하며 생동하는 역동성을 자랑한다는 사실이다. 어떤 현상이든 반드시 그에 맞서는 반작용이, 다시 이 대립을 넘어서려는 시도가 이어져 온다. 이것이 인류의 역사다. 헤겔은 이 변증법 운동을 이끄는 힘을 이성이라 부르고, '이성의 간지奸智'를 말했다. 이성은 개인 간의 이해 충돌을 빚어내는 간교한 꼼수로 그 본래의 뜻을 관철한다. 이것이 헤겔이 주장한 '이성의 간지'이다.

비스마르크의 전기를 옮기는 과정에서 나는 바로 '이성의 간지'라는 개념을 곱씹지 않을 수 없었다. 거의 30년에 가까운 세월 동안 프로이센과 독일제국의 수상으로 정치의 조종간을 잡았던 비스마르크의 행보는 '이성의 간지' 외에는 달리 설명할 수 없기 때문이다.

주지하듯 비스마르크는 정통 보수주의자이다. 그는 당시 유럽의 세력 구도에 비추어 결코 강대국이라 할 수 없는 프로이센의 향토 귀족으로, 유럽의 변두리에 지나지 않는 한적한 시골에서 그리 크지 않은 영지를 소유한 가문 출신이다. 왕권의 수호와 기득권 유지에 골몰

했던 정통 보수 비스마르크는 자유주의에 맞서 싸웠으며, 심지어 사회민주주의를 상대로 노골적인 탄압도 서슴지 않았다.

그런데 역설적이게도 비스마르크는 민주주의를 앞당긴 거인, 근대 복지국가의 기틀을 마련한 위인이라는 평가를 받는다. 특히 통일을 앞당긴 업적 때문에 그를 국부로 추앙하는 전설은 여전히 강한 힘을 발휘한다. 심지어 독일의 극우 세력은 비스마르크를 불세출의 구세주로 떠받든다. 그를 섬기는 기념비만 500여 개가, 그것도 정부가 아니라, 거의 모두 민간 주도로 세워졌다는 사실만으로 그 숭배 열기가 얼마나 뜨거웠는지 확인할 수 있다. 심지어 '철혈재상'을 섬기는 탑은 240개가 건립되었으며, 그 가운데 146개는 오늘날까지도 건재하다. 반면 진보 진영이 보는 비스마르크는 더할 수 없이 흉포한 괴물이다. 정치가로서 그는 정적을 제거할 수만 있다면 어떤 술수든 서슴지 않고 구사해 상대를 무덤으로 내몬 냉혈한으로 치부되었다.

역사에서 비스마르크처럼 평가가 극명하게 갈리는 위인도 찾아보기 힘들다. 문제는 어느 쪽이든 '팩트'에 초점을 맞추기보다 일정 부분 신화와 전설에 매달린다는 점이다. 인간은 이처럼 자신의 이해관계에 따라 사실을 비틀고 호도하는 기묘한 존재다. 주어진 사실을 입맛대로 짜깁기하고 자신이 원하는 그림에 짜 맞추어 생겨나는 것이 신화와 전설이다. 멀리 갈 것 없이 우리 주변에도 이런 신화와 전설은 차고도 넘친다. 대한민국 정치 역사의 권력자들은 저마다 신화와 전설로 한껏 치장된다. 하지만 그 가운데 누가 과연 그 신비에 걸맞은 업적을 보였을까? 이제 우리는 신비의 너울을 벗기고 그들의 행보를 냉철히 바라보아야만 한다. 진영 논리에 함몰되어 네 편 내 편을 가르는 이른바 '편 가르기'는 갈등만 키울 뿐, 앞날을 열어주지 못한다. 기억하자, 경제부흥이든, 위기 극복이든, 국민이 그 성공의 주체였음을! 바로 우리 자신의 피땀 어린 노력의 결실임을! 선무당 섬겨봐야 결국 우리의 뒤통수만 얼얼할 따름이다.

권력은 신이 내려준 것이 아니다. 권력은 어디까지나 국민의 손에서 나온다. 그럼에도 우리는 삶이 고단한 나머지 만들어진 신에게 기대며 신화와 전설에 목을 맨다. '코로나 19'로 만천하에 드러난 종교의 장삿속은 말문이 막힐 정도로 난맥상이다. 역사를 돌이켜보면 이런 현상은 오늘만의 이야기가 아니다. 한국이든 유럽이든 신화와 전설을 상품으로 삼아 출세와 이득을 노린 사례는 어렵지 않게 찾아볼 수 있다.

우리가 역사에 관심을 가져야 하는 이유는 바로 이것이다. 오늘을 살며 미래를 가늠하면서 인생의 길을 개척할 안목, 진실과 거짓을 밝혀볼 줄 아는 안목은 역사가 키워준다. 지난 100여 년이 넘는 시간 동안 비스마르크를 다룬 전기만 25종이 넘는다. 신념과 진영에 따라 제각기 다르게 그려지던 비스마르크는 25번의 저울질과 걸러냄을 통해 더는 신화에 물들지 않은 모습을 드러낸다.

비스마르크는 완전무결한 정치인이 아니었다. 그는 재능 있는 외교관이자 균형감각을 자랑하는 정치가로 몇몇 성공을 거두었을 뿐이다. '철혈재상'이라는 이미지는 세간의 입방아가 만들어 뒤집어씌운 것일 뿐 현실의 그와는 별 상관이 없다. 그는 세간의 평가처럼 군국주의자가 아니었으며, 다혈질에 의심이 많은 정치가로 권력의 정상에서 어찌 보면 외롭기 그지없는 고단한 삶을 살았다. 우리가 주목해야 할 것은 바로 그의 균형감각이다.

탁월한 외교 감각으로 비스마르크는 열강의 틈바구니에서 프로이센이 전쟁을 주도하거나 전쟁에 휘말리지 않도록 견제하는 솜씨를 발휘했다. 정통 보수주의자로 왕권과 귀족의 이해관계에 충실하면서도 과격한 노선은 한사코 피했다. 그는 사회민주주의를 반대하면서도 보편적 투표권을 도입해 오히려 좌파보다도 더 적극적으로 민주주의로 나아갈 길을 열었다. 비스마르크는 개인의 명성과 출세에 매달렸던 몇몇 좌파 인사들보다 한발 앞서 복지국가의 기틀을 다졌다. 큰 그림을 그리며 균형을 잡아갈 줄 아는 정치가이기에 이룰 수 있었던 업적이다.

이데올로기가 아니라 세력의 작용과 반작용 그리고 새로운 단계로 나아가는 역학 관계가 정치 발달을 이끈 주역이다. 이로써 역사는 더 나은 내일을 향한 행보를 꾸준히 이어나간다. 이런 것이 바로 헤겔이 말하는 '이성의 간교한 지혜'가 아닐까! 평생 왕권 수호를 위해 진력해온 75세의 노인 비스마르크는 자신이 섬겨온 주군의 아들, 20대 초반의 카이저에게 내쳐졌다. 제멋대로 권력을 휘두르고 싶은 철부

지 왕에게 늙은 수상은 눈엣가시였기 때문이다. 비스마르크의 퇴임과 더불어 균형추는 사라졌다. 이후 독일제국은 호전적인 팽창정책을 추구하다가 제1차 세계대전을 일으켜 붕괴하고 말았다. 이렇게 빚어진 혼란을 틈타 히틀러가 정권을 잡으면서 독일은 인류 역사에 씻기 힘든 죄를 지었다.

비스마르크라는 인물과 그의 시대가 끊이지 않는 칭송을 누린 반면, 그가 남긴 유산과 뒤이은 역사는 다양한 방식으로 붕괴가 일어나게끔 거들었다. 한 세기를 훌쩍 넘긴 지금 비스마르크 연구는 단순히 옛 역사의 향수를 의미하지 않는다. 그가 살아간 시대와 유산은 오늘을 살아가는 우리가 찬찬히 음미하며 새겨야 할 귀중한 자산이다. 오늘날 한국 사회가 처한 어지러운 현실이 독일제국 창설 당시의 의회민주주의와 닮았다는 점은 여러모로 의미심장하다. 공동체를 생각하기에 앞서 진영의 이해득실이 첨예하게 충돌하는 우리의 현실, 정의와 공동선보다 진영 논리에 매달리는 현실은 비스마르크라는 사례를 통해 해결책을 찾을 수 있지 않을까?

먼저 각종 신화와 전설을 깨끗이 청소해야 한다. 합리적 생각을 바탕으로 공동체가 나아갈 최선의 방향이 무엇인지 역사 속에서 그 해답을 찾아야 한다. 독일의 평화주의 작가 쿠르트 투홀스키Kurt Tucholsky(1890~1935)는 "모든 건강한 질서의 기초는 커다란 휴지통"이라는 명언을 남겼다. 악취를 풍기는 지난 시절의 신화와 전설을 청소하고 국민이 역사의 주체로 거듭나야 한반도의 건강한 질서가 시작되리라. 이것이 바로 역사가 베푸는 교훈이다. 척박하고 천박한 진영 논리를 벗어나 진정한 공동체를 바로 세울 이성의 실현이 앞당겨지기를 소망한다.

2021년 3월
김희상

연표

1815	4월 1일 쇤하우젠(알트마르크)에서 페르디난트 폰 비스마르크(1771~1845)와 루이제 빌헬미네, 처녀 성 멘켄(1790~1839)의 아들로 출생. 형제자매는 베른하르트(1810~1893)와 말비네(1827~1908)이다.
1816	가족이 영지 크니프호프(힌터포메른)로 이사함.
1822~1832	베를린에서 학교를 다님(1822~1827년 플라만 사립학교, 1827~1830년 프리드리히 빌헬름 김나지움, 1830~1832년 김나지움 춤 그라우엔 클로스터, 1832년 아비투어).
1832~1835	괴팅겐과 베를린에서 법학과 국가학 전공. 괴팅겐의 향우회 '하노베라'에서 활동함.
1836~1838	베를린과 아헨과 포츠담에서 관리 연수 과정을 밟음.
1838	공직에서 물러나 포메른의 아버지 영지를 경작함.
1843	타덴 그룹과의 조우. 마리 폰 타덴(1846년 사망)과 요하나 폰 푸트카머와의 만남.
1845	쇤하우젠 영지 상속과 그곳으로의 이주.
1847	요하나 폰 푸트카머와의 약혼(1월 12일). 통합신분제의회 의원

으로 선출됨(5월 12일). 결혼(7월 28일).

1848~1849	혁명 반대 세력에 서서 활동함.
1848	8월 21일 딸 마리(1848~1926) 출생. 12월에 하원 의원으로 선출됨(베스트하펠란트).
1849	12월 28일 아들 헤르베르트 출생(1849~1904).
1850	에르푸르트 연합 의회[1] 의원.
1851~1859	프랑크푸르트 암 마인의 연방의회 프로이센 사절.
1852	8월 1일 아들 빌헬름(1852~1901) 출생.
1859~1862	상트페테르부르크 주재 프로이센 사절.
1862	5월 파리 주재 프로이센 사절. 9월 23일 군대와 헌법 문제를 둘러싼 갈등이 최고조에 이르렀을 때 프로이센의 수상으로 부름을 받음.
1863	의회와의 갈등. 알벤스레벤 협약, 프랑크푸르트 제후 회의에 프로이센이 참가를 거부함.
1864	덴마크와의 전쟁에서 프로이센과 오스트리아가 승리함. 슐레스비히와 홀슈타인과 라우엔부르크 공국들을 오스트리아 카이저와 프로이센 왕이 나누어 가짐.
1865	가슈타인 협약.
1866	5월 7일 비스마르크를 암살하려는 시도가 일어남. 7월 오스트리아와의 전쟁이 시작됨. 7월 3일 프로이센 군대가 쾨니히그라츠에서 승리함. 미쿨로프 성의 휴전협상(7월 26일). 프라하 평화조약(8월 23일). 9월 헌법 갈등이 봉합됨(면책특권).

1867	영지 바르친(힌터포메른)을 사들임. 북독일연방의 결성, 비스마르크가 연방 수상에 지명됨.
1868	관세 의회 선거.
1870	스페인 왕관 갈등. 프랑스 의회 성명(7월 6일), '엠스 급전(7월 13일)', 프랑스의 선전포고(7월 15일~19일). '스당' 전투와 포로로 잡힌 나폴레옹 3세(9월 2일). '11월 협약들' 독일 남부의 공국들과 함께 독일제국 창설.
1871	1월 18일 베르사유 궁에서 거행된 독일 카이저 대관식. 1월 28일 휴전협정. 2월 26일 베르사유 잠정 평화조약(5월 10일 프랑크푸르트 평화조약). 비스마르크 제국 수상, 제후 작위 받음, 작센발트 영지 하사받음.
1872	문화투쟁의 시작.
1873	삼제동맹 결성, 빌헬름 1세와 프란츠 요제프와 알렉산드르 2세.
1874	7월 13일 키싱겐에서 비스마르크 암살 시도가 일어남.
1875	'전쟁이 임박했나?' 위기.
1878	빌헬름 1세를 암살하려는 시도들, 베를린 회의, 사회주의 법.
1879	오스트리아-헝가리 제국과의 '독오동맹', 관세법.
1881	삼제동맹 협약(독일, 오스트리아-헝가리, 러시아).
1882	삼국동맹(독일제국, 오스트리아-헝가리, 이탈리아).
1883	사회보장 입법의 시작, 의료보험(1883), 재해보험(1884), 상해와 노년 보장 보험(1889).
1884~1885	아프리카와 남태평양에서 식민지 확보.
1887	러시아와의 재보장조약.

원전 목록

약어로 표시한 원전 목록

- 마르가레트 L. 안데르손Margaret L. Anderson,《빈트토르스트. 중앙당 정치가이자 비스마르크의 정적Windthorst. Zentrumspolitiker und Gegenspieler Bismarcks》, 뒤셀도르프Düsseldorf, 1988.
- 비스마르크,《회상록Gedanken und Erinnerungen》, 새로운 프리드리히스루 전집 판, 파더보른Paderborn, 2012.
- 베른하르트 퓌르스트 폰 뷜로브Bernhard Fürst von Bülow,《회고록Denkwürdigkeiten》, 4권, 베를린Berlin, 1930/1931.
- 모리츠 부슈Moritz Busch,《일기장Tagebuchblätter》, 3권, 라이프치히Leipzig, 1899.
- 에른스트 엥겔베르크Ernst Engelberg,《비스마르크Bismarck》. 제1권《프로이센 진골과 제국 건설자Urpreuße und Reichsgründer》, Berlin, 1985. 제2권《유럽 중심의 제국Das Reich in der Mitte Europas》, 베를린, 1990.
- 에리히 아이크Erich Eyck,《비스마르크Bismarck》, 총 3권, 에를렌바흐Erlenbach/취리히 Zürich, 1941~1944.

- 테오도어 폰타네Theodor Fontane,《서한집Briefe》, 테오도어 폰타네 전집, 산문과 편지들, 발터 카이텔Walter Keitel, 헬무트 뉘른베르거Helmuth Nürnberger 엮음(한저 판본Hanser-Ausgabe),《서한집》, 제3권(1879~1889), 뮌헨München, 1980, 제4권(1890~1898), 뮌헨, 1982.
- 로타르 갈Lothar Gall,《비스마르크. 하얀 혁명가Bismarck. Der weiße Revolutionär》, 프랑크푸르트 암 마인Frankfurt am Main/베를린/빈Wien 1980. ('하얀 혁명가'는 러시아의 '붉은 혁명가'와 대비되는 개념으로 보수를 지칭한다 – 옮긴이 주)
- 로타르 갈, 카를하인츠 위르겐스Karl-Heinz Jürgens,《비스마르크. 인생의 장면들Bismarck. Lebensbilder》, 베르기슈글라트바흐Bergisch Gladbach, 1991.
- 요하네스 렙시우스Johannnes Lepsius, 알브레히트 멘델스존 바르톨디Albrecht Mendelssohn-Bartholdy, 프리드리히 티메Friedrich Thimme 공동엮음,《유럽 내각들의 거대 정책 1871~1914GP: Die Große Politik der europäischen Kabinette 1871~1914》, 베를린, 1922.(시리즈 제1~6권,《비스마르크 시대 1871~1890Bismarck-Zeit 1871~1890》).
- 《비스마르크 전집GW: Bismarck, Die gesammelten Werke》, (구)프리드리히스루 판Friedrichsruher Ausgabe, 1~15권, 베를린, 1924~1935.
- 만프레트 한크Manfred Hank,《직을 잃은 수상. 해고된 뒤의 제후 비스마르크 1890~1898. Kanzler ohne Amt. Fürst Bismarck nach seiner Entlassung 1890~1898》, 뮌헨, 1977.
- 에른스트 루돌프 후버Ernst Rudolf Huber,《1789년 이후 독일 헌법사Deutsche Verfassungsgeschichte seit 1789》, 총 8권, 슈투트가르트Stuttgart, 1957~1984.
- 후버,《문서Dokumente》, 후버 엮음,《독일 헌법사 문서Dokumente zur deutschen Verfassungsgeschichte》, 제2권,《독일 헌법 문서 1851~1918. Deutsche Verfassungsdokumente 1851~1918》, 슈투트가르트, 1964.
- 로베르트 폰 코이델Robert von Keudell,《제후 비스마르크 부부. 1846~1872년의 회상 Fürst und Fürstin Bismarck. Erinnerungen aus den Jahren 1846~1872》, 베를린/슈투트가르트, 1901.
- 한스크리스토프 크라우스Hans-Christof Kraus,《에른스트 루트비히 폰 게를라흐. 프로이센 노보수의 정치적 사상과 행동Ernst Ludwig von Gerlach. Politisches Denken und Handeln

eines preußischen Altkonservativen》, 총 2권, 괴팅겐Göttingen, 1994.

• 카를 랑게Karl Lange, 《비스마르크의 실각과 독일과 외국의 여론Bismarcks Sturz und die öffentliche Meinung in Deutschland und im Auslande》, 슈투트가르트, 1927.

• 프라이헤르 루시우스 폰 발하우젠Freiherr Lucius von Ballhausen, 《비스마르크의 회고 Bismarck-Erinnerungen》, 슈투트가르트/베를린, 1921.

• 에리히 마르크스Erich Marcks 지음, 빌리 안드레아스Willy Andreas 엮음, 《비스마르크와 독일 혁명 1848~1851Bismarck und die deutsche Revolution 1848~1851》, 슈투트가르트/베를린, 1939.

• 아르놀트 오스카 마이어Arnold Oskar Meyer, 《비스마르크. 인간이자 정치가Bismarck. Der Mensch und der Staatsmann》, 슈투트가르트, 1949.

• 토마스 니퍼다이Thomas Nipperdey, 《독일 역사 1866~1918Deutsche Geschichte 1866~1918》, 제2권 《민주주의 이전의 권력 국가Machtstaat vor der Demokratie》, 뮌헨, 1992.

• 오토 플란체Otto Pflanze, 《비스마르크Bismarck》, 제1권 《제국 창설자Der Reichsgründer》, 뮌헨, 1997. 제2권 《제국 수상Der Reichskanzler》, 뮌헨, 1998.

• 라이너 F. 슈미트Rainer F. Schmidt, 《오토 폰 비스마르크 (1915~1898) 현실정치와 혁명Otto von Bismarck (1815~1898): Realpolitik und Revolution》, 슈투트가르트, 2004.

• 한스요아힘 쇠프스Hans-Joachim Schoeps, 《비스마르크가 본 동시대인. 동시대인이 본 비스마르크Bismarck über Zeitgenossen. Zeitgenossen über Bismarck》, 프랑크푸르트 암 마인/베를린/빈, 1972.

• 슈피첸베르크Spitzemberg 지음, 루돌프 피어하우스Rudolf Vierhaus 엮음, 《남작 부인 슈피첸베르크, 처녀 성 프라이인 폰 파른뷜러의 일기. 호엔촐레른 왕국의 궁정사회 기록 Das Tagebuch der Baronin Spitzemberg, geb.Freiin von Varnbüler. Aufzeichnungen aus der Hofgesellschaft des Hohenzollernreiches》, 괴팅겐, 1960.

• 구스타프 슈트레제만Gustav Stresemann 지음, 헨리 베른하르트Henry Bernhard 엮음, 《유산Vermächtnis》, 총 3권, 베를린, 1932/33.

• 크리스토프 폰 티데만Christoph von Tiedemann, 《70년을 기억하다Aus sieben Jahrzehnten. Erinnerungen》, 총 2권, 제2권 《제후 비스마르크 휘하의 수상 비서실장으로 보낸 6년

Sechs Jahre Chef der Reichskanzlei unter dem Fürsten Bismarck》, 라이프치히, 1910.

- 폴커 울리히Volker Ullrich, 《오토 폰 비스마르크Otto von Bismarck》, 라인베크 바이 함부르크Reinbek bei Hamburg, 1998.

- 에크하르트 페르카우Ekkhard Verchau, 《오토 폰 비스마르크. 간략한 전기Otto von Bismarck. Eine Kurzbiographie》, 베를린, 1969.

- 헬무트 뢰네파르트Helmuth Rönnefarth 정리, 《협약 플뢰츠. 회의와 협약들VER-TRAGS-PLOETZ: Konferenzen und Verträge》, 제2부 1493~1952, 빌레펠트Bielefeld, 1953.

주

프롤로그. 빠르게 변화하는 시대를 주도하다

1   로타르 갈, 카를하인츠 위르겐스, 《비스마르크. 인생의 장면들Bismarck. Lebens-
    bilder》, 사진 2(팩스).
2   독일 프로이센 출신의 엔지니어로 현대 항공학을 개척한 인물이다. 세계 최초로 무
    동력 글라이더를 만들어 비행에 성공했다. ─ 옮긴이 주

I. 알트마르크 융커의 젊은 시절(1815~1847)

1   독일 작센안할트주의 북부 지역 명칭으로 베를린 서쪽과 볼프스부르크 동쪽 사이
    를 아우르며, 브란덴부르크주 지역의 시발점이 된 곳이다. ─ 옮긴이 주
2   브란덴부르크 선제후, 프로이센 왕, 독일 황제 등을 배출한 독일의 유서 깊은 왕조
    이다. ─ 옮긴이 주
3   '위수교회'라는 뜻으로 프로이센 군대가 예배를 드리던 곳이다. ─ 옮긴이 주
4   빌헬름 슈슬러Wilhelm Schüßler, 《비스마르크Bismarck》, 라이프치히, 1925, 6쪽.
5   독일과 폴란드 북부 발트해 연안의 지역 포메라니아 가운데 동쪽 지역을 일컫는 지

명이다. - 옮긴이 주

6 이 지역들은 지금은 모두 폴란드에 속한 영토이다. 독일 명칭 슈테틴Stettin만 해도
   공식적인 명칭은 '슈체친Szczecin'이다. - 옮긴이 주

7 페스탈로치의 교육이념에 충실하게 독일 교육학자 요한 에른스트 플라만Johann
   Ernst Plamann(1771~1834)이 설립한 학교이다. - 옮긴이 주

8 모리츠 부슈, 제2권, 22쪽.

9 비스마르크 자서전은 그가 제국 수상에서 퇴임한 1890년부터 쓴 것이다. 전부 세
   권으로 1권과 2권은 비스마르크 사후인 1898년 7월 30일에 출간됐다. 3권은 가문
   의 반대로 출간되지 못하다가 1919~1921년에 세상의 빛을 보았다. 원제는《생각
   과 기억Gedanken und Erinnerungen》이나 국내에 주로《회상록Erinnerungen》
   으로 소개됐다. - 옮긴이 주

10 1864년 6월 18일 코이넬과 나눈 대화, 전집 제7권, 88쪽.

11 프리드리히 빌헬름 김나지움은 1797년에 설립된 왕립 교육기관이다. 제2차 세계
   대전이 끝나고 폐교됐다. 김나지움 춤 그라우엔 클로스터는 프란체스코 수도회 소
   속의 수도원이 운영하던 김나지움이다. 1574년에 설립되어 지금도 건재하는 베를
   린에서 가장 오래된 김나지움이다. '그라우엔 클로스터'는 회색 수도원이라는 뜻으
   로 수도사들이 회색 옷을 입어 이런 이름이 붙었다. 두 학교 모두 베를린의 중심인
   '미테Mitte'구에 위치했었으며, '그라우에스 클로스터'는 제2차 세계대전이 끝나고
   서베를린으로 이주했다. - 옮긴이 주

12 독일의 개신교 신학자이자 철학자이며 번역가이다. 낭만주의에 입각한 자유주의
   신학, 곧 인간의 감정을 근거로 신의 존재를 확인할 수 있다는 신학을 주장한 인물
   이다. - 옮긴이 주

13 국가의 조직과 경영을 연구하는 통섭 학문의 명칭으로 행정학, 법학, 경제학, 정치
   학, 역사학 그리고 사회학 등을 두루 포괄하던 학과이다. 이 학문들은 1960년대와
   1970년대에 이뤄진 교육개혁으로 각기 개별 분과 학문으로 독립했다. - 옮긴이 주

14 괴팅겐 대학교에서 활동하던 동우회의 명칭이다. 1809년에 설립된 단체는 제후 공
   국 하노버의 중심 대학교가 괴팅겐이라는 자부심을 그 심장으로 삼았다. - 옮긴이 주

15 성경에 나오는 대천사 미카엘을 섬기는 축일로 9월 29일이다. - 옮긴이 주

16 1833년 1월 형에게 보낸 편지, 전집 제14권, 2쪽.

17 독일의 역사학자로 교역과 교통의 역사를 개척한 인물이다. — 옮긴이 주

18 마이어, 16쪽.

19 독일의 법관이다. 하노버 왕국에서 행정 법관을 역임했다. 평생 우정을 나눈 비스마르크와 주고받은 편지는 당시를 알려주는 중요한 사료로 남았다. — 옮긴이 주

20 알렉산더 카이절링은 독일 혈통으로 에스토니아에서 태어난 백작 가문의 후손이다. 러시아에서 지질학과 식물학 그리고 고생물학과 관련한 활동을 벌였다. 존 L. 모틀리는 미국의 외교관이자 역사학자이다. — 옮긴이 주

21 에리히 마르크스, 《비스마르크의 젊은 시절 1815~1848》, 슈투트가르트/베를린, 1909, 94쪽.

22 함바흐 축제는 1832년 5월 27일부터 6월 1일까지 라인란트팔츠의 함바흐 성에서 벌어진 축제로, 겉으로는 평화적인 축제로 위장한 민족주의와 자유주의 운동이다. 이 사건은 반동적인 빈체제에 항거한 부르주아 운동의 정점으로 독일 3월혁명의 시발점이다. 프랑크푸르트 경비대 습격은 1833년 4월 3일에 일어난 혁명 시도로 경찰을 공격해 독일연방의 금고를 점령하고 혁명을 선포하고자 했으나 물거품이 된 운동이다. — 옮긴이 주

23 10월 20일에 샤를라흐에게 보낸 편지(1835), 전집 제14권, 6쪽.

24 프로이센의 지배 계급을 형성한 보수적인 지주 귀족을 일컫는 단어이다. — 옮긴이 주

25 1836년 5월 4일 샤를라흐에게 보낸 편지, 전집 제14권, 7쪽.

26 1837년 9월 13일 샤를라흐에게 보낸 편지, 전집 제14권, 10쪽 이하.

27 프로이센의 외교관이자 가톨릭계 정당의 정치가로 활약한 인물이다. 아헨에서 비스마르크와 친구가 된 그는 독일통일 당시 비스마르크 편에서 적극적으로 도왔다. — 옮긴이 주

28 1837년 9월 3일 사비니에게 보낸 편지, 전집 제14권, 10쪽.

29 독일의 역사학자로 마르크스주의에 입각한 역사 해석을 선보인 인물이다. — 옮긴이 주

30 엥겔베르크, 제1권, 146쪽.

31 1845년 1월 9일 샤를라흐에게 보낸 편지, 전집 제14권, 30쪽.

32 1837년 9월 3일 사비니에게 보낸 편지, 전집 제14권, 10쪽.

33 리알은 이란의 화폐단위이며, 탈러는 15세기에서 19세기까지 독일의 은화를 이르는 명칭이다. 이란 화폐가 등장하는 정확한 이유는 알 길이 없다. 아헨은 예나 지금이나 휴양과 요양을 위한 도시로 유명해 세계 각지에서 찾아오는 사람들이 많은 곳이다. 비스마르크와 로레인 스미스와의 만남은 이런 배경에서 이뤄졌으며, 여자 가족의 여행비를 주로 비스마르크가 감당하고 이를 만회하려 노름을 했던 게 빚을 지게 된 원인이다. - 옮긴이 주

34 1837년 10월 21일 아헨 시장 백작 아르님Arnim이 쓴 편지,《비스마르크 연보》, 제3권(1896), 28쪽.

35 1838년 9월 29일 사촌누이 카롤리네 폰 마요르티Caroline von Malortie에게 보낸 편지(사본은 아버지에게도 보냈음), 전집 제14권 13쪽 이하. 인용문은 14쪽과 16쪽에서 발췌함.

36 우가르트는 포메른의 군청 도시였다가 1945년 포츠담 협약으로 소비에트의 차지가 되었으며, 이후 폴란드의 영토로 귀속된 곳이다. 폴란드 지명은 노보가르트Nowogard이다. - 옮긴이 주

37 다비트 프리드리히 슈트라우스David Friedrich Strauß(1808~1874)는 독일의 자유주의 신학자이자 작가이다. 헤겔에 영향을 받아 예수의 신성을 부인하는 책《역사의 예수Jesus der Geschichte》를 써서 역사 비평의 지평을 연 인물이다. - 옮긴이 주

38 판신은 현재 폴란드 영토로 페치노Pęzino라는 지명의 농촌 마을이다. 오틸리에 폰 푸트카머Ottilie von Puttkamer의 인물 정보는 알 길이 없다. - 옮긴이 주

39 1843년 9월 10일 루이스 폰 클리칭Louis von Klitzing에게 보낸 편지, 전집 제14권, 21쪽.

40 1845년 1월 9일 샤를라흐에게 보낸 편지, 전집 제14권, 31쪽.

41 1844년 8월 4일 샤를라흐에게 보낸 편지, 전집 제14권, 26쪽. 이후 인용문도 같은 쪽에서 발췌함.

42 16세기 말에서 17세기에 걸쳐 형성된 기독교 운동으로 교의와 형식에 치중하는 개신교에서 벗어나 경건한 생활을 강조하며 개인의 영적 생활과 실천을 중시한 운동

이다. 독일의 신학자 필립 야콥 슈페너Philipp Jakob Spener(1635~1705)가 제창한 운동이다. — 옮긴이 주

43 아돌프 폰 타덴은 프로이센의 지역 트리글라프Trieglaff를 기반으로 하는 토호 귀족이다. 그의 딸 마리Marie(1822~1846)는 모리츠 폰 블랑켄부르크와 결혼했다가 뇌염에 걸려 사망했다. 모리츠 폰 블랑켄부르크는 대영주 출신 독일 보수주의 정치가이다. 비스마르크와 플라만 학교를 같이 다녔다. — 옮긴이 주

44 로타르 갈(1936~)은 독일 자유주의 역사의 최고 역사학자로 평가받는 인물이다. 프랑크푸르트 괴테 대학교에서 1975년부터 교수로 활동하다가 2005년에 은퇴했다. — 옮긴이 주

45 로타르 갈, 50쪽.

46 마이어, 43쪽.

47 비스마르크의 아내로 독실한 신앙으로 남편을 위해 헌신적 내조를 한 여인이다. — 옮긴이 주

48 19세기 중반까지 독일과 오스트리아에 성립했던 법정으로 정부와 별개로 영주가 자신의 영지 지역에서 재판권을 행사하는 것이다. — 옮긴이 주

49 프로이센의 법관이자 정치가로 보수 정당의 설립을 이끈 인물이다. — 옮긴이 주

50 1846년 11월 8일 누이동생에게 보낸 편지, 전집 제14권, 45쪽.

51 독일 북부의 산악 지대로 국립공원으로 지정된 곳이다. — 옮긴이 주

52 코이델은 독일 외교관으로 비스마르크의 측근이었던 인물이다. — 옮긴이 주

53 코이델, 4쪽.

54 1847년 1월 31일 형에게 보낸 편지, 전집 제14권, 50쪽.

55 하인리히 폰 푸트카머에게 보낸 편지(1846년 12월 21일로 추정됨), 전집 제14권, 46~48쪽. 인용문은 46쪽과 48쪽.

56 1847년 1월 12일 여동생에게 보낸 편지, 전집 제14권, 49쪽.

57 1847년 1월 31일 형에게 보낸 편지, 전집 제14권, 50쪽. 이후 이어지는 인용문도 이 자료에서 발췌함.

II. 영주에서 정치가로(1847~1851)

1　프로이센의 국왕 프리드리히 빌헬름 4세Friedrich Wilhelm IV(1795~1861)가 소
　집한 제1차 국민 신분 대표 모임이다. 그는 무르익어가는 혁명의 기운을 감지하고
　이를 무마하기 위해 이 회의를 소집했다. 혁명 전야의 분위기를 잘 보여주는 이 사
　건은 독일 역사의 중대한 고비였다. – 옮긴이 주

2　1847년 5월 17일의 의회 연설, 전집 제10권, 3쪽. 이후 이어지는 인용문은 4쪽에서
　발췌함.

3　이 대목은 당시의 정치 상황을 염두에 두어야 이해할 수 있다. 자유주의 진영은 나
　폴레옹을 왕정으로부터 해방시켜줄 구원 세력으로 은근히 기대했다. 민중봉기는
　물론 점령군을 물리치려는 목표를 가지기는 했지만, 무엇보다도 헌법의 확보로 민
　주주의의 기틀을 세우고자 하는 열망을 가졌다고 본 쪽이 자유주의 진영이다. 비스
　마르크는 해방을 원하면서도 나폴레옹에게 오히려 기대려는 이런 논리의 허점을 파
　고들었다. – 옮긴이 주

4　카를 폰 게르스도르프는 프로이센의 귀족으로 시종장을 지낸 인물이다. 평생 니체
　와 가깝게 지내며 편지를 주고받은 친구이다. – 옮긴이 주

5　니체가 1868년 2월 16일에 카를 폰 게르스도르프에게 보낸 편지. 카를 슐레히타
　Karl Schlechta 엮음,《프리드리히 니체Friedrich Nietzsche》, 뮌헨, 1956, 제3권,
　992쪽.

6　폰타네가 1891년 1월 8일에 파울 하이제Paul Heyse에게 보낸 편지,《서한집》, 제
　4권, 86쪽.

7　궁정당은 영어의 'Camarilla'에 해당하는 표현으로 '통합의회'에 참석한 보수파가
　왕 프리드리히 빌헬름 4세를 보좌해 혁명에 대처할 방안을 논의하던 모임, 곧 공식
　적인 기구가 아닌 자문 회의를 이른다. – 옮긴이 주

8　요하나에게 1847년 5월 21일 보낸 편지, 전집 제14권, 89쪽.

9　요하나에게 1847년 6월 13일 보낸 편지, 전집 제14권, 94쪽.

10　로타르 갈, 69쪽.

11　1847년 7월 11일에 쓴 회람, 전집 제14권, 98쪽.

12 발트라우트 엥겔베르크, 《오토와 요하나 폰 비스마르크Otto und Johanna von Bismarck》, 베를린, 1990, 30쪽.

13 1851년 1월 4일 요하나에게 보낸 편지, 전집 제14권, 187쪽.

14 독일의 은행가이자 정치인이다. 독일 자유주의를 대표하는 인물로 '도이체방크'의 설립자 가운데 한 사람이다. – 옮긴이 주

15 에크하르트 페르카우, 12쪽.

16 카슈벤란트는 현재 폴란드의 카슈비아Kashubia라고 불리는 지역이다. 알트콜치 글로브는 이 지역에 위치한 마을이다. – 옮긴이 주

17 엥겔베르크, 제1권, 275쪽.

18 '3월혁명'의 요구를 수용하기 위해 왕이 소집한 내각으로 '3월 내각(Märzministerium)' 또는 '3월 정부(Märzregierung)'라고도 불린다. 루돌프 캄프하우젠은 라인 지방 출신의 은행가이자 정치가이다. 당시 자유주의를 대표했던 인물이다. 한제만은 상인이자 은행가로 목화 거래로 번 돈으로 보험사와 은행을 설립했으며, 자유주의를 선도했던 인물이다. – 옮긴이 주

19 1829년 프로이센 왕자 빌헬름과 결혼했으며, 나중에 독일제국 최초의 황후가 된 아우구스타의 정식 이름은 아우구스타 마리 루이제 카타리나 폰 작센바이마르아이제나흐Augusta Marie Luise Katharina von Saxen-Weimar-Eisenach(1811~1890)이다. 사랑이 없는 불행한 결혼을 섭정으로 보상받고자 했던 여인이다. – 옮긴이 주

20 한스크리스토프 크라우스, 400쪽.

21 제2차 통합의회 연설, 1848년 4월 2일, 전집 제10권, 16쪽.

22 프랑크푸르트 국민의회는 프랑크푸르트 암 마인의 '파울스키르헤(Paulskirche는 사도바울 교회라는 뜻)'에서 1849년 3월 27일에 열린 의회로 1848년의 혁명으로 설치된 입헌 기관이다. 이 의회가 제정한 헌법은 보수의 반발로 결국 수포로 돌아갔지만, 이후 통일독일을 다지는 근간이 됐다. – 옮긴이 주

23 프로이센 출신의 법률가이자 정치가이다. 《노이에 프로이센 차이퉁Neue Preuße Zeitung》(새로운 프로이센 신문)의 편집장으로 활동했다. 이 신문은 십자가를 로고로 써서 '철십자 신문'이라는 뜻의 'Kreuzzeitung'이라는 이름으로 더 잘 알려졌다. – 옮긴이 주

24 1849년 8월 31일 요하나에게 보낸 편지, 전집 제14권, 137쪽.

25 융커의회는 1848년 혁명의 와중에서 지주들이 자신의 재산권을 방어하기 위해 세운 이익 단체를 이르는 표현이다. 나중에 '사유재산 보호를 위한 단체(Verein zum Schutz des Eigentums)'라는 공식 명칭을 썼다. – 옮긴이 주

26 에른스트 폰 푸엘Ernst von Pfuel(1779~1866)은 프로이센의 육군 대장으로 3월 혁명 과정에서 일종의 관리 내각을 이끌었던 인물이다. – 옮긴이 주

27 브란덴부르크는 왕 프리드리히 빌헬름 2세의 아들로 혁명을 제압하기 위한 내각의 수상을 역임했다. 오토 폰 만토이펠은 프로이센의 보수 정치가로 극우파의 선봉으로 활동한 인물이다. – 옮긴이 주

28 프로이센 군대의 원수를 지낸 인물이다. 국민에게 '파파 브랑겔(아빠 브랑겔)'이라는 애칭을 얻을 정도로 높은 인기를 누렸다. – 옮긴이 주

29 1848년 12월 9일 형에게 보낸 편지, 전집 제14권, 120쪽.

30 에리히 마르크스, 64쪽.

31 프라이헤르 루시우스 폰 발하우젠, 20쪽.

32 1849년 2월 10일 형에게 보낸 편지, 전집 제14권, 123쪽 이하.

33 1849년 4월 21일 하원에서 한 연설, 전집 제10권, 31쪽.

34 프로이센이 1849년에서 1918년까지 시행한 선거제도로, 소득과 세금 납부액에 따라 선거권에 차등을 두는 제도이다. – 옮긴이 주

35 1849년 7월 20일 요하나에게 보낸 편지, 전집 제14권, 130쪽.

36 독일의 헌법학자로 '제3제국' 헌법을 주도한 인물이다. – 옮긴이 주

37 프로이센의 외교관으로 프리드리히 빌헬름 4세의 외교 참모였던 인물이다. – 옮긴이 주

38 "르 모베 제니 드라 프뤼세", 1850년 1월 23일 형에게 보낸 편지, 전집 제14권, 152쪽.

39 독일의 법철학자로 헌법학의 대가로 추앙받는 인물이다. – 옮긴이 주

40 게오르게 헤제키엘George Hesekiel, 《백작 비스마르크의 책Das Buch vom Grafen Bismarck》, 빌레펠트, 1869, 166쪽.(슈탈을 위한 앨범의 헌사, 1850년 4월 24일, Erfurt.)

41 여기서 연합제국이라 함은 1849년과 1850년에 걸쳐 프로이센이 독일연방을 민족

국가로 대체하려 시도한 정부 형태를 이르는 표현이다. 의회를 에르푸르트에 세운 탓에 '에르푸르트 연합'이라고도 한다. ─옮긴이 주

42 인민의 전당이라는 뜻으로 의사당을 부르는 명칭이다. ─옮긴이 주

43 의회의 회의록을 책임지는 자리로 의장을 보좌하는 역할을 한다. ─옮긴이 주

44 '고타'는 프랑크푸르트 국민의회에 참가했던 148명의 의원들을 이르는 명칭이다. 이들은 1849년 6월 28일 독일의 도시 고타Gotha에서 모임을 가지고 프리드리히 빌헬름 4세를 황제로 추대하기로 결의했다. ─옮긴이 주

45 '봉건영주지배(Mediatisierung)'란 신성로마제국과 독일연방의 역사에서 영주와 제후의 이해관계에 맞춰 황제가 이들의 지배권을 인정해주는 것을 말한다. 프리드리히 빌헬름 4세는 봉건영주들의 주권을 어느 정도 인정해주는 양보를 통해 이들이 자신의 왕권을 지지해줄 것으로 기대했다. ─옮긴이 주

46 요하나에게 보낸 편지(1849년 8월 27일), 전집 제14권, 136쪽.

47 1850년 10월 21일 바게너에게 보낸 편지, 전집 제14권, 179쪽.

48 1848년에서 1852년까지 오스트리아 정부의 수반을 지낸 인물이다.

49 1850년 11월 7일 바게너에게 쓴 편지, 전집 제14권, 179쪽.

50 '올뮈츠 협약Olmützer Punktation'는 오늘날 체코의 올로모우츠Olomouc에서 1850년에 프로이센과 오스트리아와 러시아 사이에 체결된 협약으로 프로이센이 자초한 가을 위기를 극복하기 위해 오스트리아와 러시아에게 굴복한 사건이다. ─옮긴이 주

51 로타르 갈, 112쪽 이하.

52 1850년 12월 3일 하원에서 한 연설, 전집 제10권, 103쪽. 이후 이어지는 인용문은 103쪽 이하.

53 로타르 갈, 121쪽.

54 1851년 4월 28일 요하나에게 쓴 편지, 전집 제14권, 206쪽.

55 '클라더다치'는 의성어로 물건이 떨어져 부서지는 '쿠당탕' 하는 소리를 뜻하는 말이다. 1844년에 창간되어 1944년까지 발간된 이 주간지는 매일처럼 벌어지는 정계의 소동을 익살로 촌평하며 큰 인기를 끌었다. 인용된 문구에서 'Schön-hausen'은 '멋지게(Schön)', '살리라(Hausen)'는 언어유희이다. ─옮긴이 주

III. 프랑크푸르트, 상트페테르부르크, 파리의 외교관(1851~1862)

1   에리히 마르크스, 209쪽.

2   1851년 12월 28일 레오폴트 폰 게를라흐에게 보낸 편지, 전집 제14권, 245쪽.

3   로타르 갈, 128쪽.

4   라인강가의 소도시 빙겐 지역에서 강의 작은 섬 위에 지어진 탑을 이르는 지명이
     다. 중세 때 소금을 싣고 이 강을 지나가는 배들에 통행세를 징수하던 탑이다. — 옮
     긴이 주

5   1851년 7월 8일 요하나에게 보낸 편지, 전집 제14권, 231쪽.

6   잉겔로레 M. 빈터Ingelore M. Winter, 《나의 사랑하는 비스마르크Mein geliebter
     Bismarck》, 뒤셀도르프, 1988, Meyer, 83쪽.

7   1853년 12월 8일 형에게 보낸 편지, 전집 제14권, 330쪽.

8   1855년 10월 10일 형에게 보낸 편지, 전집 제14권, 418쪽.

9   아르놀트 오스카 마이어, 77쪽.

10   독일의 헤센과 바이에른과 바덴뷔르템베르크에 걸쳐 이어진 완만한 구릉지를 이르
     는 지명이다. 울창한 숲과 천혜의 자연이 아름다운 곳이다. — 옮긴이 주

11   발트라우트 엥겔베르크Waltraut Engelberg, 《비스마르크의 사생활Das private
     Leben der Bismarcks》, 베를린, 1999, 45쪽.

12   1859년 12월 19일 폰 슐라이니츠 장관에게 보낸 편지, 전집 제3권, 67쪽.

13   독일의 역사학자로 이른바 '역사주의'를 대표하는 인물이다. — 옮긴이 주

14   1855년 7월 18일 루트비히 폰 게를라흐가 비스마르크에게 보낸 편지, 《비스마르크
     연보》 제3권(1896), 52쪽.

15   로타르 갈, 148쪽.

16   1851년 6월 3일 바게너에게 보낸 편지, 전집 제14권, 217쪽.

17   1851년 7월 4일 클라이스트레초프에게 쓴 편지, 전집 제14권, 231쪽.

18   1851년 12월 22일 만토이펠 장관에게 보낸 편지, 전집 제1권, 113쪽.

19   카를 페르디난트 폰 부올샤우엔슈타인Karl Ferdinand von Buol-Schauenstein
     (1797~1865)는 오스트리아의 정치가로 1852년부터 1859년까지 외무 장관을 지낸

인물이다. – 옮긴이 주

20 1855년 2월 28일 만토이펠 장관에게 보낸 편지, 전집 제2권, 23쪽.

21 오토 플란체, 1권, 97쪽.

22 아르놀트 오스카 마이어, 89쪽.

23 에리히 아이크, 1권, 194쪽.

24 아르놀트 오스카 마이어, 87쪽. 엥겔베르크, 1권, 367쪽.

25 공사관참사관 벤첼Wentzel에게 1852년 1월 16일에 보낸 편지, 전집 제1권, 127쪽.

26 라이너 F. 슈미트, 88쪽.

27 라이너 F. 슈미트, 77쪽.

28 '런던해협협약(London Straits Convention)'은 1841년 7월 13일 런던에서 유럽의
    다섯 강대국 러시아, 영국, 프랑스, 프로이센이 참여한 가운데 오스만제국과 체결한
    협약이다. 지중해와 흑해를 이어주는 다르다넬스와 보스포루스 해협에 모든 전함
    통행을 금지한 것이 그 주요 내용이다. – 옮긴이 주

29 라이너 F. 슈미트, 81쪽.

30 1854년 2월 15일 수상 만토이펠에게 보낸 편지, 전집 제1권, 427쪽.

31 에른스트 루돌프 후버, 제3권, 245쪽.

32 에른스트 루돌프 후버, 제3권, 247쪽.

33 이 쿠데타는 당시 제2공화국 대통령이던 루이 보나파르트가 국민의회를 해산시킨
    사건을 말한다. 이후 그는 국민투표로 프랑스 제2제국을 세우고 스스로 왕위에 올
    라 나폴레옹 3세가 됐다. – 옮긴이 주

34 한스크리스토프 크라우스, 628쪽.

35 1851년 12월 28일 레오폴트 폰 게를라흐에게 보낸 편지, 전집 제14권, 244쪽.

36 '보나파르트주의자'는 프랑스어 'Bonapartisme'에서 비롯된 것으로 두 가지 의미
    를 가진다. 좁게는 보나파르트 왕가 치하의 프랑스 제국을 복고하려는 시도를, 넓
    게는 권위주의적 중앙집권을 옹호하고 군사독재를 지지하는 주장을 일컫는 말이
    다. – 옮긴이 주

37 1853년 1월 27일 레오폴트 폰 게를라흐에게 보낸 편지, 전집 제14권, 290쪽.

38 1853년 1월 28일 수상 만토이펠에게 보낸 편지, 전집 제1권, 286쪽. 이후 이어지는

인용문도 마찬가지.

39   1855년 1월 6일 레오폴트 폰 게를라흐에게 보낸 편지, 전집 제14권, 376쪽.

40   1855년 9월 15일 레오폴트 폰 게를라흐에게 쓴 편지, 전집 제14권, 415쪽 – 원주. 여기서 바빌론이라는 표현은 성경에 나오는 창녀 바빌론에 빗댄 것으로 파리는 타락의 소굴이라는 비유이다. – 옮긴이 주

41   로타르 갈, 174쪽.

42   미국의 역사학자로 19세기 독일 역사 전문가다. 예일 대학교 교수이며 비스마르크 전기로 명성을 얻었다. – 옮긴이 주

43   오토 플란체, 제1권, 107쪽.

44   1858년 3월 14일 만토이펠에게 쓴 편지, 전집 제2권, 297쪽 이하.

45   1857년 5월 30일 레오폴트 폰 게를라흐에게 쓴 편지, 전집 제14권 474쪽.

46   1853년 11월 25일 레오폴트 폰 게를라흐에게 쓴 편지, 전집 제14권, 327쪽.

47   1853년 12월 19일과 20일 레오폴트 폰 게를라흐에게 보낸 편지, 전집 제14권, 334쪽.

48   1859년 5월 12일 폰 슐라이니츠 장관에게 보낸 편지, 전집 제3권, 38쪽.

49   보고서 '연방에서 프로이센의 위상을 다룬 고찰', 1858년 3월 말, 전집 제2권, 302~322쪽. 인용문은 317쪽. 이후 이어지는 인용문은 321쪽.

50   이 문장에서 '민족운동'이라는 표현은 자유주의 세력을 뜻한다. – 옮긴이 주

51   프로이센의 정치가로 1858년부터 1861년까지 외무 장관을 지냈으며, 이후에는 죽을 때까지 황실관리 장관을 맡았던 인물이다. – 옮긴이 주

52   1858년 10월 17일 장모에게 보낸 편지, 전집 제14권, 492쪽.

53   아르놀트 오스카 마이어, 122쪽.

54   1859년 5월 8일과 4월 26일에 보낸 편지, 전집 제14권, 519쪽.

55   러시아의 외교관이자 정치가로 외무 장관과 수상을 역임한 인물이다. – 옮긴이 주

56   에른스트 엥겔베르크, 제1권 463쪽.

57   1859년 4월 1일 요하나에게 보낸 편지, 전집 제14권, 511쪽.

58   카밀로 벤소 디 카보우르Camillo Benso Conte di Cavour 백작(1810~1861)은 이탈리아의 정치가로 이탈리아 통일에 결정적인 기여를 한 인물이다. – 옮긴이 주

59   엉덩이를 뜻하는 독일어 'Po'는 피에몬테를 관통하는 포강의 이름이기도 하다. - 옮긴이 주

60   1859년 5월 3일과 4일에 걸쳐 슐라이니츠 장관에게 보낸 편지, 전집 제3권, 34쪽. 이후 이어진 인용문은 34쪽 이하.

61   1859년 6월 4일 요하나에게 보낸 편지, 전집 제14권, 525쪽.

62   아르놀트 오스카 마이어, 133쪽 이하.

63   프로이센 민족회의 의장으로 우파 자유주의를 대표한 인물이다. - 옮긴이 주

64   동프로이센의 융커로 1848년 비스마르크와 만나 각별한 우정을 나눈 친구로 나중에 제국 의회의 의원으로 활동했다. - 옮긴이 주

65   아르놀트 오스카 마이어, 136쪽.

66   아르놀트 오스카 마이어, 138쪽.

67   1860년 7월 3일과 15일 형에게 보낸 편지, 전집 제14권, 557쪽.

68   프로이센의 장군으로 군대 개혁에 성공해 장관과 수상을 역임한 인물이다. - 옮긴이 주

69   1861년 7월 2일 론에게 보낸 편지, 전집 제14권, 571쪽.

70   1861년 7월 중순에 작성한 독일통일 문제 전략 제안서, 전집 제3권, 266~270쪽. 인용문은 267쪽. 이후 인용문은 267쪽 이하.

71   오토 플란체, 제1권, 155쪽.

72   '안테 포르타스'는 로마의 키케로가 쓴 표현으로 원래는 '한니발 안테 포르타스', 곧 '한니발이 성문을 향해 진군 중'이라는 뜻이다. - 옮긴이 주

73   독일제국의 외교관이자 역사학자이다. - 옮긴이 주

74   1862년 5월 14일 쿠르트 폰 슐뢰처에게 보낸 편지, 전집 제14권, 585쪽 이하.

75   1862년 5월 13일 요하나에게 보낸 편지, 전집 제14권, 585쪽.

76   프린츠 크라프트 추 호엔로헤잉겔핑겐Prinz Kraft zu Hohenlohe-Ingelfingen, 《나의 인생Aus meinem Leben》, 제2권, 베를린, 1905, 306쪽.

77   1862년 5월 23일 요하나에게 쓴 편지, 전집 제14권, 587쪽.

78   공작 베른슈토르프에게 1862년 6월 28일에 쓴 편지, 전집 제3권, 381쪽. - 원주. 여기서 요셉의 이야기는 성경 창세기 39장에 나오는 것이다. 이집트 파라오의 경호

대장 보디발이 요셉을 거두어 보살폈으나, 그의 아내가 요셉을 유혹한다. 비스마르크는 프랑스의 유혹을 이 사건에 빗댔다. - 옮긴이 주

79 프로이센의 외교관으로 1861~62년에 외무 장관을 지낸 인물이다. - 옮긴이 주

80 1862년 7월 15일 론에게 쓴 편지, 전집 제14권, 601쪽.

81 니콜라이 오를로프Nikolai Orlow(1820~1885)는 러시아의 유서 깊은 귀족 집안인 공작 오를로프 출신으로 외교관으로 활동했다. 1858년에 결혼한 아내 카타리나 역시 제후인 트루베츠코이Trubetskoy 가문 출신으로 비스마르크와 은밀하게 연서를 주고받은 여인이다. - 옮긴이 주

82 1862년 8월 19일 요하나에게 쓴 편지, 전집 제14권, 612쪽.

83 폴커 울리히, 57쪽.

84 로타르 갈, 카를하인츠 위르겐스, 64쪽. 이후 이어지는 인용문도 마찬가지.

85 아르놀트 오스카 마이어, 168쪽.

86 카이저 프리드리히 3세 지음, 하인리히 오토 마이스너Heinrich Otto Meisner 엮음,《일기장 1848~1866Tagebücher von 1848~1866》, 라이프치히, 1929, 161쪽 (인용된 문장은 1862년 9월 23일의 일기에서 발췌함).

IV. 위대한 프로이센과 제국 창설자(1862~1871)

1 에크하르트 페르카우, 63쪽 이하.

2 독일의 혁명가로 주간지 편집장으로 활동했으며, 제국 의회의 초대 의원을 지낸 인물이다. - 옮긴이 주

3 로타르 갈, 254쪽.

4 1862년 10월 7일 요하나에게 보낸 편지, 전집 제14권, 623쪽.

5 '군사내각'이란 프로이센 국왕의 직속 기구로 군대의 장교 인사 문제를 총괄하던 조직이다. 에드빈 폰 만토이펠은 프로이센 육군 원수로 군사내각을 이끌며 자유주의를 막기 위해서는 헌법의 철폐가 필요하다고 강변했다. - 옮긴이 주

6 아비뇽의 올리브 나뭇가지는 로마 교황이 프랑스 왕권에 굴복했던 것을 상징하는 표현이다. 이 사건으로 교황청은 1309년에 아비뇽으로 옮겨왔다가 1377년에 로마

로 복귀했다. - 옮긴이 주

7 1862년 9월 29일에 열린 예산위원회 94차 회의, 전집 제10권, 40쪽.

8 비스마르크는 군대 개혁을 지지해달라는 의미에서 '철과 피'라는 표현을 썼을 뿐이다. 저자는 자유주의 진영이 비스마르크의 발언을 확대해석하는 오해에 빠졌다고 지적한다. - 옮긴이 주

9 독일의 역사학자이자 정치 평론가이며 제국 의회의 자유주의자 의원으로 활동했다. 당대의 가장 유명한 평론가로 숱한 논쟁을 불러일으킨 인물이다. - 옮긴이 주

10 1862년 9월 29일 트라이츠케가 빌헬름 노크Wilhelm Nokk에게 보낸 편지, 하인리히 폰 트라이츠케Heinrich von Treitschke, 《서한집》, 제2권, 라이프치히, 1913, 238쪽.

11 법철학자이자 정치가인 프리드리히 율리우스 슈탈이 구상한 것으로, 삼권분립의 허점을 파고들어 실세가 권력 행사를 할 근거를 제시해준 이론이다. 비스마르크는 프로이센 헌법 위기를 이 이론을 통해 왕에게 유리한 쪽으로 해결하려 시도했다. - 옮긴이 주

12 1863년 1월 27일 의회에서 행한 연설, 전집 제10권, 153쪽. 이후 이어지는 인용문도 이 자료에서 발췌함.

13 에른스트 루돌프 후버, 《문서》, 제2권, 62쪽.

14 라이너 F. 슈미트, 125쪽.

15 작가이자 사회주의 정치가로 독일 노동자 운동을 이끈 지도자이다. 그가 창설한 '전 독일 노동자단체Der allgemeine Deutsche Arbeiterverein'는 독일의 전통적 정당 '사회민주당'의 전신이다. - 옮긴이 주

16 로베르트 폰 코이델, 126쪽.

17 에른스트 루돌프 후버, 제3권, 419쪽.

18 로타르 갈, 268쪽. 이후 이어지는 인용문도 마찬가지임.

19 '알벤스레벤 협약(Konvention Alvensleben)'은 폴란드 봉기를 제압하기 위해 러시아가 프로이센의 지원 약속을 받아낸 협약이다. 당시 협약을 추진한 실무자인 육군 장군 구스타프 폰 알벤스레벤Gustav von Alvensleben(1803~1881)의 이름을 붙인 협약이다. '1월 봉기'는 러시아 제국 군대에 징병된 것에 폴란드 청년들이 저항

하면서 일어난 운동이다. – 옮긴이 주

20 《프로메모리아Promemoria》, 1863년 5월 7일 자, 전집 제4권, 117쪽. – 원주. 여기
    서 비스와강(폴란드어 Wisla, 독일어 Weichsel, 영어 Vistula)은 폴란드의 가장 긴 강이
    다. 인용문의 비스와강의 땅이라는 표현은 폴란드를 지칭한다. – 옮긴이 주

21 에른스트 루돌프 후버, 제3권, 420쪽.

22 '동군연합(Personalunion)'은 두 개 이상의 독립국가가 동일한 군주를 섬기는 정치
    형태를 뜻한다. – 옮긴이 주

23 독일의 역사학자로 독일과 오스트리아 역사에 정통한 인물이다. – 옮긴이 주

24 하인리히 루츠Heinrich Lutz, 《합스부르크와 프로이센의 사이에서. 독일
    1815~1866Zwischen Habsburg und Preußen. Deutschland 1815~1866)》, 베
    를린, 1985, 447쪽.

25 모리츠 부슈, 제2권, 483쪽.

26 1864년 5월 16일 알렉산더 폰 벨로브에게 보낸 편지, 전집 제14권, 667쪽.

27 1864년 5월 1일 회의 대표 백작 베른스토르프와 발란Balan에게 보낸 훈령, 전집
    제4권, 408쪽.

28 하인리히 리터 폰 스르비크Heinrich Ritter von Srbik, 《독일통일. 신성로마제국에
    서 쾨니히그라츠까지 이상과 현실Deutsche Einheit. Idee und Wirklichkeit vom
    Heiligen Reich bis Königgrätz》, 제4권, 뮌헨, 1942, 182쪽.

29 《협정 자료집 플뢰츠Vertrags-Ploetz》, 171쪽.

30 오스트리아 빈의 유서 깊은 궁전 쉔브룬Schönbrunn에서 열린 회담이다. 아름다
    운 우물이라는 뜻의 쉔브룬은 1619년 마티아스Mattias 황제가 사냥을 하다가 발견
    한 샘에서 유래된 이름이다. – 옮긴이 주

31 에버하르트 콜브, 〈대프로이센 아니면 소독일?Großpreußen oder Kleindeutsch-
    land?)〉, 《비스마르크와 그의 시대Bismarck und seine Zeit》, 베를린, 1992, 26쪽.

32 프로이센과 독일의 육군 원수를 지낸 인물이다. 역사상 가장 위대한 전술가로 평가
    받는 인물이기도 하다. – 옮긴이 주

33 라이너 F. 슈미트, 149쪽 이하.

34 1866년 9월 21일 백작 멘스도르프가 쓴 회고, 전집 제5권, 473쪽, 주석 1.

35 1866년 3월 12일 몰트케에게 보낸 편지에 첨부된 훈령, 전집 제5권, 399쪽.

36 로타르 갈, 356쪽.

37 프로이센의 의원 안톤 폰 가블렌츠Anton von Gablenz가 중재역을 맡아 프로이센과 오스트리아의 갈등을 해결하려던 시도를 말한다. 그의 형 루트비히 폰 가블렌츠Ludwig von Gablenz가 홀슈타인의 오스트리아 총독을 맡아 이루어진 이 중재는 오스트리아의 거부로 무산됐다. – 옮긴이 주

38 '파기'됐으며 '해지'됐다, 에른스트 루돌프 후버,《문서》, 제2권, 207쪽.

39 유대인으로 혁명가인 양아버지의 영향을 받아 왕정을 증오했으며, 민주주의를 열렬히 동경한 나머지 보수 정치가 비스마르크를 공격한 인물이다. 권총으로 모두 세 발을 쏘았으나, 비스마르크는 기적처럼 가벼운 찰과상만 입었다. 페르디난트는 구금된 상태에서 칼로 목의 정맥을 끊어 자살했다. – 옮긴이 주

40 1866년 7월 9일 요하나에게 보낸 편지, 전집 제14권, 717쪽.

41 로타르 갈, 381쪽.

42 지금은 폴란드에 속하는 도시로 '스웁스크Słupsk'라는 지명의 도시이다. – 옮긴이 주

43 본래 프랑스 샤를마뉴 대제의 열두 용사를 지칭하는 표현으로, 구국의 영웅을 뜻한다. – 옮긴이 주

44 에른스트 엥겔베르크, 제1권, 641쪽.

45 1866년 10월 30일의 초안, 전집 제6권, 167쪽.

46 1867년 3월 11일 북독일 연맹의 제국 의회에서 한 연설, 전집 제10권, 329쪽.

47 하노버의 정치가로 연방의회에서 하노버를 대표한 인물이다. – 옮긴이 주

48 에른스트 루돌프 후버,《문서》, 제2권, 230쪽(17절).

49 비스마르크 시대의 유명한 살롱 마담으로 정계와 재계에 인맥이 두터웠던 여인이다. – 옮긴이 주

50 슈피쳄베르크, 77쪽.

51 1868년 3월 14일 파리 주재 대사 백작 폰 골츠에게 보낸 훈령, 전집 제6a권, 308쪽.

52 오토 벡커Otto Becker,《독일을 설계하려는 비스마르크의 분투Bismarcks Ringen um Deutschlands Gestaltung》, 하이델베르크Heidelberg, 1958, 166쪽.

53 독일에만 존재했던 특수한 법으로 약혼자들이 흠결 없는 결혼을 하지 못하게 만드

는 정황이 있는 경우 교회가 혼인의 성립을 인정하지 않는 법이었다. 이를테면 부양 능력이 부족하다거나, 독립적인 성인으로 인정하기 어렵다거나, 약혼은 했어도 결혼할 의지가 부족할 경우 혼인 약속은 파기될 수 있었다. 제국 의회는 이 법을 철폐해 혼인은 전적으로 개인의 자유와 의사에 따른 것으로 선언했다. – 옮긴이 주

54   프로이센의 관료 출신 정치가이다. 연방수상청(Bundeskanzleramt) 또는 제국수상부(Reichskanzlei)는 독일의 수상이 업무를 보는 관청으로 청장은 말하자면 비서실장과 같은 역할을 한다. – 옮긴이 주

55   로베르트 폰 코이델, 360쪽.

56   아르놀트 오스카 마이어, 356쪽.

57   로타르 갈, 〈비스마르크의 남독 정책 1866~1870Bismarcks Süddeutschland-politik 1866~1870〉,《1870년 전쟁 이전의 유럽Europa vor dem Krieg von 1870》, 뮌헨, 1987, 30쪽.

58   오토 플란체, 제1권, 436쪽.

59   런던 주재 대사 베른스토르프 백작에게 1870년 6월 7일 보낸 훈령, 전집 제6b권, 329쪽.

60   호엔촐레른 왕가의 적통으로 유럽 정치라는 체스판의 말 노릇을 해야 했던 비운의 왕손이다. – 옮긴이 주

61   이것이 '터져버린 스페인 폭탄'의 전말이다. – 옮긴이 주

62   에른스트 루돌프 후버,《문서》, 제2권, 257쪽.

63   '엠스 급전(프랑스어: Dépêche d'Ems)'는 왕 빌헬름이 베네데티를 통해 전달받은 프랑스 정부의 전문을 말한다. – 옮긴이 주

64   메스는 프랑스와 독일 국경에 위치하는 도시로 양국의 세력 관계에 따라 주인이 바뀌었으며, 지금은 프랑스 로렌 지역의 주도이다. – 옮긴이 주

65   '사도바(독일어: Sadowa)'는 체코의 작은 농촌 마을 지명이다. 프로이센과 오스트리아의 전쟁에서 승패의 향방을 결정지은 격전지 쾨니히그라츠와 가까운 곳으로 이곳에서도 치열한 전투가 벌어졌다. 프랑스는 프로이센을 견제하려던 시도가 이 전쟁 탓에 수포로 돌아가자 국가적 위상에 흠집이 생겼다고 여겨 복수심을 키웠다. – 옮긴이 주

66   1870년 8월 25일 상트페테르부르크 주재 사절 하인리히 7세 로이스Heinrich VII. Reuß 왕자에게 보낸 전보, 전집 제6b권, 459쪽.

67   1870년 8월 21일 런던 주재 대사 베른스토르프에게 보낸 훈령, 전집 제6b권, 455쪽.

68   루트비히 밤베르거Ludwig Bamberger 지음, 파울 나탄Paul Nathan 엮음, 《회상록》, 베를린, 1899, 415쪽 이하.

69   모리츠 부슈, 제1권, 427쪽.

70   비스마르크는 루트비히 2세의 동의를 얻어내고자 하노버 왕국으로부터 압수한 재산으로 형성된 기금 가운데 일부를 뇌물로 주었다. 벨프 가문(또는 구엘프 가문)출신의 왕들이 다스렸던 하노버 왕국은 프로이센과 오스트리아의 전쟁 때 오스트리아에 가담했다가 전 재산을 몰수당했다. - 옮긴이 주

71   두 필의 소가 오전 중에 경작할 수 있는 크기의 땅을 가리키는 단위로 약 2에이커에 해당한다. - 옮긴이 주

V. 제국의 안정화와 평화 수호(1871~1890)

1   프라이헤르 루시우스 폰 발하우젠, 21쪽. 이어지는 인용문도 21쪽 이하(1872년 5월 5일의 기록).

2   크리스토프 폰 티데만, 제2권, 417쪽(1880년 10월 12일). 이어지는 인용문도 마찬가지임(1880년 10월 18일).

3   독일의 의학자로 특히 비만 치료에 탁월한 솜씨를 발휘해 명성을 얻은 인물이다. - 옮긴이 주

4   독일의 역사학자로 바이마르공화국을 반대하고 극우적 색채의 역사 해석을 선보인 인물이다. - 옮긴이 주

5   카를 알렉산더 폰 뮐러Karl Alexander von Müller, 《화성과 목성Mars und Venus》, 슈투트가르트, 1954, 79쪽.

6   프라이헤르 루시우스 폰 발하우젠, 159쪽(1879년 5월 8일). 이후 이어지는 인용문은 130쪽(1878년 3월 20일). 28쪽, 61쪽, 85쪽도 참조할 것.

7   1872년 12월 13일 론에게 보낸 편지, 전집 제14권, 845쪽.

8   1873년 11월 20일 론에게 보낸 편지, 전집 제14권, 845쪽.

9   슐레지엔 선제후의 딸로 베를린 사교계의 꽃이라 불릴 정도로 대단한 미모를 자랑했
     던 여인이다. 헤르베르트와의 사랑은 당시 정계를 뒤흔든 사건으로 결국 결실을 맺지
     못했으며, 이후 그녀는 베네치아로 떠나 그곳에서 죽음을 맞이했다. – 옮긴이 주

10   1873년 7월 23일 형에게 보낸 편지, 전집 제14권, 821쪽.

11   1872년 12월 13일 론에게 보낸 편지, 전집 제14권, 844쪽.

12   한스요아힘 쇼프스, 22쪽.

13   헤르만 호프만Hermann Hofmann,《제후 비스마르크 1890~1898Fürst Bis-
     marck 1890~1898》, 제1권, 슈투트가르트/베를린/라이프치히, 1913, 184쪽. 다음
     인용문도 같은 곳에서 발췌함.

14   새로운 프리드리히루 전집 판, 3부, 제3권, 파더보른, 2008, XX.

15   전집 제6c권, 79쪽(주석 89번 참조).

16   황실 장관(Haus Minister)은 황실의 재산을 관리하고 정부가 공식적으로 처리할 수
     없는 왕의 명령을 수행한 장관이다. – 옮긴이 주

17   독일의 의사이자 정치가이다. 독일제국의 농산부 장관을 지냈다. '자유보수당'은 전
     통적 보수와 민족자유주의 정당 사이의 중간노선을 채택한 정당이다. – 옮긴이 주

18   프라이헤르 루시우스 폰 발하우젠, 110쪽(1877년 4월 28일).

19   로타르 부허는 프로이센의 관료이자 기자이다. 혁명을 꿈꾸다가 망명 생활을 하고
     난 뒤 기자로 활동하다가 비스마르크의 수족처럼 활동한 인물이다. 모리츠 부슈는
     독일의 기자로 비스마르크와 관련한 기사들을 써서 유명해진 인물이다.《그렌츠보
     텐》은 1841년에 창간된 좌파자유주의 진영의 신문이다. 신문명은 경계를 넘나드는
     사절이라는 뜻이다. – 옮긴이 주

20   독일의 역사학자로 비판적인 입장에서 비스마르크 전기를 쓴 인물이다. – 옮긴이 주

21   에리히 아이크, 제3권, 187쪽. 이후 이어지는 인용문은 197쪽 이하.

22   1943년생의 독일 역사학자이다. 독일제국과 제3제국의 역사에 정통한 학자이
     다. – 옮긴이 주

23   폴커 울리히, 94쪽.

24   1887년 1월 11일 제국 의회 연설, 전집 제13권, 213쪽. 이후 이어지는 인용문은 각

각 214쪽과 216쪽.

25 프라이헤르 루시우스 폰 발하우젠, 74쪽 이하(1875년 5월 3일).

26 프로이센의 외교관이다. 그는 수상이 되고자 하는 야망으로 비스마르크와 대립각을 세우던 끝에 본국으로 소환 명령을 받았다. 기밀 외교문서를 빼돌려 외국을 전전하던 끝에 사망했다. – 옮긴이 주

27 파리 주재 대사 백작 폰 아르님에게 1872년 12월 20일에 내린 훈령, 〈GP 1〉, 161쪽.

28 '전쟁이 임박했나?'는 베를린의 친정부 성향 일간지《포스트Post》에 콘스탄틴 뢰슬러Constantin Rößler(1820~1896)라는 기자가 쓴 기사 제목이다. 프랑스가 병력을 증강하는 것을 예비 전쟁을 치러서라도 막아야 한다는 논조의 이 기사는 비스마르크가 흘린 정보로 쓰였다는 것이 그동안 학계의 중론이었다. 그러나 최신 연구는 당시 외무부의 언론 담당관이 자의적으로 벌인 일로 밝혀냈다. – 옮긴이 주

29 1887년 1월 11일 제국 의회에서 한 연설, 전집 제13권, 229쪽.

30 기자 출신 제국 의회 의원으로 당시 의원들 가운데 가장 뛰어난 화술과 영향력을 자랑한 인물이다. – 옮긴이 주

31 1887년 1월 11일 제국 의회에서 한 연설, 전집 제13권, 229쪽.

32 이레네 피셔 프라우엔디엔스트Irene Fischer-Frauendienst,《비스마르크의 언론 정책Bismarcks Pressepolitik》, 뮌스터Münster, 1963, 70쪽.

33 제국 수상이 구술한 기록('키싱겐 구술'), 1877년 6월 15일, GP2, 154쪽. 이후 이어지는 인용문도 마찬가지.

34 1878년 2월 19일 제국 의회에서 한 연설, 전집 제11권, 526쪽.

35 한스 요아힘 쇠프스, 81쪽(1878년 7월 5일 디즈레일리가 여왕 빅토리아에게 쓴 편지).

36 프라이헤르 루시우스 폰 발하우젠, 177쪽(1879년 9월 30일).

37 1879년 10월 7일에 체결된 '독오동맹 협약',《Vertrags-Ploetz》, 193쪽(1항).

38 로타르 갈, 594쪽.

39 '자유로운 손의 정치'라는 비유적 표현은 비스마르크가 중시하던 외교정책을 이르는 것이다. 의도적으로 동맹을 포기함으로써 손을 자유롭게 쓸 수 있을 때, 오히려 동맹은 강화할 수 있다는 관점이다. – 옮긴이 주

40 빌리 브란트Willy Brandt 지음, 클라우스 쇤호펜Klaus Schönhoven 엮음,《애매

할 때는 자유를 위하여Im Zweifel für die Freiheit》, 본Bonn, 2012, 592쪽.

41 한스페터 슈바르츠Hans-Peter Schwarz, 《아데나워. 부상浮上 1876~1952 Adenauer. Der Aufstieg 1876~1952》, 슈투트가르트, 1986, 89쪽.

42 디터 랑게비셰Dieter Langewiesche, 《독일의 자유주의Liberalismus in Deutschland》, 프랑크푸르트 암 마인. 1988, 164쪽.

43 독일 근대사의 최고 권위자로 꼽히는 역사학자이다. - 옮긴이 주

44 토마스 니퍼다이, 제2권, 363쪽.

45 1879년 11월 22일 추밀원 고문관 티데만에게 보낸 편지, 전집 제6c권, 165쪽.

46 '7년기한법(Septennatsgesetz)'이란 군대 운용에 필요한 예산을 7년 단위로 심의하는 것을 뜻한다. 원래는 5년 단위로 심의하기로 되어 있었던 법안이 끊임없는 갈등을 불렀고, 전쟁 장관 론은 의회 심의가 필요 없는 무기한 예산법을 요구했다. 비스마르크는 전쟁의 위협만큼은 예방해야 한다는 구실로 7년 단위의 타협점을 찾았다. - 옮긴이 주

47 1873년의 주식시장 붕괴를 뜻한다. 과도하게 달아올랐던 경기가 주저앉으면서 심각한 디플레이션에 특히 큰 충격을 받았던 나라는 오스트리아이다. 독일은 프랑스로부터 받은 전쟁배상금으로 비교적 쉽게 위기를 이겨냈다. - 옮긴이 주

48 독일 태생의 경제 전문 역사학자로 미국에서 주로 활동했다. - 옮긴이 주

49 프리츠 슈테른Fritz Stern, 《황금과 철. 비스마르크와 그의 은행가 블라이히뢰더 Gold und Eisen. Bismarck und sein Bankier Bleichröder》, 프랑크푸르트 Frankfurt/베를린, 1978, 233쪽. 이후 이어지는 인용문은 234쪽.

50 마르가레트 L. 안데르손, 206쪽..

51 폴커 울리히, 103쪽.

52 바게너에게 보낸 편지(1872년 2월 27일), 전집 제14권, 828쪽.

53 독일의 의사이자 병리학자이며 진보 성향의 정치가이다. 근대적인 사회위생의 창시자로 유명하다. - 옮긴이 주

54 인간이 저지르는 잘못을 정리한 '오류 요목'이다. 교황 비오 9세는 모두 80가지로 오류를 집약한 표를 만들어 발표했다. - 옮긴이 주

55 마르가레트 L. 안데르손, 140쪽.

56   1855년 5월 7일 레오폴트 폰 게를라흐에게 보낸 편지, 전집 제14권, 411쪽.

57   토마스 니퍼다이, 제2권, 371쪽. 이후 이어지는 인용문도 마찬가지.

58   1872년 1월 30일 의회에서 한 연설, 전집 제11권, 227쪽.

59   1872년 5월 14일 제국 의회에서 한 연설, 전집 제11권, 270쪽. – 원주. 여기서 '카노
       사Canossa의 굴욕'은 1077년 신성로마제국 황제 하인리히 4세가 카노사의 교황
       그레고리우스 7세를 찾아가 굴복한 사건이다. – 옮긴이 주

60   1873년 4월 24일 귀족원에서 한 연설, 전집 제11권, 298쪽.

61   교회와 중교 공동체의 중개로 성립한 결혼만 인정하던 기존의 관습과 별개로 개인
       이 자유의사로 결혼할 수 있게 허락해주는 법을 말한다. 이 법으로 결혼의 성립과
       인정은 종교가 아닌 국가의 권한으로 정해졌다. – 옮긴이 주

62   에른스트 루돌프 후버, 제4권, 703쪽.

63   에두아르트 쿨만Eduard Kullmann(1853~1892)은 독실한 가톨릭교도로 나무통을
       만들던 수공업자였다. 가톨릭 도제 단체의 회원으로 활동하던 그는 문화투쟁으로
       가톨릭을 위협한다며 1874년 7월 13일 키싱겐에서 비스마르크를 권총으로 쏘았
       다. 14년 형을 언도받고도 계속 반항해 다시 7년의 구금형을 받았다가 감방에서 폐
       렴으로 사망했다. – 옮긴이 주

64   '빵바구니법(Brotkorbgesetz)'은 교회에 주던 국가보조금을 삭감한 법령이다. 다만
       서면으로 이 법을 인정하겠다고 서명한 주교와 성직자는 다시 보조금을 수령했다.
       수도원 법은 수도원에게 빈민 구호와 봉사 활동만 허용한 법이다. 이 법은 특히 예
       수회를 겨누었다. – 옮긴이 주

65   토마스 니퍼다이, 제2권, 371쪽.

66   교황이 앉는 성좌를 부르는 명칭이다. – 옮긴이 주

67   크리스토프 폰 티데만, 제2권, 15쪽.

68   아르놀트 오스카 마이어, 546쪽.

69   로타르 갈, 536쪽.

70   유대인 혈통의 독일 은행가로 로스차일드 은행을 대변하면서 베를린에서 가장 강
       력한 영향력을 자랑한 금융 전문가이다. – 옮긴이 주

71   에른스트 엥겔베르크, 제2권, 161쪽.

72   에른스트 루돌프 후버,《문서》, 제2권, 364쪽 이하. 이후 이어지는 인용문은 368쪽.

73   중앙당의 의원 게오르크 아르보가스트 폰 운트 추 프랑켄슈타인Georg Arbogast
      von und zu Franckenstein(1825~1890)이 제안한 입법안이다. 이 법안으로 제국
      의 중앙정부는 연방 회원국들에 의존할 수밖에 없었다. ─옮긴이 주

74   '벨프당(Welfenpartei)'은 하노버 왕국의 벨펜가를 중심으로 형성된 정당이다. 폴란
      드당의 정식 명칭은 '폴란드 민족민주주의 정당(Polnische Nationaldemokratische
      Partei)'으로 독일에 거주하는 폴란드인들을 대변한 정당이다. 알자스로렌당도 해
      당 지역의 소수파를 대변했다. ─옮긴이 주

75   폰타네가 1881년 4월 3일 백작 필립 추 오일렌부르크Philipp zu Eulenburg에게
      보낸 편지, 폰타네,《서한집》, 제3권, 131쪽..

76   1886년 12월 3일 브론스아르트 폰 셸렌도르프Bronsart von Schellendorf에게 보
      낸 편지, 전집 제14권, 971쪽.

77   1882년 6월 12일 제국 의회 연설, 전집 제12권, 366쪽.

78   1884년 5월 9일 제국 의회 연설, 전집 제12권, 454쪽.

79   게르하르트 A. 리터Gerhard A. Ritter,《비스마르크와 독일 사회보장의 탄생Bis-
      marck und die Entstehung der deutschen Sozialversicherung》, 포르츠하임
      Pforzheim, 1998, 16쪽.

80   독일 역사가로 사회보장의 역사를 체계적으로 개척한 인물이다. 베를린 자유대학
      교와 뮌헨 대학교의 석좌교수를 지냈다. ─옮긴이 주

81   라이너 F. 슈미트, 257쪽.

82   1871년 10월 21일 국무 장관 백작 폰 이첸플리츠에게 쓴 편지, 전집 제6c권, 10쪽.

83   1884년 3월 15일 루트비히 밤베르거가 제국 의회에서 한 연설, 전집 제12권, 429쪽.

84   오토 플란체,《현재 사료의 문제인 비스마르크 지배체제Bismarcks Herrschafts-
      system als Problem der gegenwärtigen Historiographie》, 뮌헨, 1982, 36쪽.

85   1883년 10월 22일에 올린 직소, 전집 제6c권, 282쪽.

86   아르놀트 오스카 마이어, 578쪽.

87   E. 코헨E. Cohen, 〈비스마르크의 말들Worte Bismarcks〉,《비스마르크의 추억…,
      아르투르 폰 브라우어, 에리히 마르크스 그리고 카를 알렉산더 폰 뮐러가 모음Er-

innerungen an Bismarck···, gesammelt von Arthur von Brauer, Erich Marcks und Karl Alexander von Müller》, 슈투트가르트/베를린, 1915, 319쪽.

88   1885년 1월 10일 제국 의회 연설, 전집 제12권, 571쪽..

89   1885년 1월 10일 제국 의회 연설, 전집 제12권, 562쪽.

90   1885년 3월 2일 제국 의회 연설, 전집 13권, 2쪽.

91   1885년 3월 12일 제국 의회 연설, 전집 제13권, 13쪽.

92   프랑스 제3공화국의 수상을 지낸 인물이다. – 옮긴이 주

93   프랑스의 군인이자 정치가로 제3공화국에서 상당히 높은 인기를 누렸던 인물이다. 독일에 복수를 주장해 '복수 장군(Général Revanche)'이라는 별명으로 불렸다. – 옮긴이 주

94   토마스 니퍼다이, 제2권, 454쪽.

95   독일의 외교관으로 1890년부터 1906년까지 독일 외교를 주도했던 인물 가운데 한 명이다. – 옮긴이 주

96   토마스 니퍼다이, 제2권, 454쪽.

97   에른스트 엥겔베르크, 제2권, 498쪽.

98   홀슈타인이 1888년 1월 14일 런던 주재 독일 대사 폰 하츠펠트 백작에게 보낸 편지. 파울 폰 하츠펠트Paul von Hatzfeldt 지음, 게르하르트 에벨Gerhard Ebel 엮음, 《유고집 1838~1901Nachgelassene Papiere 1838~1901》, 보파르트Boppard, 1976, 제1권, 657쪽.

99   프로이센 육군 대장으로 1888년에서 1891년까지 참모총장을 지냈다. – 옮긴이 주

100 빈 주재 독일 대사 하인리히 7세Prinz Heinrich VII 왕세자에게 보낸 훈령, 《GP》, 제6권, 67쪽.

101 1888년 2월 6일 제국 의회 연설, 전집 제13권, 347쪽.

102 프리드리히 3세는 영국 빅토리아 여왕의 장녀 빅토리아 아델라이드 메리 루이즈 Victoria Adelaide Mary Louise와 결혼했다. 그래서 카이저는 자유주의의 영향을 많이 받았으며 수상의 권력을 제한해야 한다고 주장했다. 독일의 '글래드스턴 내각' 이라는 표현은 영국 자유당의 정치가 윌리엄 글래드스턴William Gladstone을 염두에 둔 것으로, 황후의 영향을 받아 프리드리히 3세가 독일에도 자유주의 내각을

세우는 게 아닐까 하는 세간의 추측을 담아낸 표현이다. – 옮긴이 주

103 존 C. G. 륄John C. G. Röhl, 《빌헬름 2세. 카이저의 젊은 날 1859~1888Wilhelm
     II. Die Jugend des Kaisers 1859~1888》, 뮌헨, 1993, 739쪽. 이후 이어지는 인용
     문도 마찬가지임.

104 아르놀트 오스카 마이어, 618쪽.

105 토마스 니퍼다이, 제2권, 421쪽.

106 한스요아힘 쇠프스, 236쪽.

107 빌헬름 몸젠Wilhelm Mommsen, 《비스마르크의 추락과 정당들Bismarcks Sturz
     und die Parteien》, 슈투트가르트, 1924, 36쪽.

108 프라이헤르 루시우스 폰 발하우젠, 509쪽(1890년 1월 24일).

109 비스마르크의 막내아들 빌헬름 폰 비스마르크Wilhelm von Bismarck의 애칭이
     다. – 옮긴이 주

110 독일제국의 군인이자 정치가로 2대 수상을 지낸 인물이다. 빌헬름 2세의 비위에 맞
     춰 자유주의 정책을 펼치다가 보수의 반발로 단명한 수상이다. – 옮긴이 주

111 슈피첸베르크, 292쪽(1891년 3월 19일의 일기). 이어지는 인용문은 292쪽 이하.

112 아르놀트 오스카 마이어, 650쪽.

113 빌헬름 쉬슬러Wilhelm Schüßler, 《비스마르크Bismarck》, 라이프치히, 초판 발행
     연도 미상(1925), 161쪽 이하.(브론사르트 폰 쉘렌도르프Bronsart von Schellendorf의
     일기장에서 인용함.)

VI. 권좌에서 물러난 후(1890~1898)

1 카를 랑게, 40쪽 이하.

2 만프레트 한크, 23쪽.

3 1890년 5월 1일 폰타네가 게오르크 프리트랜더에게 보낸 편지, 폰타네, 《서한집》,
   제4권, 42쪽.

4 1890년 3월 20일의 '최고 존엄의 칙령', 게오르크 남작 폰 엡슈타인Georg Frhr.
   von Eppstein, 《제후 비스마르크의 해임Fürst Bismarcks Entlassung》, Berlin,

1910, 199~202쪽. 다음 책에도 나옴. Bismarck, 《회상록》, 462쪽 이하.

5 카를 랑게, 22쪽.

6 카를 랑게, 41쪽.

7 1890년 3월 23일 남작 헤르만 폰 미트나흐트에게 쓴 편지, 전집 제14권, 998쪽. 이후 이어지는 인용문도 마찬가지임.

8 후고 그라프 레르헨펠트쾨퍼링Hugo Graf Lerchenfeld-Koefering, 《기억과 유념할 점Erinnerungen und Denkwürdigkeiten》, Berlin, 1935, 364쪽. 이후 이어지는 인용문도 마찬가지임.

9 카를 랑게, 64쪽 이하.

10 카를 랑게, 65쪽. 이어지는 인용문도 마찬가지임.

11 카를 랑게, 65쪽.

12 파리 주재 임시대리대사 폰 쇤von Schoen이 독일 외무부에 1890년 3월 25일에 올린 보고서, 《GP 6》, 366쪽. 이어지는 두 인용문도 마찬가지임.

13 한스요아힘 쇼프스, 251쪽.

14 당시 베를린의 중앙역이다. 베를린과 하노버의 레르테Lehrte를 잇는 노선의 역이라 이런 이름이 붙었다. 오늘날에는 '베를린 하우프트반호프(중앙역)'라는 이름으로 불리는 역이다. ─옮긴이 주

15 독일의 군가로 특히 프랑스와의 전쟁에서 애창되었던 곡이다. 1854년에 카를 빌헬름Carl Wilhelm이 작곡한 곡으로 카이저 빌헬름 1세 통치기에 큰 인기를 누린 곡이다. ─옮긴이 주

16 오스트리아 대사 백작 스체케니Széchényi와 1890년 3월 25일에 나눈 대화, 전집 제7권, 701쪽.

17 만프레트 한크, 381쪽.

18 슈피첸베르크, 287쪽.

19 슈피첸베르크, 381쪽(1898년 12월 20일).

20 에른스트 엥겔베르크, 제2권, 624쪽.

21 로타르 갈, 카를하인츠 위르겐스, 213쪽.

22 만프레트 한크, 334쪽(카이저 빌헬름 2세가 카이저 프란츠 요제프에게 1892년 6월 12일

에 보낸 친서).

23 볼프강 슈트리브르니Wolfgang Stribrny, 《비스마르크와 그가 해임되고 난 뒤
의 독일 정치 1890~1898Bismarck und die deutsche Politik nach seiner Ent-
lassung 1890~1898》, 파더보른, 1977, 124쪽 이하.(우리아의 이야기는 구약성경 사
무엘하 11장). – 원주. 여기서 '우리아의 편지'는 구약성경에 나오는 이야기로 다윗이
밧세바와 결혼하려고 그녀의 남편에게 편지를 전달하라고 시키고, 편지를 받은 사
람으로 하여금 그를 죽이게 만든 사건이다. – 옮긴이 주

24 1982년 7월 31일 예나의 시장터에서 한 연설, 전집 제13권, 474쪽.

25 아르놀트 오스카 마이어, 694쪽.

26 1894년 12월 19일 여동생에게 보낸 편지, 전집 제14권, 1017쪽.

27 남작 헤르만 폰 미트나흐트에게 1895년 1월 3일 쓴 편지, 전집 제14권, 1018쪽.

28 슈피쳄베르크, 334쪽(1895년 3월 31일의 일기).

29 1895년 4월 1일 독일 대학생들을 맞아 행한 연설, 전집 제13권, 559쪽.

30 베를린 서쪽 외곽의 요새로 중세부터 존재했던 도시 성벽이다. 이곳에는 군 형무소
도 위치했었다. – 옮긴이 주

31 만프레트 한크, 624쪽.

32 베른하르트 퓌르스트 폰 빌로브, 제1권, 280쪽.

33 아르놀트 오스카 마이어, 716쪽.

34 베를린 한복판의 박물관 섬에 자리한 웅장한 규모의 개신교 교회이다. 1894년에 건
축을 시작해 1905년에 완성됐다. 거대한 원뿔 모양의 지붕으로 '돔Dom'이라고 불
리며 베를린의 상징과 같은 건물이다. 교회의 설교단 지하에 마련된 납골당은 프로
이센 왕들의 유골을 모신 곳이다. – 옮긴이 주

35 베른하르트 퓌르스트 폰 빌로브, 제1권, 280쪽.

36 빌헬름 2세가 할아버지 빌헬름 1세를 추모하기 위해 지은 개신교 교회이다. 1891
년부터 1895년 사이에 완성된 교회는 제2차 세계대전 때 폭격을 당해 높이 71미터
에 달하는 첨탑이 파괴됐다. 전쟁의 참상을 기억하자는 의미로 폭격당한 모습을 그
대로 두고 예배당을 새롭게 지었다. 서베를린의 중심가 쿠담의 상징적 건물이다. –
옮긴이 주

37   만프레트 한크, 640쪽.

에필로그. 논쟁의 대상 비스마르크

1   구스타프 슈트레제만, 제3권, 294쪽.

2   독일 정치가로 1923년에 제국 수상을 지냈으며, 이후 외무 장관으로 활동했던 인물
      이다. 프랑스와의 관계 개선을 위해 노력한 공로를 인정받아 프랑스 외무 장관과 함
      께 1926년 노벨 평화상을 받았다. - 옮긴이 주

3   토마스 니퍼다이, 제2권, 425쪽. "역사적으로 보다 더 여유를 가지고 관찰하자", 요
      헨 티스Jochen Thies, 《비스마르크 가문. 독일의 왕조Die Bismarcks. Eine deut-
      sche Dynastie》, 뮌헨/취리히, 2013, 119쪽. 이후 이어지는 인용문은, 123, 124쪽
      이하, 126쪽 그리고 388쪽.

4   1944년생의 독일 역사학자이자 저술가이다. 특히 비스마르크와 몰트케를 다룬 책
      을 많이 썼다. - 옮긴이 주

5   오토 플란체, 제2권, 688쪽.

6   만프레트 한크, 656쪽.

7   구스타프 슈트레제만, 제2권, 504쪽.

8   구스타프 슈트레제만, 제1권, 600쪽 이하.

9   독일의 민족경제학자이자 문화 역사가이며 경제사학자이다. - 옮긴이 주

10   한스요아힘 쇠프스, 10쪽.

연표

1   연합 의회(Erfurter Unionsparlament)는 독일연방의 헌법을 정하기 위한 제헌의회
      를 말한다.

찾아보기

지금, 비스마르크
전환의 시대 리더의 발견

에버하르트 콜브 지음
김희상 옮김

초판 1쇄 2021년 3월 26일 발행

ISBN 979-11-5706-228-7 (03340)

만든 사람들

책임편집	황정원
디자인	캠프커뮤니케이션즈
마케팅	김성현 최재희 김규리
인쇄	한영문화사

펴낸이	김현종
펴낸곳	(주)메디치미디어
경영지원	전선정 김유라
등록일	2008년 8월 20일 제300-2008-76호
주소	서울시 종로구 사직로 9길 22 2층
전화	02-735-3308
팩스	02-735-3309
이메일	medici@medicimedia.co.kr
페이스북	facebook.com/medicimedia
인스타그램	@medicimedia
홈페이지	www.medicimedia.co.kr

이 책에 실린 글과 이미지의 무단전재·복제를 금합니다.
이 책 내용의 전부 또는 일부를 재사용하려면 반드시
출판사의 동의를 받아야 합니다.
파본은 구입처에서 교환해드립니다.